EL VERDADERO PODER
ES EL **SERVICIO**

Cárdenal Jorge Mario Bergoglio, sj

EL VERDADERO PODER
ES EL **SERVICIO**

Editorial Claretiana

Bergoglio, Jorge M.
El verdadero poder es el servicio. - 2a ed.-
Buenos Aires: Claretiana, 2013. 368 p.; 20x14 cm.

ISBN 978-950-512-628-6

1. Teología Pastoral. I. Título

CDD 253

Diseño de Tapa: Equipo Editorial

2a edición, marzo de 2013

Todos los derechos reservados
Queda hecho el depósito que ordena la ley 11.723
Impreso en la Argentina
Printed in Argentina

© Editorial Claretiana, 2007
ISBN: 978-950-512-628-6

EDITORIAL CLARETIANA
Lima 1360 - C1138ACD Buenos Aires
República Argentina
Tel: 4305-9510/9597 - Fax: 4305-6552
E-mail: editorial@editorialclaretiana.com
www.editorialclaretiana.com

Presentación

Hace ya unos años que Editorial Claretiana viene publicando libros breves del Arzobispo de Buenos Aires, que han sido muy bien recibidos por el público. Desde entonces venía pensando en publicar todos sus escritos en un solo volumen. Luego de darle vueltas a la idea y de discernir el asunto con mis compañeros del equipo editorial, desistí de reunir lo ya publicado -que sigue estando a disposición de los lectores- y recopilar sólo los escritos que aún no habían sido editados de manera sistemática. Pienso que los mismos pueden prestar hoy un excelente servicio, no sólo a la Iglesia particular de Buenos Aires, sino a todo el Pueblo de Dios.

Con el equipo editorial hemos armado el libro siguiendo ciertos núcleos que nos van mostrando el pensamiento y la enseñanza de Jorge Bergoglio. En primer lugar hemos agrupado los escritos catequéticos, educativos y marianos. En un segundo núcleo las homilías de Navidad, Jueves Santo, Pascua y Corpus. Finalmente una serie de escritos dirigidos al diálogo con el mundo de la cultura.

De todos modos, hay ciertas constantes que atraviesan todo el libro, todas sus exposiciones, y en consecuencia toda su acción pastoral, que me parece importante destacar:

Por un lado el hecho de "crear ciudadanía", el desafío de sentir "el llamado hondo a procurar la alegría y la satisfacción de construir juntos un hogar, nuestra Patria". Por otro lado, en una coyuntura difícil y complicada como la que estamos transitando, se nos impone, dejarnos "convocar por la fuerza transformadora de la amistad social, ésa que nuestro pueblo ha cultivado con tantos grupos y culturas que poblaron y pueblan nuestro país. Un pueblo que apuesta al tiempo, y no al momento..."

Y todo esto realizado desde la clave del servicio. "Hacer por los otros y para los otros". "Se trata de una revolución basada en el vínculo social del servicio. El poder es servicio". Por cierto que no debemos confundir servicio con servilismo -ciega y baja adhesión a la autoridad-. Debemos "entrar en el territorio de la servicialidad, ese espacio que se extiende hasta donde llega nuestra preocupación por el bien común y que es la patria verdadera".

Finalmente ser conscientes de la fragilidad que estamos viviendo en todo sentido, en lo personal, en nuestras familias, en nuestros trabajos, en nuestra sociedad. "Tenemos que cuidar la fragilidad de nuestro pueblo. Esta es la Buena Noticia: que pobres, frágiles, y vulnerables, pequeños como somos, hemos sido mirados, como María, con bondad en nuestra pequeñez y somos parte de un pueblo sobre el que se extiende de generación en generación, la misericordia del Dios de nuestros padres".

P. Gustavo Larrazábal, cmf
Director - Editorial Claretiana

"Las palabras que les dejé son ESPÍRITU Y VIDA"

Jn 6, 63

"Conviértanse y crean en la Buena Noticia"

"Conviértanse y crean en la Buena Noticia", eso nos dijo el sacerdote, el miércoles pasado, cuando nos impuso la ceniza. Empezamos la Cuaresma con este mandato. Quebrantar nuestro corazón, abrirlo y que crea en el Evangelio de verdad, no en el Evangelio dibujado, no en el Evangelio light, no en el Evangelio destilado, sino en el Evangelio de verdad. Y esto, hoy a ustedes de una manera especial, se les pide como catequistas: "Conviértanse y crean en el Evangelio".

Pero además se les da en la Iglesia una misión: hagan que otros crean en el Evangelio. Viéndolos a ustedes, viendo qué hacen, cómo se conducen, qué dicen, cómo sienten, cómo aman: que crean en el Evangelio.

El Evangelio dice que el Espíritu llevó a Jesús al desierto, y ahí convivía entre las fieras como si no pasara nada. Esto nos hace recordar lo que sucedió al principio: el primer hombre y la primera mujer vivían entre las fieras, y no pasaba nada. En aquel paraíso todo era paz, todo era alegría. Y fueron tentados, y Jesús fue tentado.

Jesús quiere reeditar, al comienzo de su vida, después de su bautismo, algo parecido a lo que fue el principio, y este gesto de Jesús de convivir en paz con toda la naturaleza, en soledad fecunda del corazón y en tentación, nos está indicando qué vino a hacer él. Vino a restaurar, vino a recrear. Nosotros, en una oración de la misa, durante el año, decimos una cosa muy linda: "Dios, que tan admirablemente creaste todas las cosas, y más admirablemente las recreaste".

Jesús vino con esta maravilla de su vocación de obediencia a recrear, a rearmonizar las cosas, a dar armonía aún en medio de la tentación. ¿Está claro ésto? Y la Cuaresma es este camino. Todos tenemos, en Cuaresma, que hacer sitio en nuestro corazón, para que Jesús, con la fuerza de su Espíritu, el mismo que lo llevó al desierto, rearmonice nuestro corazón. Pero que lo rearmonice, no como algunos pretenden, con oraciones raras e intimismos baratos. Sino, que lo rearmonice con la misión, con el trabajo apostólico, con la oración de cada día, el trabajo, la fuerza, el testimonio. Hacer lugar a Jesús porque los tiempos se acortan, nos dice el Evangelio. Ya estamos en los últimos tiempos, desde hace 2000 años, los tiempos que instauró Jesús, los tiempos de este proceso de rearmonizar.

Los tiempos nos urgen. No tenemos derecho a quedarnos acariciándonos el alma. A quedarnos encerrados en nuestra cosita... chiquitita. No tenemos derecho a estar tranquilos y a querernos a nosotros mismos. ¡Cómo me quiero! No, no tenemos derecho. Tenemos que salir a contar que, hace 2000 años, hubo un hombre que quiso reeditar el paraíso terrenal, y vino para eso. Para rearmonizar las cosas. Y se lo tenemos que decir a "doña Rosa", a la que vimos en el balcón. Se lo tenemos que decir a los chicos, se lo tenemos que decir a aquellos que pierden toda ilusión y a aquellos para los que todo es "pálida", todo es música de tango, todo es cambalache. Se lo tenemos que decir a la señora gorda "finoli", que cree que estirándose la piel va a ganar la vida eterna. Se lo tenemos que decir a todos aquellos jóvenes que, como el que vimos en el balcón, nos denuncian que ahora todos nos quieren meter en el mismo molde. No dijo la letra del tango pero la podría haber dicho: "dale que va, que todo es igual".

Tenemos que salir a hablarle a esta gente de la ciudad a quien vimos en los balcones. Tenemos que salir de nuestra cáscara y decirles que Jesús vive, y que Jesús vive para él, para ella, y decírselo con alegría... aunque uno a veces parezca un poco loco. El mensaje del Evangelio es locura, dice san Pablo. El tiempo de la vida no nos va a alcanzar para entregarnos y anunciar que Jesús está restaurando la vida. Tenemos que ir a sembrar esperanza, tenemos que salir a la calle. Tenemos que salir a buscar.

Cuántos viejitos como esa doña Rosa están con la vida aburrida, que no les alcanza, a veces, el dinero ni para comprar remedios. A cuántos nenes les están metiendo en la cabeza ideas que nosotros recogemos como gran novedad, cuando hace diez años las tiraron a la basura en Europa y en los Estados Unidos, y nosotros se las damos como gran progreso educativo.

Cuántos jóvenes pasan sus vidas aturdiéndose desde las drogas y el ruido, porque no tienen un sentido, porque nadie les contó que había algo grande. Cuántos nostálgicos, también hay en nuestra ciudad, que necesitan un mostrador de estaño para ir saboreando grapa tras grapa y así ir olvidando.

Cuánta gente buena, pero vanidosa que vive de la apariencia, y corre el peligro de caer en la soberbia y en el orgullo.

¿Y nosotros nos vamos a quedar en casa? ¿Nos vamos a quedar en la parroquia, encerrados? ¿Nos vamos a quedar en el chimenterío parroquial, o del colegio, en las internas eclesiales? ¡Cuando toda esta gente nos está esperando! ¡La gente de nuestra ciudad! Una ciudad que tiene reservas religiosas, que tiene reservas culturales, una ciudad preciosa, hermosa, pero que está muy tentada por Satanás. No podemos quedarnos nosotros solos, no podemos quedarnos en la parroquia y en el colegio. ¡Catequista, a la calle! A catequizar, a buscar, a golpear puertas. A golpear corazones.

Lo primero que hizo Ella (la Virgen María), cuando recibió la Buena Noticia en su seno fue salir corriendo a prestar un servicio. Salgamos corriendo a prestar el servicio de dar a los demás la Buena Noticia en la que creemos. Que esta sea nuestra conversión: la Buena Noticia de Cristo ayer, hoy y siempre. Que así sea.

HOMILÍA A LOS CATEQUISTAS, EAC, MARZO DE 2000

DEJARSE ENCONTRAR
PARA AYUDAR AL ENCUENTRO

Cada segundo sábado de marzo tenemos oportunidad de encontrarnos en el EAC (Encuentro Arquidiocesano de Catequesis). Allí, juntos retomamos el ciclo anual de la cateaquesis, centrándonos en una idea fuerza que nos acompañará a lo largo del año. Es un momento intenso de encuentro, de fiesta, de comunión, que valoro mucho y estoy seguro de que ustedes también.

Ahora, acercándose la fiesta de san Pío X, patrono de los catequistas, quisiera dirigirme a cada uno de ustedes por medio de esta carta. En medio de las actividades, cuando el cansancio comienza a hacerse sentir, deseo animarlos, como padre y hermano, e invitarlos a hacer un alto para poder reflexionar juntos sobre algún aspecto de la pastoral catequística.

Lo hago consciente de que, como obispo, estoy llamado a ser el primer catequista de la diócesis... Pero sobre todo quisiera, por este medio, vencer un poco el anonimato propio de la gran ciudad, que impide muchas veces el encuentro personal, que ciertamente todos buscamos. Además, éste puede ser un medio más par ir trazando líneas comunes a la pastoral catequística arquidiocesana, que permitan una unidad de fondo dentro de la lógica y sana pluralidad propia de una ciudad tan grande y compleja como Buenos Aires.

En esta carta, he preferido no detenerme en algún aspecto de la praxis catequística, sino más bien en la persona misma del catequista.

Numerosos documentos nos recuerdan que toda la comunidad cristiana es la responsable de la catequesis. Algo lógico, ya que la catequesis es un aspecto de la evangelización. Y la Iglesia toda es la que evangeliza; por lo tanto, a este período de enseñanza y de profundización en el misterio de la persona de Cristo "no deben procurarla solamente los catequistas o sacerdotes, sino toda la comunidad de los fieles..." (CT 16). La catequesis se vería seriamente comprometida si quedara relegada al accionar aislado y solitario de los catequistas. Por eso, nunca serán pocos los esfuerzos que se hagan en esta toma de conciencia. El camino emprendido hace años, en procura de una pastoral orgánica, ha contribuido notablemente a un mayor compromiso de toda la comunidad cristiana en esta responsabilidad de iniciar cristianamente y educar en la madurez de la fe. En el ámbito de esta corresponsabilidad de la comunidad cristiana en la transmisión de la Fe, no puedo dejar de rescatar la realidad de la persona del catequista.

La Iglesia reconoce en el catequista una forma de ministerio que, a lo largo de la historia, ha permitido que Jesús sea conocido de generación en generación. No en forma excluyente, sino de una manera privilegiada, la Iglesia reconoce en esta porción del Pueblo de Dios a esa cadena de testigos de la que nos habla el Catecismo de la Iglesia Católica: "el creyente que ha recibido la fe de otro... es como un eslabón en la gran cadena de los creyentes. Yo no puedo creer sin ser sostenido por la fe de los otros, y por mi fe yo contribuyo a sostener la fe de los otros..." (CATIC 166).

Todos, al hacer memoria de nuestro propio proceso personal de crecimiento en la fe, descubrimos rostros de catequistas sencillos que, con su testimonio de vida y su entrega generosa, nos ayudaron a conocer y enamorarnos de Cristo. Recuerdo con cariño y gratitud a la Hermana Dolores, del colegio de la Misericordia de Flores, ella fue quien me preparó para la Primera Comunión y la Confirmación. Y hasta hace unos meses todavía vivía otra de mis catequistas: me hacía bien visitarla, recibirla o llamarla por teléfono. Hoy también son muchos los jóvenes y adultos que silenciosamente, con humildad y desde el llano, siguen siendo instrumentos del Señor para edificar la comunidad y hacer presente el Reino.

Por eso, hoy pienso en cada catequista, resaltando un aspecto que me parece que en las actuales circunstancias que vivimos tiene mayor urgencia: el catequista y su relación personal con el Señor.

Con toda lucidez nos advierte Juan Pablo II en la carta apostólica *Novo Millennio Ineunte:* "El nuestro es un tiempo de continuo movimiento que, a menudo, desemboca en el activismo, con el riesgo fácil del 'hacer por el hacer'. Tenemos que resistir a esta tentación, buscando ser antes que hacer. Recordemos a este respecto el reproche de Jesús a Marta: 'te inquietas y te agitas por muchas cosas y, sin embargo, ... una sola es necesaria' (Lc 10, 41-42)" (Juan Pablo II, NMI 15).

En el ser y vocación de todo cristiano está el encuentro personal con el Señor. Buscar a Dios es buscar su Rostro, es adentrarse en su intimidad. Toda vocación, mucho más la del catequista, presupone una pregunta: "Maestro, ¿dónde vives? Ven y verás...". De la calidad de la respuesta, de la profundidad del encuentro surgirá la calidad de nuestra mediación como catequistas. La Iglesia se constituye sobre este "Ven y verás". Encuentro personal e intimidad con el Maestro que fundamentan el verdadero discipulado y aseguran a la catequesis su sabor genuino, alejando el acecho siempre actual de racionalismos e ideologizaciones que quitan vitalidad y esterilizan la Buena Noticia.

La catequesis necesita de catequistas santos, que contagien con su sola presencia, que ayuden con su testimonio de vida a superar una civilización individualista dominada por una "ética minimalista y una religiosidad superficial" (NMI 31). Hoy más que nunca urge la necesidad de dejarse encontrar por el Amor, que siempre tiene la iniciativa, para ayudar a los hombres a experimentar la Buena Noticia del encuentro.

Hoy más que nunca, se puede descubrir detrás de tantas demandas de nuestra gente, una búsqueda del Absoluto que, por momentos, adquiere la forma de grito doloroso de una humanidad ultrajada: "Queremos ver a Jesús" (Jn 12,21). Son muchos los rostros que, con un silencio más decidor que mil palabras, nos formulan este pedido. Los conocemos bien: están en medio de nosotros, son parte de ese pueblo fiel que Dios nos confía. Rostros de niños, de jóvenes, de adultos... Algunos de ellos, tienen la mirada pura del "discípulo amado", otros, la mirada baja del hijo pródigo. No faltan rostros marcados por el dolor y la desesperanza.

Pero todos esperan, buscan, desean ver a Jesús. Y por eso necesitan de los creyentes, especialmente de los catequistas que "no sólo 'hablen' de Cristo sino, en cierto modo, que se lo hagan 'ver'... De ahí, que nuestro testimonio sería enormemente deficiente, si nosotros no fuéramos los primeros contempladores de su rostro" (NMI 16).

Hoy más que nunca las dificultades presentes obligan, a quienes Dios convoca, a consolar a su Pueblo, a echar raíces en la oración, para poder "acercarnos al aspecto más paradójico de su misterio, la hora de la Cruz" (NMI 27). Sólo desde un encuentro personal con el Señor, podremos desempeñar la diaconía de la ternura, sin quebrarnos o dejarnos agobiar por la presencia del dolor y del sufrimiento.

Hoy, más que nunca, es necesario que todo movimiento hacia el hermano, todo servicio eclesial, tenga el presupuesto y fundamento de la cercanía y la familiaridad con el Señor. Así como la visita de María a Isabel, rica en actitudes de servicio y de alegría, sólo se entiende y se hace realidad desde la experiencia profunda de encuentro y escucha acontecida en el silencio de Nazareth.

Nuestro pueblo está cansado de palabras: no necesita tantos maestros, sino testigos...

Y el testigo se consolida en la interioridad, en el encuentro con Jesucristo. Todo cristiano, pero mucho más el catequista, debe ser permanentemente un discípulo del Maestro en el arte de rezar. "Es preciso aprender a orar, aprendiendo de nuevo este arte de los labios mismos del divino Maestro, como los primeros discípulos: 'Señor, enséñanos a orar' (Lc 11,1). En la plegaria se desarrolla ese diálogo con Cristo que nos convierte en sus íntimos: 'Permanezcan en mí, como yo permanezco en ustedes' (Jn 15,4)" (NMI 32).

De ahí que la invitación de Jesús a navegar mar adentro debemos entenderla también como un llamado a animarnos a abandonarnos en la profundidad de la oración que permita evitar que las espinas asfixien la semilla. A veces nuestra pesca es infructuosa porque no lo hacemos en su nombre; porque estamos demasiado preocupados por nuestras redes... y nos olvidamos de hacerlo con y por Él.

Estos tiempos no son fáciles, no son tiempos para entusiasmos pasajeros, para espiritualidades espasmódicas, sentimentalistas o gnósticas. La Iglesia Católica tiene una rica tradición espiritual, con numerosos y variados maestros que pueden guiar y nutrir una verdadera espiritualidad que hoy haga posible la diaconía de la escucha y la pastoral del encuentro. En la lectura atenta y receptiva del capítulo III de la carta del Papa *Novo Millenio Inenunte*, encontrarán la fuente inspiradora de mucho de lo que he querido compartir con ustedes. Simplemente para terminar, me animo a pedirles que refuercen tres aspectos fundamentales para la vida espiritual de todo cristiano y mucho más para la de un catequista.

El encuentro personal y vivo a través de una lectura orante de la Palabra de Dios.

Doy gracias al Señor porque Su Palabra está cada vez más presente en los encuentros de catequistas. Me consta además que son muchos los avances en cuanto la formación bíblica de los catequistas. Pero se correría el riesgo de quedar en un fría exégesis o uso del texto de la Sagrada Escritura si faltase el encuentro personal, la rumia insustituible que cada creyente y cada comunidad deben hacer de la Palabra para que se produzca el "encuentro vital, en la antigua y siempre válida tradición de la *lectio divina*, que permite encontrar en el texto bíblico la palabra viva que interpela, orienta y modela la existencia" (NMI 39). El catequista encontrará así la fuente inspiradora de toda su pedagogía, que necesariamente estará signada por el amor que se hace cercanía, ofrenda y comunión.

El encuentro personal y vivo a través de la Eucaristía.

Todos experimentamos el gozo como Iglesia de esta presencia cercana y cotidiana del Señor Resucitado hasta el fin de la historia. Misterio central de nuestra fe, que realiza la comunión y nos fortalece en la misión. El Catecismo de la Iglesia Católica nos recuerda que en la Eucaristía encontramos todo el bien de la Iglesia. En ella tenemos la certeza de que Dios es fiel a su promesa y se ha quedado hasta el fin de los tiempos (Mt 28,20).

En la visita y la adoración al Santísimo experimentamos la cercanía del Buen Pastor, la ternura de su amor, la presencia del amigo fiel. Todos hemos experimentado la ayuda tan grande que brinda la fe, el diálogo íntimo y personal con el Señor Sacramentado. Y el catequista no puede claudicar de esta hermosa vocación de contar lo que ha contemplado (1Jn 1 ss.).

En la celebración de la Fracción del Pan somos interpelados una vez más, a imitar su entrega, y renovar el gesto inédito de multiplicar las acciones de solidaridad. Desde el Banquete Eucarístico la Iglesia experimenta la Comunión y es invitada hacer efectivo el milagro de "projimidad" por el cual es posible en este mundo globalizado dar un espacio al hermano y hacer que el pobre se sienta en cada comunidad como en su casa (Cf. NMI 50). El catequista está llamado a hacer que la doctrina se haga mensaje y el mensaje vida. Sólo así, la Palabra proclamada podrá ser celebrada y constituirse verdaderamente en sacramento de Comunión.

El encuentro comunitario y festivo de la Celebración del domingo.

En la Eucaristía dominical se actualiza la Pascua, el Paso del Señor que ha querido entrar en la historia para hacernos partícipes de su vida divina. Nos congrega cada domingo como familia de Dios reunida en torno al altar, que se alimenta del Pan Vivo, y que trae y celebra lo acontecido en el camino, para renovar sus fuerzas y seguir gritando que Él vive entre nosotros. En la Misa de cada domingo experimentamos nuestra pertenencia cordial a ese Pueblo de Dios al cual fuimos incorporados por el Bautismo y hacemos "memoria" del "primer día de la semana" (Mc 16,2.9). En el mundo actual, muchas veces enfermo de secularismo y consumismo, parece que se va perdiendo la capacidad de celebrar, de vivir como familia. Por eso, el catequista, está llamado a comprometer su vida para que no se nos robe el domingo, ayudando a que en el corazón del hombre no se acabe la fiesta y cobre sentido y plenitud su peregrinar de la semana.

Santa Teresita, con ese poder de síntesis propio de las almas grandes y simples, escribe a una de sus hermanas, resumiendo en qué consiste la vida cristiana: "Amarlo y hacerlo amar...". Ésta es también la razón de ser de todo catequista. Sólo si hay un encuentro personal se puede ser instrumento para que otros lo encuentren.

Al saludarte por el día del catequista, quiero agradecerte de corazón toda tu entrega al servicio del Pueblo fiel. Y pedirle a María Santísima que mantenga viva en tu corazón esa sed de Dios para no cansarte nunca de buscar su rostro.

No dejes de rezar por mí para que sea un buen catequista. Que Jesús te bendiga y la Virgen Santa te cuide.

Homilía a los Catequistas, EAC, marzo de 2001

"Adorarás al Señor, tu Dios, y a Él solo rendirás culto"

"Quizás como pocas veces en nuestra historia, esta sociedad malherida aguarda una nueva llegada del Señor. Aguarda la entrada sanadora y reconciliante de Aquél que es Camino, Verdad y Vida. Tenemos razones para esperar. No olvidamos que su paso y su presencia salvífica han sido una constante en nuestra historia. Descubrimos la maravillosa huella de su obra creadora en una naturaleza de riqueza incomparable. La generosidad divina también se ha reflejado en el testimonio de vida, de entrega y sacrificio de nuestros padres y próceres, del mismo modo que en millones de rostros humildes y creyentes, hermanos nuestros, protagonistas anónimos del trabajo y las luchas heroicas, encarnación de la silenciosa epopeya del Espíritu que funda pueblos.

Sin embargo, vivimos muy lejos de la gratitud que merecería tanto don recibido. ¿Qué impide ver esta llegada del Señor? ¿Qué torna imposible el «gustar y ver qué bueno es el Señor» (Sal 34,9) ante tanta prodigalidad en la tierra y en los hombres? ¿Qué traba las posibilidades de aprovechar en nuestra Nación, el encuentro pleno entre el Señor, sus dones, y nosotros? Como en la Jerusalén de entonces, cuando Jesús atravesaba la ciudad y aquel hombre llamado Zaqueo no lograba verlo entre tanta muchedumbre, algo nos impide ver y sentir su presencia."

Con estas palabras empezaba la homilía del *Te Deum* del último 25 de mayo. Y quisiera que sirviera de introducción a esta carta que con afecto agradecido te hago llegar en medio de tu silenciosa pero importante tarea de edificar la Iglesia.

Creo no exagerar al afirmar que estamos en un tiempo de "miopía espiritual y chatura moral" que hace que se nos quiera imponer como normal una "cultura de lo bajo", en la que pareciera no haber lugar para la trascendencia y la esperanza.

Pero sabes bien por ser catequista, por la sabiduría que te da el trato semanal con la gente, que en el hombre sigue latiendo un deseo y necesidad de Dios. Ante la soberbia e invasiva prepotencia de los nuevos Goliat que, desde algunos medios de comunicación y no menos despachos oficiales, reactualizan prejuicios e ideologismos autistas, se hace necesaria hoy más que nunca la serena confianza de David para desde el llano defender la herencia. Por eso, quisiera insistirte en aquello que te escribía un año atrás:" Hoy más que nunca, se puede descubrir detrás de tantas demandas de nuestra gente, una búsqueda del Absoluto que, por momentos, adquiere la forma de grito doloroso de una humanidad ultrajada: 'Queremos ver a Jesús' (Jn 12,21). Son muchos los rostros que, con un silencio más decidor que mil palabras, nos formulan este pedido. Los conocemos bien: están en medio de nosotros, son parte de ese pueblo fiel que Dios nos confía. Rostros de niños, de jóvenes, de adultos... Algunos de ellos, tienen la mirada pura del "discípulo amado", otros, la mirada baja del hijo pródigo. No faltan rostros marcados por el dolor y la desesperanza. Pero todos esperan, buscan, desean ver a Jesús. Y por eso necesitan de los creyentes, especialmente de los catequistas que no sólo 'hablen' de Cristo sino, en cierto modo, que se lo hagan 'ver'.... De ahí, que nuestro testimonio sería enormemente deficiente, si nosotros no fuéramos los primeros contempladores de su rostro" (NMI 16).

Por eso, me animo a proponerte que nos detengamos este año a ahondar el tema de la adoración.

Hoy más que nunca, se hace necesario "adorar en espíritu y verdad" (Jn 4, 24). Es una tarea indispensable del catequista que quiera echar raíces en Dios, que quiera no desfallecer en medio de tanta conmoción.

Hoy más que nunca, se hace necesario adorar para hacer posible la "projimidad" que reclaman estos tiempos de crisis. Sólo en la contemplación del misterio de Amor que vence distancias y se hace cercanía, encontraremos la fuerza para no caer en la tentación de seguir de largo, sin detenernos en el camino.

Hoy más que nunca, se hace necesario enseñar a adorar a nuestros catequizandos, para que nuestra Catequesis sea verdaderamente Iniciación y no sólo enseñanza.

Hoy más que nunca, se hace necesario adorar para no apabullarnos con palabras que a veces ocultan el Misterio, sino regalarnos el silencio lleno de admiración que calla ante la Palabra que se hace presencia y cercanía.

¡Hoy más que nunca se hace necesario adorar!

Porque adorar es postrarse, es reconocer desde la humildad la grandeza infinita de Dios. Sólo la verdadera humildad puede reconocer la verdadera grandeza, y reconoce también lo pequeño que pretende presentarse como grande. Quizá una de las mayores perversiones de nuestro tiempo es que se nos propone adorar lo humano dejando de lado lo divino. "Sólo al Señor adorarás" es el gran desafío ante tantas propuestas de nada y vacío. No adorar a los ídolos contemporáneos -con sus cantos de sirena- es el gran desafío de nuestro presente, no adorar lo no adorable es el gran signo de los tiempos de hoy. Ídolos que causan muerte no merecen adoración alguna, sólo el Dios de la vida merece "adoración y gloria" (Cfr. DP 491).

Adorar es mirar con confianza a Aquél que aparece como confiable porque es dador de vida, instrumento de paz, generador de encuentro y solidaridad.

Adorar es estar de pie ante todo lo no adorable, porque la adoración nos vuelve libres y nos vuelve personas llenas de vida. .

Adorar no es vaciarse sino llenarse, es reconocer y entrar en comunión con el Amor. Nadie adora a quien no ama, nadie adora a quien no considera como su amor. ¡Somos amados! ¡Somos queridos!, "Dios es amor". Esta certeza es la que nos lleva a adorar con todo nuestro corazón a Aquél que "nos amó primero" (1Jn 4,10).

Adorar es descubrir su ternura, es hallar consuelo y descanso en su presencia, es poder experimentar lo que dice el salmo 22: "Aunque cruce por oscuras quebradas, no temeré ningún mal, porque tú estás conmigo... Tu bondad y tu gracia me acompañan a lo largo de mi vida".

Adorar es ser testigos alegres de su victoria, es no dejarnos vencer por la gran tribulación y gustar anticipadamente de la fiesta del encuentro con el Cordero, el único digno de adoración, quien secará todas nuestras lágrimas y en quien celebramos el triunfo de la vida y del amor, sobre la muerte y el desamparo (Cfr. Ap 21-22).

Adorar es acercarnos a la unidad, es descubrirnos hijos de un mismo Padre, miembros de una sola familia, es, como lo descubrió san Francisco, cantar las alabanzas unidos a toda la creación y a todos los hombres. Es atar los lazos que hemos roto con nuestra tierra, con nuestros hermanos, es reconocerlo a Él como Señor de todas las cosas, Padre bondadoso del mundo entero.

Adorar es decir "Dios", y decir "vida". Encontrarnos cara a cara en nuestra vida cotidiana con el Dios de la vida, es adorarlo con la vida y el testimonio. Es saber que tenemos un Dios fiel que se ha quedado con nosotros y que confía en nosotros. ¡Adorar es decir AMÉN!

Al saludarte por el día del catequista, quiero nuevamente agradecerte toda tu entrega al servicio del Pueblo fiel. Y pedirle a María Santísima que mantenga viva en tu corazón esa sed de Dios para que puedas como la samaritana del Evangelio "adorar en espíritu y verdad" y "hacer que muchos se acerquen a Jesús" (Jn 4, 39).

No dejes de rezar por mí para que sea un buen catequista. Que Jesús te bendiga y la Virgen Santa te cuide.

CARTA A LOS CATEQUISTAS, AGOSTO DE 2002

EL TESORO DE NUESTRO BARRO

"Nosotros llevamos ese tesoro en recipientes de barro, para que se vea bien que este poder extraordinario no procede de nosotros, sino de Dios" (2 Cor 4,7).

Durante todo este año, estamos intentando, como Iglesia Arquidiocesana, cuidar la "fragilidad de nuestro pueblo" haciéndolo incluso tema y estilo de la misión arquidiocesana.

En esta línea, quisiera que también el tema de la "fragilidad" esté presente en la carta que año tras año les escribo con motivo de la Fiesta de San Pío X, patrono de los catequistas.

En el 2002 los invitaba a reflexionar sobre la misión del catequista como adorador, como aquél que se sabe ante un misterio tan grande y maravilloso que lo desborda hasta convertirse en plegaria y alabanza. Hoy me animo a insistirles en este aspecto. Ante un mundo fragmentado, ante la tentación de nuevas fracturas fraticidas de nuestro país, ante la experiencia dolorosa de nuestra propia fragilidad, se hace necesario y urgente, me animaría a decir, imprescindible, ahondar en la oración y la adoración. Ella nos ayudará a unificar nuestro corazón y nos dará "entrañas de misericordia" para ser hombres de encuentro y comunión, que asumen como vocación propia el hacerse cargo de la herida del hermano. No priven a la Iglesia de su ministerio de oración, que les permite oxigenar el cansancio cotidiano dando testimonio de un Dios tan cercano, tan Otro: Padre, Hermano, y Espíritu; Pan, Compañero de Camino y dador de Vida.

Hace un año les escribía: "...Hoy más que nunca se hace necesario adorar para hacer posible la "projimidad" que reclaman estos tiempos de crisis. Sólo en la contemplación del misterio de Amor que vence distancias y se hace cercanía, encontraremos la fuerza para no caer en la tentación de seguir de largo, sin detenernos en el camino...".

Justamente, el texto del Buen Samaritano (Lc 10,25-37) fue el que iluminó el *Te Deum* del 25 de mayo de este año. En el mismo invitaba a "resignificar toda nuestra vida -como personas y como Nación- desde el gozo de Cristo resucitado para permitir que brote, en la fragilidad misma de nuestra carne, la esperanza de vivir como una verdadera comunidad...".

Anunciar el Kerygma, resignificar la vida, formar comunidad, son tareas que la Iglesia les confía de un modo particular a los catequistas. Tarea grande que nos sobrepasa y hasta por momentos nos abruma. De alguna manera nos sentimos reflejados en el joven Gedeón que, ante el envío para combatir ante los madianitas, se siente desamparado y perplejo ante la aparente superioridad del enemigo invasor (Jue 6,11-24). También nosotros, ante esta nueva invasión pseudocultural que nos presenta los nuevos rostros paganos de los "baales" de antaño, experimentamos la desproporción de las fuerzas y la pequeñez del enviado. Pero, es justamente desde la experiencia de la fragilidad propia en donde se evidencia la fuerza de lo alto, la presencia de Aquél que es nuestro garante y nuestra paz.

Por eso, me animo en este año a invitarte a que con la misma mirada contemplativa con la cual descubres la cercanía del Señor de la Historia, reconozcas en tu fragilidad el tesoro escondido, que confunde a los soberbios y derriba a los poderosos. Hoy el Señor nos invita a abrazar nuestra fragilidad como fuente de un gran tesoro evangelizador. Reconocernos barro, vasija y camino, es también darle culto al verdadero Dios.

Porque sólo aquel que se reconoce vulnerable es capaz de una acción solidaria. Pues conmoverse ("moverse-con"), compadecerse ("padecer-con") de quien está caído al borde del camino, son actitudes de quien sabe reconocer en el otro su propia imagen, mezcla de tierra y tesoro, y por eso no la rechaza. Al contrario la ama, se acerca a ella y sin buscarlo, descubre que las heridas que cura en el hermano son ungüento para las propias. La compasión se convierte en comunión, en puente que acerca y estrecha lazos. Ni los salteadores ni quienes siguen de largo ante el caído, tienen conciencia de su tesoro ni de su barro. Por eso, los primeros no valoran la vida del otro y se atreven a dejarlo casi muerto. Si no valoran la propia, ¿cómo podrán reconocer como un tesoro la vida de los demás? Los que siguen de largo, a su vez, valoran su vida pero parcialmente, se atreven a mirar sólo una parte, la que ellos creen valiosa: se saben elegidos y amados por Dios (llamativamente en la parábola son dos personajes religiosos en tiempos de Jesús: un levita y un sacerdote) pero no se atreven a reconocerse arcilla, barro frágil. Por eso el caído les da miedo y no saben reconocerlo, ¿cómo podrán reconocer el barro de los demás si no aceptan el propio?

Si algo caracteriza la pedagogía catequística, si en algo debería ser experto todo catequista, es en su capacidad de acogida, de hacerse cargo del otro, de ocuparse de que nadie

25

quede al margen del camino. Por eso, ante la gravedad y lo extenso de la crisis, ante el desafío como Iglesia Arquidiocesana de comprometernos en "cuidar la fragilidad de nuestro pueblo" te invito a que renueves tu vocación de catequista y pongas toda tu creatividad en "saber estar" cerca del que sufre, haciendo realidad una "pedagogía de la presencia", en el que la escucha y la "projimidad" no sólo sean un estilo, sino contenido de la catequesis.

Y en esta hermosa vocación artesanal de ser "crisma y caricia del que sufre" no tengas miedo de cuidar la fragilidad del hermano desde tu propia fragilidad: tu dolor, tu cansancio, tus quiebres; Dios los transforma en riqueza, ungüento, sacramento. Recordá lo que juntos meditábamos el día de *Corpus*: hay una fragilidad, la Eucarística, que esconde el secreto del compartir. Hay una fragmentación que permite, en el gesto tierno del darse, alimentar, unificar, dar sentido a la vida. Que en esta Fiesta de san Pío X, puedas en oración presentarle al Señor tus cansancios y fatigas, como la de las personas que el Señor te ha puesto en tu camino, y dejes que el Señor abrace tu fragilidad, tu barro, para transformarlo en fuerza evangelizadora y en fuente de fortaleza. Así lo experimentó el apóstol Pablo:

"Estamos atribulados por todas partes, pero no abatidos; perplejos, pero no desesperados; perseguidos, pero no abandonados; derribados, pero no aniquilados. Siempre y a todas partes, llevamos en nuestro cuerpo los sufrimientos de la muerte de Jesús, para que también la vida de Jesús se manifieste en nuestro cuerpo" (2 Cor 4,8-10).

Es en la fragilidad donde somos llamados a ser catequistas. La vocación no sería plena si excluyera nuestro barro, nuestras caídas, nuestros fracasos, nuestras luchas cotidianas: es en ella donde la vida de Jesús se manifiesta y se hace anuncio salvador. Gracias a ella descubrimos los dolores del hermano como propios. Y desde ella, la voz del profeta se hace Buena Nueva para todos:

"Fortalezcan los brazos débiles, robustezcan las rodillas vacilantes; digan a los que están desalentados: '¡Sean fuertes, no teman: ahí está su Dios!... Él mismo viene a salvarlos!'. Entonces se abrirán los ojos de los ciegos y se destaparán los oídos de los sordos; entonces el tullido saltará como un ciervo y la lengua de los mudos gritará de júbilo, los acompañarán el gozo y la alegría, la tristeza y los gemidos se alejarán" (Is 35, 3.5).

Que María, nos conceda valorar el tesoro de nuestro barro, para poder cantar con ella el Magníficat de nuestra pequeñez junto con la grandeza de Dios.

No dejes de rezar por mí para que también viva esta experiencia de límite y de gracia. Que Jesús te bendiga y la Virgen Santa te cuide. Con todo cariño.

Carta a los Catequistas, agosto de 2003

"Levántate, come, todavía te queda mucho por caminar..."

Como Iglesia Diocesana transitamos un camino que tendrá un momento fuerte del Espíritu: las próximas Asambleas del Pueblo de Dios. Deseo que este tiempo de preparación implique ponerse en marcha en un camino de discernimiento comunitario por medio de la oración.

Como Iglesia en la Argentina peregrinamos hacia Corrientes donde, en pocos días más, nos congregaremos como Pueblo fiel en torno a la Eucaristía, para pedirle al Señor que la celebración cotidiana nos ayude a hacer realidad el sueño tantas veces postergado de una Nación verdaderamente reconciliada y solidaria. Lo hacemos con la triste constatación de que hay gente que no tiene qué comer en la tierra bendita del pan.

Identidad, memoria, pertenencia de un pueblo que se sabe peregrino, en camino.

En esta realidad dinámica de la Iglesia quiero, en la cercanía de la festividad de san Pío X, hacerles llegar mi saludo y afecto agradecido por el día del catequista. Deseo compartir con ustedes algunas reflexiones que en este último tiempo han sido objeto de mi oración, en consonancia con lo que les escribía el Miércoles de Ceniza, cuando los invitaba a cuidar la fragilidad del hermano desde la audacia propia de los discípulos de Jesús que confían en su presencia de Resucitado.

Nuestra Iglesia en Buenos Aires está necesitada de esa audacia y fervor, que es obra del Espíritu Santo, y que nos lleva a anunciar, a gritar a Jesucristo con toda nuestra vida. Es necesario mucha audacia y valentía para seguir caminando hoy en medio de tanta perplejidad.

Sabemos que existe la tentación de quedarnos atrapados por el miedo paralizador que a veces se maquilla de repliegue y cálculo realista y, en otros casos, de rutinaria repetición. Pero siempre esconde la vocación cobarde y conformista de una cultura minimista acostumbrada sólo a la seguridad del andar orillando.

¡Audacia apostólica implicará búsqueda, creatividad, navegar mar adentro!

En esta espiritualidad del camino también es grande la tentación de traicionar el llamado a marchar como pueblo, renunciando al mandato de la peregrinación para correr alocadamente la maratón del éxito. De esta manera hipotecamos nuestro estilo, sumándonos a la cultura de la exclusión, en la que ya no hay lugar para el anciano, el niño molesta y no hay tiempo para detenerse al borde del camino. La tentación es grande, sobre todo porque se apoya en los nuevos dogmas modernos como la eficiencia y el pragmatismo. Por ello, hace falta mucha audacia para ir contra la corriente, para no renunciar a la utopía posible de que sea precisamente la inclusión la que marque el estilo y ritmo de nuestro paso. Caminar como pueblo siempre es más lento. Además nadie ignora que el camino es largo y difícil. Como en aquella experiencia fundante del pueblo de Dios por el desierto, no faltará el cansancio y el desconcierto.

A todos nos ha sucedido alguna vez encontrarnos detenidos y desorientados en el camino, sin saber qué pasos dar. La realidad muchas veces se nos impone clausurada, sin esperanza. Dudamos, como el pueblo de Israel, de las promesas y presencia del Señor de la historia y nos dejamos envolver por la mentalidad positivista que pretende constituirse en clave interpretativa de la realidad. Renunciamos a nuestra vocación de hacer historia, para sumarnos al coro nostálgico de quejas y reproches: "Ya te lo decíamos cuando estábamos en Egipto. ¡Déjanos tranquilos! Queremos servir a los egipcios, porque más vale estar al servicio de ellos que morir en el desierto!" (Éx 14,12). El fervor apostólico nos ayudará a tener memoria, a no renunciar a la libertad, a caminar como pueblo de la Alianza: "No olvides al Señor que te hizo salir de Egipto, de un lugar de esclavitud" (Dt 6,12). Como catequistas de tiempos difíciles ¡deben pedir a Dios la audacia y el fervor que les permita ayudar a recordar! "Presta atención y ten cuidado para no olvidar las cosas que has visto con tus propios ojos..." (Dt 4,9). En la memoria transmitida y celebrada encontraremos como pueblo la fuerza necesaria para no caer en el miedo que paraliza y angustia.

Este caminar de pueblo de Dios reconoce tiempos y ritmos, tentaciones y pruebas, acontecimientos de gracia en los que se hace necesario renovar la alianza.

También hoy, en nuestro caminar como Iglesia en Buenos Aires, vivimos un momento muy especial que nos animamos a vislumbrar como tiempo de gracia. Queremos abrirnos al Espíritu para dejar que Él nos ponga en movimiento espiritual, para que las próximas Asambleas Diocesanas sean un verdadero "Tiempo de Dios" en el que, en la presencia del Señor, podamos ahondar en nuestra identidad y toma de conciencia de nuestra misión. Poder hacer una experiencia fraterna de discernimiento comunitario y fraternal en el que la oración y el diálogo nos permitan superar desencuentros y crecer en santidad comunitaria y misionera.

Como todo caminar nos obliga a ponernos en marcha, en movimiento, nos desinstala, y nos pone en situación de luchas espirituales. Debemos prestar especial atención a lo que pasa en el corazón; estar atento al movimiento de los diversos espíritus (el bueno, el malo, el propio). Y ésto, para poder discernir y encontrar la Voluntad de Dios.

No habrá que extrañarse de que en este camino que comenzamos a transitar aparezca la tentación sutil de la seducción "alternativista", que se expresa en nunca aceptar un camino común, para presentar siempre como absoluto otras posibilidades. No se trata del sano y enriquecedor pluralismo, o matices, a la hora del discernimiento comunitario; sino de la incapacidad de hacer un camino con otros, porque en el fondo del corazón se prefiere andar solitariamente por senderos elitistas que, en muchos casos, conducen a replegarse egoístamente sobre sí mismo. El catequista en cambio, el verdadero catequista, tiene la sabiduría que se fragua en la cercanía con la gente y con la riqueza de tantos rostros e historias compartidas que lo alejan de cualquier versión aggiornada de "ilustración".

No ha de extrañar que en el camino también se haga presente el mal espíritu, el que se niega a toda novedad. El que se aferra a lo adquirido y prefiere las seguridades de

Egipto a las promesas del Señor. Ese mal espíritu nos lleva a regodearnos en las dificultades, a apostar desde el inicio al fracaso, a despedir "con realismo" a las multitudes porque no sabemos, no podemos y, en el fondo, no queremos incluirlas. De este mal espíritu nadie está exento.

De allí, que la invitación a renovar el fervor sea una invitación a pedirle a Dios una gracia para nuestra Iglesia en Buenos Aires: "La gracia de la audacia apostólica, audacia fuerte y fervorosa del Espíritu".

Sabemos que toda esta renovación espiritual no puede ser el resultado de un movimiento de voluntad o un simple cambio de ánimo. Es gracia, renovación interior, transformación profunda que se fundamenta y apoya en una Presencia que, como aquella tarde del primer día de la historia nueva, se hace camino con nosotros para transformar nuestros miedos en ardor, nuestra tristeza en alegría, nuestra huida en anuncio.

Sólo hace falta reconocerlo como en Emaús. Él sigue partiendo el pan para que nos reconozcan también, al partir nuestro pan. Y si nos falta audacia para asumir el desafío de ser nosotros quienes demos de comer, actualicemos en nuestra vida el mandato de Dios al cansado y agobiado profeta Elías: "Levántate, come, todavía te queda mucho por caminar..." (1 Re 19,7).

Al darte gracias por todo tu camino de catequista, le pido al Señor Eucaristía que renueve tu ardor y fervor apostólico para que no te acostumbres jamás a los rostros de tantos niños que no conocen a Jesús, a los rostros de tantos jóvenes que deambulan por la vida sin sentido, a los rostros de multitudes de excluidos que, con sus familias y ancianos, luchan para ser comunidad, cuyo paso cotidiano por nuestra ciudad nos duele e interpela.

Más que nunca necesitamos de tu mirada cercana de catequista para contemplar, conmoverte y detenerte cuantas veces sea necesario para darle a nuestro caminar el ritmo sanante de "projimidad". Y podrás así hacer la experiencia de la verdadera compasión, la de Jesús, que lejos de paralizar, moviliza, lo impulsa a salir con más fuerza, con más audacia, a anunciar, a curar, a liberar (Cf Lc. 4, 16-22).

Más que nunca necesitamos de tu corazón delicado de catequista que aporta, desde tu experiencia del acompañamiento, la sabiduría de la vida y de los procesos donde campea la prudencia, la capacidad de comprensión, el arte de esperar, el sentido de pertenencia, para cuidar así –entre todos– a las ovejas que se nos confía, de los lobos ilustrados que intentan disgregar el rebaño.

¡Más que nunca necesitamos de tu persona y ministerio catequístico para que con tus gestos creativos, pongas como David música y alegría al andar cansado de nuestro pueblo! (2 Sa 6, 14-15).

Te pido, por favor, que reces por mí para que sea un buen catequista. Que Jesús te bendiga y la Virgen Santa te cuide.

CARTA A LOS CATEQUISTAS, AGOSTO DE 2004

"DESPUÉS SUBIÓ A LA MONTAÑA Y LLAMÓ A SU LADO A LOS QUE QUISO. ELLOS FUERON HACIA ÉL"

"Y Jesús instituyó a los doce para que estuvieran con Él, y para enviarlos a predicar..." (Mc 3, 13-14). El texto de Marcos permite situarnos en la perspectiva del llamado.

Detrás de cada catequista, de cada uno de ustedes, hay un llamado, una elección, una vocación. Esta es una verdad fundante de nuestra identidad: hemos sido llamados por Dios, elegidos por Él. Creemos y confesamos la iniciativa de amor que hay en el origen de lo que somos. Nos reconocemos como don, como gracia...

Y hemos sido llamados para estar con Él. Por eso nos decimos cristianos, nos reconocemos en estrecha relación con Cristo... Con el apóstol Pablo podemos decir: "... y ya no vivo yo, sino que Cristo vive en mí..." (Gal 2, 20). Ese vivir con Cristo es realmente una vida nueva: la vida del cristiano, y determina todo lo que se es y se hace. De ahí que todo catequista debe procurar permanecer en el Señor (Jn 15, 4) y cuidar, con la oración, su corazón transformado con la gracia, porque es lo que tiene para ofrecer y en donde está su verdadero "tesoro" (Cf. Lc 12,34).

Alguno quizás está pensando en su interior: "pero esto que nos está diciendo podría ser aplicado a todo cristiano". Sí, es así. Y es lo que justamente quisiera compartir con ustedes esta mañana. Todo catequista es ante todo un cristiano..

Puede resultar casi obvio... Sin embargo, uno de los problemas más serios que tiene la Iglesia, y que hipoteca muchas veces su tarea evangelizadora, radica en que los agentes pastorales, los que solemos estar más con las "cosas de Dios", los que estamos más insertos en el mundo eclesiástico, frecuentemente nos olvidamos de ser buenos cristianos. Comienza entonces la tentación de absolutizar las espiritualidades en genitivo: la espiritualidad del laico, del catequista, del sacerdote..., con el grave peligro de perder su originalidad y simpleza evangélica. Y una vez perdido el horizonte común cristiano, corremos la tentación de lo snob, de lo afectado, de aquello que entretiene y engorda pero no alimenta ni ayuda a crecer. Las partes se convierten en particularidades y, al privilegiar las particularidades fácilmente nos olvidamos del todo, de que formamos un mismo pueblo. Entonces comienzan los movimientos centrífugos que nada tienen de misionero sino todo lo contrario: nos dispersan, nos distraen y paradójicamente nos enredan en nuestras internas y "quintismos" pastorales. No olvidemos: el todo es superior a la parte.

Me parece importante insistir en ésto porque una tentación sutil del Maligno es hacernos olvidar nuestra pertenencia común que tiene como fuente el Bautismo. Y cuando perdemos la identidad de hijos, hermanos y miembros del Pueblo de Dios, nos entretenemos en cultivar una "pseudo-espiritualidad" artificial, elitista... Dejamos de transitar por los frescos pastos verdes para quedar acorralados en los sofismas paralizantes de un "cristianismo de probeta". Ya no somos cristianos sino "élites ilustradas" con ideas cristianas.

Teniendo ya bien presente ésto, podemos señalar rasgos específicos.

El catequista es el hombre de la Palabra. De la Palabra con mayúscula. "Fue precisamente con la Palabra que nuestro Señor se ganó el corazón de la gente. Venían a escucharlo de todas partes" (Mc 1, 45). "Se quedaban maravillados bebiendo sus enseñanzas" (Mc 6, 2). "Sentían que les hablaba como quien tiene autoridad" (Mc 1, 27). "Fue con la Palabra que los apóstoles, a los que 'Instituyó para que estuvieran con él, y para enviarlos a predicar' (Mc 3, 14), atrajeron al seno de la Iglesia a todos los pueblos" (Cfr. Mc 16, 15-20).

Esta relación de la catequesis con la Palabra no se mueve tanto en el orden del "hacer", sino más bien del "ser". No puede haber realmente una verdadera catequesis sin una centralidad y referencia real a la Palabra de Dios que anime , sostenga y fecunde todo su hacer. El catequista se compromete delante de la comunidad a meditar y rumiar la Palabra de Dios para que sus palabras sean eco de ella. Por ello, la acoge con la alegría que da el Espíritu (1 Tes 1,6), la interioriza y la hace carne y gesto como María (Lc 2,19). Encuentra en la Palabra la sabiduría de lo alto que le permitirá hacer el necesario y agudo discernimiento, tanto personal como comunitario.

"La Palabra de Dios es viva y eficaz, y más cortante que cualquier espada de doble filo: ella penetra hasta la raíz del alma y del espíritu, de las articulaciones y de la médula y discierne los pensamientos y las intenciones del corazón..." (Heb 4,12).

El catequista es un servidor de la Palabra, se deja educar por ella, y en ella tiene la serena confianza de una fecundidad que excede sus fuerzas: "... Ella no vuelve a mí estéril, sino que realiza todo lo que yo quiero y cumple la misión que yo le encomendé" (Is 55, 10-11). El catequista puede hacer propio lo que Juan Pablo II escribe sobre el sacerdote: "... debe ser el primer 'creyente' de la Palabra con la plena conciencia de que las palabras de su ministerio no son 'suyas', sino de aquél que lo ha enviado. Él no es el dueño de esta palabra; es su servidor..." (*Pastores dabo vobis 26*).

Para que sea posible esa escucha de la Palabra, el catequista debe ser hombre y mujer que guste del silencio. ¡Sí!, el catequista, porque es el hombre de la Palabra, deberá ser también el hombre del silencio... Silencio contemplativo, que le permitirá liberarse de la inflación de palabras que reducen y empobrecen su ministerio a un palabrerío hueco, como tantos que nos ofrece la sociedad actual. Silencio dialogal, que hará posible la escucha respetuosa del otro y así embellecerá a la Iglesia con la diaconía de la palabra que se ofrece como respuesta. Silencio rebosante de "projimidad", que complementará la palabra con gestos decidores que facilitan el encuentro y hacen posible la "teofanía del nosotros". Por eso, me animo a invitarlos, a ustedes, hombres y mujeres de la Palabra: ¡amen el silencio, busquen el silencio, hagan fecundo en su ministerio el silencio!

Pero si algo peculiar debe caracterizar al catequista es su mirada. El catequista, nos dice el Directorio Catequístico General, es un hombre experto en el arte de comunicar. "La cima y el centro de la formación de catequistas es la aptitud

35

y habilidad de comunicar el mensaje evangélico." (235). El catequista está llamado a ser un pedagogo de la comunicación. Quiere y busca que el mensaje se haga vida. Y esto también sin despreciar todos los aportes de las ciencias actuales sobre la comunicación. En Jesús tenemos siempre el modelo, el camino, la vida. Como el Maestro Bueno, cada catequista deberá hacer presente la "mirada amorosa" que es inicio y condición de todo encuentro verdaderamente humano. Los evangelios no han escatimado versículos para documentar la profunda huella que dejó, en los primeros discípulos, la mirada de Jesús. ¡No se cansen de mirar con los ojos de Dios!

En una civilización paradójicamente herida de anonimato y, a la vez, impudorosamente enferma de curiosidad malsana por el otro, la Iglesia necesita de la mirada cercana del catequista para contemplar, conmoverse y detenerse cuantas veces sea necesario para darle a nuestro caminar el ritmo sanante de "projimidad". En este mundo precisamente el catequista deberá hacer presente la fragancia de la mirada del corazón de Jesús. Y tendrá que iniciar a sus hermanos en este "arte del acompañamiento", para que chicos y grandes aprendan siempre a quitarse las sandalias ante la tierra sagrada del otro (cf. Éx 3, 5). Mirada respetuosa, mirada sanadora, mirada llena de compasión también ante el espectáculo sombrío de la omnipotencia manipuladora de los medios, del paso prepotente e irrespetuoso de quienes como gurúes del pensamiento único, aun desde los despachos oficiales, nos quieren hacer claudicar en la defensa de la dignidad de la persona, contagiándonos una incapacidad de amar.

Por eso, les pido a ustedes catequistas: ¡cuiden su mirada! No claudiquen en esa mirada dignificadora. No cierren nunca los ojos ante el rostro de un niño que no conoce a Jesús. No desvíen su mirada, no se hagan los distraídos. Dios los pone, los envía para que amen, miren, acaricien, enseñen... Y los rostros que Dios les confía no se encuentran solamente en los salones de la parroquia, en el templo... Vayan más allá: estén abiertos a los nuevos cruces de caminos en los que la fidelidad adquiere el nombre de creatividad. Ustedes seguramente recordarán que el Directorio Catequístico General en la Introducción nos propone la parábola del sembrador. Teniendo presente este horizonte bíblico no pierdan la identidad de su mirada de catequistas. Porque hay modos y modos de mirar... Están quienes miran con ojos de estadísticas... y muchas veces sólo ven números, sólo saben contar... Están quienes miran con ojos de resultados... y muchas veces sólo ven fracasos... Están quienes miran con ojos de impaciencia... y sólo ven esperas inútiles...

Pidámosle a quien nos ha metido en esta siembra, que nos haga partícipe de su mirada, la del sembrador bueno y "derrochón" de ternura. Para que sea, una mirada confiada y de largo aliento, que no ceda a la tentación estéril de querer curiosear cada día el sembrado porque sabe bien que, sea que duerma o vele, la semilla crece por sí misma.

Una mirada esperanzadora y amorosa que, cuando ve despuntar la cizaña en medio del trigo, no tiene reacciones quejosas ni alarmistas, porque sabe y tiene memoria de la fecundidad gratuita de la caridad.

Pero si algo es propio del catequista es reconocerse como el hombre y la mujer que "anuncia". Si bien es cierto que todo cristiano debe participar de la misión profética de la Iglesia, el catequista lo hace de una manera especial.

¿Qué significa anunciar? Es más que decir algo, que contar algo. Es más que enseñar algo. Anunciar es afirmar, gritar, comunicar, es trasmitir con toda la vida. Es acercarle al otro su propio acto de fe –que por ser totalizador– se hace gesto, palabra, visita, comunión... Y anunciamos no un mensaje frío o un simple cuerpo doctrinal. Anunciamos ante todo una Persona, un acontecimiento: Cristo nos ama y ha dado su vida por nosotros (Cfr. Ef 2, 1-9). El catequista, como todo cristiano, anuncia y testifica una certeza: que Cristo ha resucitado y está vivo en medio de nosotros (Cfr. Hch 10, 34-44). El catequista ofrece su tiempo, su corazón, sus dones y su creatividad para que esta certeza se haga vida en el otro, para que el proyecto de Dios se haga historia en el otro. Es propio también del catequista que ese anuncio que tiene como centro a una persona, Cristo, se haga también anuncio de su mensaje, de sus enseñanzas, de su doctrina. La catequesis es enseñanza. Hay que decirlo sin complejo. No se olviden de que ustedes como catequistas completan la acción misionera de la Iglesia. Sin una presentación sistemática de la Fe nuestro seguimiento del Señor será incompleto, se nos hará difícil dar razón de lo que creemos, seremos cómplices de que muchos no lleguen a la madurez de la fe.

Y si bien en algún momento de la historia de la Iglesia se separó demasiado Kerygma y catequesis, hoy deben estar unidos aunque no identificados. La catequesis deberá en estos tiempos de increencia e indiferencia generalizada tener una fuerte impronta kerygmática. Pero no deberá ser solamente Kerygma, si no a la larga dejará de ser catequesis. Deberá gritar y anunciar: ¡Jesús es el Señor!, pero deberá también llevar gradual y pedagógicamente al catecúmeno a conocer y amar a Dios, a entrar en su intimidad, a iniciarlo en los sacramentos y la vida del discípulo...

No dejen de anunciar que Jesús es el Señor... ayuden justamente a que sea realmente "Señor" de sus catequizandos... Para eso ayúdenlos a rezar en profundidad, a adentrarse en sus misterios, a gustar de su presencia... No vacíen de contenido la catequesis, pero tampoco la dejen reducida a simples ideas, las cuales, cuando salen de su engarce humano, de su enraizamiento en la persona, en el Pueblo de Dios y en la historia de la Iglesia, conllevan enfermedad. Las ideas, así entendidas, terminan siendo palabras que no dicen nada, y que pueden transformarnos en nominalistas modernos, en "elites ilustradas".

En este contexto cobra mucha importancia el testimonio. La catequesis, como educación en la fe, como transmisión de una doctrina, exige siempre un sustento testimonial. Esto es común a todo cristiano, sin embargo en el catequista adquiere una dimensión especial. Porque se reconoce llamado y convocado por la Iglesia para dar testimonio. El testigo es aquel que habiendo visto algo, lo quiere contar, narrar, comunicar... En el catequista, el encuentro personal con el Señor da no sólo credibilidad a sus palabras, sino que da credibilidad a su ministerio, a lo que es y a lo que hace.

Si el catequista no ha contemplado el rostro del Verbo hecho carne, no merece ser llamado catequista. Es más, puede llegar a recibir el nombre de impostor, porque está engañando a sus catequizandos.

Algo más: ustedes son catequistas de este tiempo, de esta ciudad imponente que es Buenos Aires, en esta Iglesia diocesana que está caminando en asamblea... Y por ser catequistas de este tiempo signado por las crisis y los cambios no se avergüencen de proponer certezas... No todo está en cambio, no todo es inestable, no todo es fruto de la cultura o del consenso. Hay algo que se nos ha dado como don, que supera nuestras capacidades, que supera todo lo que podamos imaginar o pensar. El catequista debe vivir como ministerio propio aquello que dice el evangelista san Juan: "...Nosotros hemos conocido el amor que Dios nos tiene y hemos creído en él..." (1 Jn 4, 16). Estamos ciertamente ante un tiempo difícil, de muchos cambios, que incluso nos llevan a hablar de cambio de época. El catequista, ante este nuevo y desafiante horizonte cultural, se sentirá en más de una ocasión cuestionado, perplejo, pero nunca abatido. Desde la memoria del actuar de Dios en nuestras vidas, podemos decir con el apóstol: "Yo sé en quién he puesto mi confianza"(2 Tim

1,12). En estos momentos de encrucijada histórica y de gran crisis, la Iglesia necesita de la fortaleza y perseverancia del catequista que, con su fe humilde pero segura, ayude a las nuevas generaciones a decir con el salmista: "... Con mi Dios, puedo escalar cualquier muralla..." (Sal 17, 31). "...Aunque cruce por oscuras quebradas, no temeré ningún mal, porque tu estás conmigo..." (Sal 22, 4).

Quehacer de catequistas, que en el caso de ustedes, se realiza aquí, en Buenos Aires, en esta gran ciudad que con su complejidad la hace de alguna manera sumamente singular. ¡Son catequistas porteños! y, en este sentido, por lo que conlleva una gran ciudad, los deberá diferenciar del catequista de cualquier otro sitio.

Toda gran ciudad tiene muchas riquezas, muchas posibilidades, pero también son muchos los peligros. Uno de ellos es el de la exclusión. A veces me pregunto si como Iglesia diocesana no somos cómplices de una cultura de la exclusión en la que ya no hay lugar para el anciano, el niño molesta, no hay tiempo para detenerse al borde del camino. La tentación es grande, sobre todo porque se apoya en los nuevos dogmas modernos como la eficiencia y el pragmatismo. Por ello, hace falta mucha audacia para ir contra la corriente, para no renunciar a la utopía posible de que sea precisamente la inclusión, la que marque el estilo y ritmo de nuestro paso.

Anímense a pensar la pastoral y la catequesis desde la periferia, desde aquellos que están más alejados, de los que habitualmente no concurren a la Parroquia. Ellos también están invitados a la Boda del Cordero. Hace unos años les decía en un EAC: ¡Salgan de las cuevas! Hoy se los repito: ¡Salgan de la sacristía, de la secretaría parroquial, de los salones vip!, ¡salgan! Hagan presente la pastoral del atrio, de las puertas, de las casas, de la calle. No esperen, ¡salgan! Y sobre todo hagan presente una catequesis que no excluya, que sepa de ritmos distintos, abierta a los nuevos desafíos de este mundo complejo. No se transformen en funcionarios rígidos, fundamentalistas de la planificación que excluye. Dios los ha llamado a ser sus catequistas. En esta Iglesia de Buenos Aires que está transitando tiempos del Espíritu, sean parte y protagonistas de la asamblea diocesana, no para "manijear", ni imponer, sino para hacer juntos la apasionante experiencia del discernir con otros, de dejar que sea Dios quien escriba la historia.

Cada año ustedes como catequistas se reúnen en el EAC. Y el EAC es sinónimo de comunión. Dejan por un día el trabajo de la parroquia para experimentar la riqueza de la comunión, sinfonía hermosa de lo distinto y común. Es un día de compartir, de enriquecerse con el otro, de hacer la experiencia de vivir en el patio del La Salle "la carpa de encuentro" de quienes semana a semana, a grandes y a chicos, anuncian a Jesús. Vivan esa comunión también con los otros agentes pastorales, con los demás miembros del pueblo fiel. Sean diáconos, es decir, servidores casi obsesivos de la comunión. Súmense a este soplo del Espíritu que nos invita a superar nuestro individualismo porteño que canoniza el "no te metás". Desterremos por un rato la mentalidad nostálgica y tanguera del "no va a andar", para vencer a los profetas de desgracia que ya el camino los encuentra viejos y cansados...

En el mundo actual, ya hay demasiado dolor y rostros entristecidos como para que quienes creemos en la Buena Noticia del Evangelio escondamos el gozo pascual. Por eso, anuncien con alegría que Jesús es el Señor... Esa alegría profunda, que tiene su causa justamente en el Señor.

Con los catequistas de todo el país pidan a Dios esta gracia para este año del ENAC. Por eso marcharán juntos con los catequistas del Gran Buenos Aires el 24 de abril, para cuidar y preservar la capacidad de fiesta, la alegría del peregrinar con otro, el gozo de saberse hermanados en esta hermosa vocación de catequistas. Lo harán ligeros de equipajes, con un corazón lleno de fervor... Y lo harán en Luján, junto a la Madre Fiel, para que ella los ayude a encontrarse con su Hijo, y en Él, con todo el pueblo de Dios que peregrina en esta tierra Argentina...

Renovarán su vocación, confirmarán su misión. Pedirán la gracia de ser instrumentos de comunión, para que haciendo de la Iglesia una Casa de todos, puedan hacer presente la ternura de Dios en las penosas situaciones de la vida, aun en los tiempos de conflictos que sé que se vislumbran en un futuro no muy lejano.

Que María de Luján les conceda lo que piden con los catequistas de todo el país: "Hacer de su ministerio un lugar de escucha, anuncio y alegría".

HOMILÍA A LOS CATEQUISTAS, EAC, MARZO DE 2005

VIGILA TUS PASOS CUANDO VAYAS A LA CASA DE DIOS. ACÉRCATE DISPUESTO A ESCUCHAR

La festividad de san Pío X y la celebración del día del Catequista son una ocasión propicia para hacerte llegar mi sentimiento de gratitud por tu entrega silenciosa y comprometida en el ministerio de la catequesis.

Ministerio que tiene a tantos niños, jóvenes y adultos como destinatarios, y es una de las formas en que la Iglesia hace hoy realidad el mandato del Señor: "Vayan por todo el mundo, anuncien la Buena Noticia a toda la creación..." (Mc 16,15).

Ministerio de la Palabra que tendrá mucho de anuncio, de enseñanza, de educación en la fe, de discipulado, de iniciación cristiana.

Ministerio de la Iglesia servidora que desea hacer presente y cercano al Único Maestro, que tiene "palabras de Vida eterna" (Jn 6, 66).

Ministerio que nos necesita orantes (Lc 22,46), gustosos de estar con Él (Mc 3,14). Para que, desde la experiencia siempre renovadora y liberadora del encuentro con el Mesías, puedan ser más testigos que maestros. Porque el anuncio se simplifica y adquiere fuerza de Buena Noticia cuando en el centro de la catequesis y de toda la vida de la Iglesia hay una persona y un acontecimiento: Cristo, su Pascua, su Amor...

Sólo así, podrá tener autoridad el ministerio, brindando en estos tiempos de tanta disgregación el servicio invalorable de hacer presente y cercano al Maestro Bueno que enseña con autoridad. Claro que no con una autoridad como muchas veces la concibe el mundo, más cercana a la elocuencia, al poder o a los títulos ilustrados; sino con aquella autoridad que producía el asombro y la admiración de los hombres sencillos, contemporáneos de Jesús. Autoridad y sabiduría que nada tienen de esa ilustración que engorda y ensimisma, sino del sentido que etimológicamente nos refiere el vocablo autoridad "el que nutre y hace crecer" (*Autoritas*, de *augere*). Estás llamado, como catequista, a acompañar, conducir a las aguas tranquilas para que el encuentro se haga fuente, fiesta, abrigo.

Para eso se te exigirá que sepas escuchar y enseñes a escuchar tal como lo hizo Jesús. Y no simplemente como una actitud que facilita el encuentro entre las personas sino, fundamentalmente, como un elemento esencial del mensaje revelado. En efecto, toda la Biblia se ve atravesada por una invitación recurrente: ¡Escucha!

Por ello, será parte de tu ministerio catequista no sólo saber escuchar y ayudar a aprender a escuchar, sino principalmente mostrar a Dios que sabe y quiere escuchar.

Fue justamente esta idea, la que todos hicimos oración hace pocos días en ocasión de la festividad de San Cayetano. "La lectura del Éxodo nos dice algo muy simple y a la vez muy hermoso, muy consolador: Que Dios nos escucha. Que Dios, nuestro Padre, escucha el clamor de su pueblo. Este clamor silencioso de la fila interminable que pasa delante de San Cayetano. Nuestro Padre del Cielo escucha el rumor de nuestros pasos, la oración que vamos musitando en nuestro corazón, a medida que nos acercamos.

Nuestro Padre escucha los sentimientos que nos conmueven, al recordar a nuestros seres queridos, al ver la fe de los otros y sus necesidades, al acordarnos de cosas lindas y cosas tristes que nos han pasado este año... Dios nos escucha.

Él no es como los ídolos, que tienen oídos pero no escuchan. No es como los poderosos, que escuchan lo que les conviene. Él escucha todo. También las quejas y los enojos de sus hijos. Y no sólo escucha sino que ama escuchar. Ama estar atento, oír bien, oír todo lo que nos pasa..."

No ha de extrañar que en este camino que transitamos como Iglesia Diocesana en estos últimos años, haya aparecido en más de una ocasión el tema de la escucha.

Porque aprender a escuchar nos permitirá dar el primer paso para que, en nuestras comunidades, se haga realidad la tan anhelada acogida cordial. Quien escucha sanamente y recrea los vínculos personales, tantas veces lastimados, con el simple bálsamo de reconocer al otro como importante y con algo para decirme. La escucha primerea al diálogo y hace posible el milagro de la empatía que vence distancias y resquemores.

Esta actitud nos librará de algunos peligros que pueden hipotecar nuestro estilo pastoral. El de atrincherarnos como Iglesia, edificando muros que nos impiden ver el horizonte. El peligro de ser Iglesia autorreferencial que acecha todas las encrucijadas de la historia y es capaz de histeriquear con la enfermedad de la internas hasta las mejores iniciativas pastorales. El peligro de empobrecer la catequesis concibiéndola como una mera enseñanza, o un simple adoctrinamiento con conceptos fríos y distantes en el tiempo.

La actitud de la escucha nos ayudará a no traicionar la frescura y fuerza del anuncio kerygmático trastocándolo en una fraguada y aguachenta moralina, que más que la novedad del "Camino" se transforma en fango que ciega y empantana.

Necesitamos ejercitarnos en la escucha... Para que nuestra acción evangelizadora se enraíce en ese ámbito de la interioridad donde se gesta el verdadero catequista que, más allá de sus actividades, sabe hacer de su ministerio, *diakonía* del acompañamiento.

Escuchar es más que oír... Esto último está en la línea de la información. Lo primero, en la línea de la comunicación, en la capacidad del corazón que hace posible la proximidad, sin la cual no es posible un verdadero encuentro. La escucha nos ayuda a encontrar el gesto y la palabra oportuna que nos desinstala de la siempre más tranquila condición de espectador.

¿Querés como catequista animar verdaderos encuentros de catequesis? ¡Pedí al Señor la gracia de la escucha! Dios te ha llamado a ser catequista, no simple técnico de comunicación. Dios te ha elegido para que hagas presente el calor de la Iglesia Madre, matriz indispensable para que Jesús sea amado y conocido hoy.

Escuchar es también capacidad de compartir preguntas y búsquedas, de hacer camino juntos, de alejarnos de todo complejo de omnipotencia, para unirnos en el trabajo común que se hace peregrinación, pertenencia, pueblo.

No siempre es fácil escuchar. A veces es más cómodo hacerse el sordo, ponerse los *walkman* para no escuchar a nadie. Con facilidad suplantamos la escucha por el *mail*, el mensajito y el "chateo", y así privamos a la escucha de la realidad de rostros, miradas y abrazos. Podemos también preseleccionar la escucha y escuchar a algunos, lógicamente a los que nos conviene. Nunca faltan en nuestros ambientes eclesiales aduladores que pondrán en nuestro oído justamente lo que nosotros queremos escuchar.

Escuchar es atender, querer entender, valorar, respetar, salvar la proposición ajena... Hay que poner los medios para escuchar bien, para que todos puedan hablar, para que se tenga en cuenta lo que cada uno quiere decir. Hay –en el escuchar– algo martirial, algo de morir a uno mismo que recrea el gesto sagrado del Éxodo: Quítate la sandalias, anda con cuidado, no atropelles. Calla, es tierra sagrada, ¡hay alguien que tiene algo para decir! ¡Saber escuchar es una gracia muy grande! Es don que hay que pedir y ejercitarse en él.

Siempre me ha llamado la atención que cuando le preguntan a Jesús cuál es el mandamiento principal, Él responde con la plegaria judía más famosa: la "Shemá". Palabra que en hebreo quiere decir "escucha", le ha dado nombre propio a uno de los textos más importantes de la Sagrada Escritura.

"Escucha, Israel: el Señor, nuestro Dios, es el único Señor.
Amarás al Señor, tu Dios, con todo tu corazón,
con toda tu alma y con todas tus fuerzas.
Graba en tu corazón estas palabras que yo te dicto hoy.
Incúlcalas a tus hijos, y háblales de ellas
cuando estés en tu casa
y cuando vayas de viaje, al acostarte y al levantarte.
Átalas a tu mano como un signo,
y que estén como una marca sobre tu frente."
Deuteronomio 6,4-8

Para el pueblo de Israel esta oración es tan importante que los judíos piadosos la guardan en pequeños rollos que atan sobre su frente o en el brazo cercano al corazón, y constituye la enseñanza inicial y principal que se transmite de padres a hijos, de generación en generación. Detrás de todo ello está la certeza comunicada de generación en generación: la conciencia de que el único modo de aprender y transmitir la Alianza de Dios es éste, escuchando.

Jesús suma a este primer mandamiento otro que lo sigue en importancia:

"... El segundo es: Amarás a tu prójimo como a ti mismo. No hay otro mandamiento más grande que éstos" (Mc 12, 31).

Escuchar para amar, escuchar para entrar en diálogo y responder; "escuchar y poner en práctica la Palabra de Dios", dirá en otras oportunidades para hablar sobre el llamado y la respuesta al amor de Dios. Escuchar y conmoverse será su actitud permanente ante el que sufre. No hay posibilidad de amor a Dios y al prójimo sin esta primera actitud: escucharlos.

En esta misma línea, san Benito inicia su regla monástica, que tanta influencia ha tenido en la vida de la Iglesia: "Escucha, hijo, los preceptos del Maestro, e inclina el oído de tu corazón" (Regla Benedictina, Prólogo).

San Benito nos sintetiza, en este primer consejo, toda la sabiduría monástica. El verbo original que él utiliza en idioma latín es: "obsculta" que además de "escucha", significa: "ausculta", "examina", "explora", "observa", "reconoce". Esto es escuchar inclinando el oído de nuestro corazón, con una atención que todo lo examina, todo lo observa, y sabe abrirse a todo lo que el Maestro quiere decirle para poder entrar en comunión con Él.

Teniendo en cuenta estas cosas, en este tiempo que nos reconocemos como Iglesia en Asamblea, te invito a que asumas, como parte del ministerio que la Iglesia te ha confiado, la pedagogía del diálogo. Así harás presente, con tus gestos y palabras oportunas, el rostro de la Madre Iglesia, caracterizada por una auténtica actitud dialogal.

Dialogar es estar atento a la Palabra de Dios, y dejarme preguntar por Él; dialogar es anunciar su Buena Noticia y también saber "auscultar" los interrogantes, las dudas, los sufrimientos y las esperanzas de nuestros hermanos, a quienes nos toca acompañar y también a quienes reconocemos como nuestros acompañantes y guías en el camino.

Será éste un servicio eclesial muy valioso y un modo concreto de salir al encuentro de los hombres y mujeres de Buenos Aires, que más allá de su condición religiosa, como todo ser humano anhelan y buscan espacios de diálogo verdadero.

¡Escuchar para hacer posible el diálogo verdadero hoy! A todos los niveles... en todos los ámbitos. Diálogo, encuentro, respeto... constantes de Dios, Trinitario y cercano, que te ha hecho partícipe de su pedagogía de salvación. No te olvides: como catequista, más que hablar deberás escuchar; estás llamado a dialogar.

María es experta en todo ésto. Como nadie hizo de su vida escucha de Dios y mirada pronta a las necesidades de los demás. Que ella nos enseñe a tener los oídos del corazón atentos para poder ser hoy, en esta Buenos Aires convulsionada y pagana, discípulos de Jesús y hermanos de todos.

"El mismo Señor me ha dado una lengua de discípulo, para que yo sepa reconfortar al fatigado con una palabra de aliento. Cada mañana, él despierta mi oído para que yo escuche como un discípulo. El Señor abrió mi oído y yo no me resistí ni me volví atrás" (Is 50,4-5).

No dejes de rezar por mí para que sea un buen catequista. Que Jesús te bendiga y la Virgen Santa te cuide.

CARTA A LOS CATEQUISTAS, AGOSTO DE 2006

MODELO DEL PEREGRINO INCANSABLE

La vida cristiana es siempre un caminar en la presencia de Dios, pero no está exenta de luchas y pruebas, como la que nos narra la primera lectura, en la que aparece un viejo conocido por todos nosotros: Abraham. Figura del creyente fiel, modelo del peregrino incansable, del hombre que tiene un santo temor de Dios al punto de no negarle su propio hijo, en el que será bendecido con una gran descendencia...

Hoy Abraham nos interpela como Iglesia en Buenos Aires en estado de Asamblea, sobre la manera en que estamos caminando en la presencia de Dios... Porque hay modos y modos de caminar en la presencia de Dios. Uno verdadero, el de Abraham, irreprochable, en libertad, sin miedo, porque confiaba en el Señor. Dios era su fuerza y su seguridad, como hemos cantado en el salmo. El otro modo, el que a veces hacemos nosotros, en que nos decimos peregrinos pero en el fondo ya hemos elegido el camino, el ritmo, los tiempos...; ni somos discípulos, porque nos seguimos a nosotros mismos; ni somos hermanos, porque hacemos "la nuestra". Eso sí, ya quizás hemos aprendido el arte de hacerle creer a los demás, y hasta a veces a nosotros mismos, que ésa es la voluntad de Dios.

Por eso, siempre es bueno el desierto cuaresmal, que nos permite año tras año "peregrinar interiormente hacia la fuente de misericordia" (Benedicto XVI) para purificar el corazón, echar luz sobre las tentaciones de nuestro caminar como Iglesia, y, en el caso de ustedes, las tentaciones en el caminar como catequistas. Y ésto es lo que los ha congregado en esta cita de todos los años que es el EAC. Para, en un clima de comunión y fiesta, mirar al Dios fiel, para que la memoria se haga identidad, y la misión, fraternidad...

Así es nuestra de vida de cristianos... mirar a Dios y en Él, reflejarnos nosotros... Un Dios fiel, pero desinstalador, exigente, que nos pide la obediencia de la fe... Un cristiano que se reconoce peregrino, que experimenta en su vida el paso celoso del Dios de la Alianza pero que sabe, al mismo tiempo, caminar en la presencia amorosa del Padre, abandonarse en Él con una infinita confianza como lo supo hacer santa Teresita o el hermano Carlos de Foucauld... En la vida de todo cristiano, de todo discípulo, de todo catequista, no puede faltar la experiencia del desierto, de la purificación interior, de la noche oscura, de la obediencia de la fe, como la que vivió nuestro padre Abraham. Pero ahí, también está la raíz del discipulado, del abandono, de la experiencia de pueblo, que nos permite reconocernos como hermanos.

Incluso, en su providencia, ustedes mismos han experimentado hoy en pequeña escala, el desinstalarse... y dejaron los amplios patios del La Salle, para vivir la novedad que les traía el cambio de sede. Y quizá me equivoque, pero pienso que no habrá faltado algún enfermo de nostalgia, con síntomas de aburguesamiento, que no gozó del presente, añorando comodidades pasadas.

Algo así, pero mucho más grave nos puede pasar en nuestra vida espiritual y eclesial. Si hay algo que paraliza la vida es renunciar a seguir caminando para aferrarse a lo ya adquirido, a lo seguro, a lo de siempre. Por ello, el Señor te desinstala. Y lo hace sin anestesia... Como hoy a Abraham, le pide que le entregue a su hijo, sus sueños, sus proyectos... Lo está podando sin explicación, lo está iniciando en la escuela del desprendimiento, para que sea auténticamente libre, plenamente disponible a los proyectos de Dios, con el fin de hacerlo, así, colaborador de la historia grande, la historia de salvación para él y sobre todo, para el pueblo a él confiado.

Las únicas palabras de Abraham a Dios, que aparecen en el texto que hoy hemos escuchado, son: "Aquí estoy". Dos veces y solamente estas palabras es lo que dice Abraham: "Aquí estoy". Y en esas dos palabras, "Aquí estoy", ¡está todo!

Como el profeta, como el creyente, como el peregrino.... el "Aquí estoy", el "Hágase en mí según tu palabra", el "Amén"... son las únicas respuestas posibles. Si no están éstas, todo lo demás, es ruido, distrae, confunde... Si no podemos pronunciar con nuestra vida el "Aquí estoy", mejor calla, no hables, no sea que te sumes a tanto palabrerío hueco que anda dando vuelta por nuestra gran ciudad.

¡Cómo nos cuesta decir "Aquí estoy"! Muchas veces lo condicionamos...

"Aquí estoy" si coincide con lo que yo pienso...

"Aquí estoy" si me gusta la propuesta, los tiempos...

"Aquí estoy" si no me significa morir a mis planes, proyectos, "quintitas"...

Por eso, en este segundo domingo de Cuaresma, tiempo de conversión interior, los invito a encarnar en sus vidas todo el camino interior que presupone el estado de Asamblea: el de ponernos en "movimiento espiritual" que nos permita ir incorporando criterios pastorales y gestos adecuados comunes para hacer presente un estilo común de ser Iglesia hoy en Buenos Aires.

Pero todo ésto no será posible si estamos instalados... abroquelados en nuestro pequeño mundo. Cuando perdemos la capacidad de abrirnos a la novedad del Espíritu no podemos responder a los signos de los tiempos... Y no podemos ser auténticos discípulos y, menos, hermanos de todos... Nos transformamos en "aggiornados fariseos" que van cerrando su capacidad de escucha y acogida, para hacer de nuestra Iglesia comunidades estériles, tristes y viejas... Llena de miedos paralizantes que nos llevan muchas veces a traicionar el mensaje y decir y hacer cualquier cosa, menos anunciar la Buena Noticia. Y, cuando no estamos abiertos a la novedad del Espíritu, que siempre tiene la frescura de la comunión, corremos el peligro de ir conviviendo en nuestro corazón con un cierto prurito de desagrado ante cualquier postura que no entienda o no controle de mis hermanos.

Prestemos también atención al Evangelio de hoy. Dice el texto de Marcos: "Pedro estaba tan asustado que no sabía lo que decía". Al Pedro miedoso, cerrado al Espíritu, le nace la tentación de quedarse instalado en el monte, renunciando al llamado de ser levadura del llano. Es una tentación sutil del espíritu del mal. No lo tienta con algo grosero, más bien con algo aparentemente piadoso, pero que lo desvía de su misión, de aquello para lo cual fue elegido por Dios. La mirada se achica, la tentación de instalarse también se hace presente en la vida del apóstol... El estar bien, seguro, cómodo, hasta espiritualmente contenido, puedo ser tentación del camino de nuestra vida y ministerio de catequistas. Quedémonos aquí en nuestras carpas, en nuestros montes, en nuestras orillas, en nuestras parroquias, en nuestras comunidades tan lindas y prolijas... puede ser muchas veces, no signo de piedad y pertenencia eclesial, sino cobardía, comodidad, falta de horizonte, rutina... que suele tener como principal causa que el no haber escuchado bien al Hijo amado de Dios, no lo hemos contemplado, no lo hemos entendido...

El Buen Dios en su providencia nos permite concluir este encuentro de catequistas con el Evangelio de la Transfiguración, que nos invita a poner nuestra mirada en el Señor, sólo en Él, para poder también nosotros decir "Aquí Estoy". Y lo hacemos también como Iglesia en Buenos Aires en estado de Asamblea, que pide la gracia de "reforzar los vínculos de caridad fraterna, para así, poder recrear la conciencia de pertenecer al único Pueblo de Dios." Y para eso es necesario pedir, unos por otros, la gracia de una sincera conversión...

Conversión personal y eclesial, para podernos renovar en el espíritu de comunión y participación, que nos permitan, superando los miedos paralizantes, caminar en la libertad de Espíritu... Conversión personal y eclesial, para afrontar purificaciones, correcciones... que nos permitan crecer en fidelidad y encontrar caminos nuevos de evangelización... Conversión personal y eclesial, para encarnar en gestos de cercanía la pedagogía de la santidad, que se hace escucha, diálogo, discernimiento... Conversión personal y eclesial, para no dejarse llevar por los profetas del "no va a andar", para no dejarse enfermar por el corazón desilusionado que, a la par que se va endureciendo, va perdiendo el latido de la fiesta y de la vida, para sólo abrazar las críticas y los miedos....

Que en medio de esta peregrinación cuaresmal, podamos redescubrir al Cristo transfigurado, para que Él, sólo ÉL... con su presencia de cercanía y ternura, cure, sane supere todo temor y miedo, porque Él es el Dios –con nosotros– el Emanuel. "Y si Dios, está con nosotros, ¿quién podrá estar contra nosotros?" (Rom 8,31).

HOMILÍA A LOS CATEQUISTAS, EAC, MARZO DE 2007

"ÉL LLAMA A CADA UNA POR SU NOMBRE, Y LAS HACE SALIR..."

Como todos los años la Fiesta de san Pío X es ocasión para que juntos demos gracias a Dios por este hermoso ministerio eclesial en el que la Palabra se vuelve comprensible y significativa para la vida de tantos niños, jóvenes y adultos. Lo hago en el marco siempre actual del camino que estamos recorriendo como Iglesia diocesana en estado de asamblea, a fin de encontrar las actitudes propias que hagan posible una evangelización orientada hacia las periferias para que todos, y no simplemente algunos, tengan vida en plenitud.

Les escribo consciente de las enormes dificultades que presenta la tarea de ustedes. La transmisión de la fe nunca ha sido labor sencilla pero en estos tiempos de cambios epocales el desafío todavía es mayor:

...Nuestras tradiciones culturales ya no se transmiten de una generación a otra con la misma fluidez que en el pasado. Ello afecta, incluso, a ese núcleo más profundo de cada cultura, constituido por la experiencia religiosa, que resulta ahora igualmente difícil de transmitir a través de la educación y de la belleza de las expresiones culturales, alcanzando aun hasta la misma familia que, como lugar del diálogo y de la solidaridad intergeneracional, había sido uno de los vehículos más importantes de la transmisión de la fe (Aparecida, 39). De ahí que necesitamos "*...recomenzar desde Cristo, desde la contemplación de quien nos ha revelado en su misterio la plenitud del cumplimiento de la vocación humana y de su sentido*" (Aparecida, 41) Sólo poniendo la mirada en el Señor podremos cumplir su misión y adoptar sus actitudes.

Uno de los aportes más lúcidos de la reciente Asamblea de Aparecida ha sido tomar conciencia de que quizás el peligro mayor de la Iglesia no haya que buscarlo afuera sino dentro mismo de sus hijos; en la eterna y sutil tentación del abroquelamiento y encierro para estar protegidos y seguros:

La Iglesia... no puede replegarse frente a quienes sólo ven confusión, peligros y amenazas o de quienes pretenden cubrir la variedad y complejidad de situaciones con una capa de ideologismos gastados o de agresiones irresponsables. Se trata de confirmar, renovar y revitalizar la novedad del Evangelio arraigada en nuestra historia, desde un encuentro personal y comunitario con Jesucristo que suscite discípulos y misioneros. Ello no depende tanto de grandes programas y estructuras, sino de hombres y mujeres nuevos que encarnen dicha tradición y novedad, como discípulos de Jesucristo y misioneros de su Reino, protagonistas de vida nueva para una América Latina que quiere reconocerse con la luz y la fuerza del Espíritu.

No resistiría a los embates del tiempo una fe católica redu-
cida a bagaje, a elenco de normas y prohibiciones, a prácticas
de devoción fragmentadas, a adhesiones selectivas y parcia-
les de las verdades de la fe, a una participación ocasional en
algunos sacramentos, a la repetición de principios doctri-
nales, a moralismos blandos o crispados que no convierten
la vida de los bautizados. Nuestra mayor amenaza es el gris
pragmatismo de la vida cotidiana de la Iglesia en el cual apa-
rentemente todo procede con normalidad, pero en realidad la
fe se va desgastando y degenerando en mezquindad. A todos
nos toca "recomenzar desde Cristo", reconociendo que no se
comienza a ser cristiano por una decisión ética o una gran
idea, sino por el encuentro con un acontecimiento, con una
Persona, que da un nuevo horizonte a la vida y, con ello, una
orientación decisiva (Aparecida, 11-12).

Este centrarnos en Cristo paradójicamente nos tiene que
descentralizar. Porque donde hay verdadera vida en Cristo
hay salida en nombre de Cristo. ¡Esto es auténticamente
recomenzar en Cristo! Es reconocernos llamados por Él a
estar con Él, a ser sus discípulos pero para experimentar la
gracia del envío, para salir a anunciar, para ir al encuentro
del otro (Cf. Mc 3, 14). Recomenzar desde Cristo es mirar al
Maestro Bueno que nos invita a salirnos de nuestro camino
habitual para hacer de lo que acontece junto al camino, al
borde, en la periferia, experiencia de "projimidad" y verdadero encuentro con el amor que nos hace libres y plenos.

Recuerdo lo que compartía con ustedes en uno de los primeros EAC, hace muchos años atrás: "…Una cosa que hay que
tener en cuenta para orientar la catequesis es que lo recibido
debe ser anunciado (cf. 1 Cor 15, 3). El corazón del catequista
se somete a este doble movimiento: centrípeto y centrífugo
(recibir y dar). Centrípeto en cuanto "recibe" el kerigma como
don, lo acoge en el centro de su corazón. Centrífugo, en cuanto
lo anuncia con una necesidad existencial (`ay de mí si no evan-

gelizo´). El regalo del kerigma es misionante: en esta tensión se mueve el corazón del catequista. Se trata de un corazón eclesial que 'escucha religiosamente la Palabra de Dios y la proclama con coraje'" (VAT II, *Dei Verbum*).

Permítanme que insista sobre esto con ustedes quienes, por ser catequistas, por acompañar el proceso de crecimiento de la fe, por estar comprometidos en la enseñanza, puede el "tentador" hacerles creer que su ámbito de acción se reduce a lo intraeclesial, y los lleve a estar demasiado en torno al templo y al atrio. Eso suele acontecer... Cuando nuestras palabras, nuestro horizonte, tienen la perspectiva del encierro y del pequeño mundo, no ha de asombrarnos que nuestra catequesis pierda la fuerza del Kerigma y se transforme en enseñanza insípida de doctrina, en transmisión frustrante de normas morales, en experiencia agotadora de estar sembrando inútilmente.

Por eso, "recomenzar desde Cristo" es concretamente imitar al Maestro Bueno, al único que tiene Palabra de Vida Eterna y salir una y mil veces a los caminos, en busca de la persona en sus más diversas situaciones.

"Recomenzar desde Cristo" es mirar al Maestro Bueno; al que supo diferenciarse de los rabinos de su tiempo porque su enseñanza y su ministerio no quedaban localizados en la explanada del templo, sino que fue capaz de "hacerse camino", porque salió al encuentro de la vida de su pueblo para hacerlos partícipes de las primicias del Reino (Lc 9, 57-62).

"Recomenzar desde Cristo" es cuidar la oración en medio de una cultura agresivamente pagana, para que el alma no se arrugue, el corazón no pierda su calor y la acción no se deje invadir por la pusilanimidad.

"Recomenzar desde Cristo" es sentirse interpelados por su palabra, por su envío y no ceder a la tentación minimalista de contentarse con sólo conservar la fe, y darse por satisfecho de que alguno siga viniendo a la catequesis.

"Recomenzar desde Cristo" entraña emprender continuamente la peregrinación hacia la periferia. Como Abraham, modelo del peregrino incansable, lleno de libertad, sin miedo, porque confiaba en el Señor. Él era su fuerza y su seguridad, por eso supo no detenerse en su caminar, porque lo hacía en la presencia del Señor (Cf. Gn 17, 1).

Además, en la vida de todo cristiano, de todo discípulo, de todo catequista, no falta la experiencia del desierto, de la purificación interior, de la noche oscura, de la obediencia de la fe, como la que vivió nuestro padre Abraham. Pero ahí también está la raíz del discipulado. Los cansancios del camino no pueden acobardar y detener nuestros pasos porque equivaldría a paralizar la vida. "Recomenzar desde Cristo" es dejarse desinstalar para no aferrarse a lo ya adquirido, a lo seguro, a lo de siempre. Y porque sólo en Dios descansa mi alma, por eso salgo al encuentro de las almas.

"Recomenzar desde Cristo" supone no tenerle miedo a la periferia. Aprendamos de Jonás a quien hemos mirado en más de una oportunidad este año. Su figura es paradigmática en este tiempo de tantos cambios e incertidumbre. Es un hombre piadoso, que tiene una vida tranquila y ordenada. Pero justamente, como a veces este tipo de espiritualidad puede traer tanto orden, tanta claridad en el modo de vivir la religión, lleva a encuadrar rígidamente los lugares de misión, a dejarse tentar por la seguridad de lo que "siempre se había hecho". Y para el asustadizo Jonás el envío a Nínive trajo crisis, desconcierto, miedo. Resultaba una invitación a asomarse a lo desconocido, a lo que no tiene respuesta, a la periferia de su mundo eclesial. Y por eso el discípulo quiso escapar de la misión, prefirió huir...

Las huidas no son buenas. Muchas esconden traiciones y renuncias. Y suelen tener semblantes tristes y conversaciones amargas (Cf. Lc 24, 17-18). En la vida de todo cristiano, de todo discípulo, de todo catequista tendrá que estar el animarse a la periferia, el salir de sus esquemas; de lo contrario no podrá hoy ser testigo del Maestro; es más, seguramente se convertirá en piedra y escándalo para los demás (Cf. Mt 16, 23).

"Recomenzar desde Cristo" es tener en todo momento la experiencia de que Él es nuestro único pastor, nuestro único centro. Por eso centrarnos en Cristo significa "salir con Cristo". Y así, nuestra salida a la periferia no será alejarnos del centro, sino permanecer en la vid y dar de esta manera verdadero fruto en su amor (Jn 15, 4). La paradoja cristiana exige que el itinerario del corazón del discípulo necesite salir para poder permanecer, cambiar para poder ser fiel.

Por ello, desde aquella bendita madrugada del domingo de la historia, resuenan en el tiempo y el espacio las palabras del ángel que acompaña el anuncio de la resurrección: "Vayan, digan a sus discípulos y a Pedro, que Él irá antes que ustedes a Galilea; allí lo verán" (Mc 16, 7). El Maestro siempre nos precede, Él va adelante (Lc 19, 28) y, por eso, nos pone en camino, nos enseña a no quedarnos quietos. Si hay algo más opuesto al acontecimiento pascual es el decir: "estamos aquí, que vengan". El verdadero discípulo sabe y cuida un mandato que le da identidad, sentido y belleza a su creer: "Vayan..." (Mt 28, 19). Entonces sí, el anuncio será kerygma; la religión, vida plena; el discípulo, auténtico cristiano.

Sin embargo, la tentación del encierro, del miedo paralizante acompañó también los primeros pasos de los seguidores de Jesús: "... estando cerradas las puertas del lugar donde se encontraban los discípulos por temor..." (Jn 20, 19-20). Hoy como ayer podemos tener miedo. Hoy también muchas veces estamos con las puertas cerradas. Reconozcamos que estamos en deuda.

Hoy, al darte gracias por toda tu entrega, querido catequista, me animo una vez más a pedirte: salí, dejá la cueva, abrí puertas, animate a transitar caminos nuevos. La fidelidad no es repetición. Buenos Aires necesita que no dejes de pedir al Señor la creatividad y audacia para atravesar murallas y esquemas que posibiliten, como en aquella gesta de Pablo y Bernabé, la alegría de muchos hermanos (Cf. Hch 15, 3). Te invito a que una vez más volvamos nuestra mirada y oración a la Virgen de Luján. Pidámosle que transforme nuestro corazón vacilante y temeroso para que, como san Pablo, hagamos realidad una Iglesia fiel, que conoce de heridas, peligros y sufrimientos por haber descubierto que, cuando el amor nos apremia, todo es poco para que suene en la periferia la Buena Noticia de Jesús (Cf. 2 Cor 11, 26).

Te pido, por favor, que reces por mí para que sea un buen catequista. Que Jesús te bendiga y la Virgen Santa te cuide.

CARTA A LOS CATEQUISTAS, AGOSTO DE 2007

"Mi enseñanza no es mía, sino de aquel que me envió"

Jn 7, 16

EDUCAR EN LA CULTURA
DEL ENCUENTRO

En Harvard, en el frontispicio de uno de sus edificios, se lee: "¿Qué es el hombre para que así lo cuides?". Magnífica cuestión, para ser abordada por quien quiere adentrarse en el ámbito de la educación. Como nosotros hoy.

Lo que allí se expresa, con toda su carga de admiración - son palabras tomadas del Salmo 8 –no pone el énfasis en que sea Dios -interlocutor del salmista– el interesado en su creatura. "...Para que así lo cuides". El acento está puesto en el "así" de la interrogación. Es la calidad del cuidado que Dios dispensa al hombre, la que sorprende al salmista. Esa suma de atenciones, la Escritura las reúne en un vocablo: amor.

Y después de la sorpresa, luego del impacto que producen las acciones del Creador para con su obra predilecta, viene la otra cuestión. Queda planteada la pregunta ontológica, la pregunta por el ser de aquel beneficiario de tantas delicadezas.

¿Qué es el hombre? ¿Qué somos los hombres?

La frase bíblica tomada en su contexto permite entrever una doble vía de acceso, no antagónicas, al misterio del hombre: la vía teológica; o el camino de remontarnos desde las obras, al núcleo desde donde brotan las mismas: la vía de la filosofía, la cultura, las ciencias.

La primera senda nos conduce, sin dejar de admirarnos como el autor sagrado, a esa pedagogía divina para con la humanidad, donde nos dirige su Palabra, que adquiere tal densidad de cercanía y de presencia en medio de la historia, que se hace uno de nosotros: Jesucristo. Cristo revela plenamente el hombre al mismo hombre y le muestra su dignidad.

La pregunta cabe, porque el hombre necesita saber lo que es -de alguna manera- para ir aprendiendo a ser lo que es. Está dado como esencia, como naturaleza, pero debe ser acabado, debe ir realizándose. Y es a este proceso de humanización, al que llamamos educación.

El hombre, junto a los demás hombres, pone en ejercicio sus potencialidades y a la vez que se autorrealiza, va generando cultura. En la cultura, el sujeto es una comunidad, un pueblo, en que se da un estilo de vida. La educación implica un proceso de transmisión de la cultura.

El hombre y los pueblos se dicen con sus obras, pero debemos agregar que también somos aquello que aspiramos a ser. Por lo cual, podemos ser definidos, tanto por nuestras aspiraciones cuanto por nuestras realizaciones.

Al fin del milenio se habla de crisis cultural; de crisis de valores. Y todo esto toca el núcleo de lo humano, en cuanto persona, en cuanto sociedad.

Nos preocupa lo que pasa. No debemos olvidar que el mal irrumpe y se instala sólo cuando no está lo que debiera estar. Conviene pues, un discernimiento.

Discernimiento cultural

En esta cultura globalizada, llegan a nuestras orillas restos de lo que alguien tituló "cultura del naufragio", elementos de la modernidad que se despide y de su posteridad que va ganando terreno.

Intentemos reconocer y caracterizar, algunos de sus rasgos:

Mesianismo profano: aparece bajo diversas formas sintomáticas de los enfoques sociales o políticos. A veces se trata de un desplazamiento del *ethos* de los actos de la persona hacia las estructuras, de tal modo que no será el *ethos* el que da forma a las estructuras sino las estructuras quienes producen el *ethos*. De ahí que el camino de salvación socio-político prefiera ir por el "análisis de las estructuras" y de las actuaciones político económicas que de ellas resultan. Detrás de esto subyace la convicción que el *ethos* es un elemento frágil mientras que las estructuras tienen valor sólido y seguro. Este hecho se mueve en la tensión acto-estructura. El *ethos* no sostiene la correcta tensión entre el acto y estructura (se considera lo activo como lo que viene de la interioridad de la persona). En consecuencia, el *ethos* se desplaza hacia las estructuras pues son naturalmente más estables y de más peso. Al perderse el sentido personal del fin (el bien de las personas, Dios) queda la fuerza de la "cantidad" que posee la estructura.

El relativismo: fruto de la incertidumbre contagiada de mediocridad, es la tendencia actual a desacreditar los valores o por lo menos propone un moralismo inmanente que pospone lo trascendente reemplazándolo con falsas promesas o fines coyunturales. La desconexión de las raíces cristianas convierte a los valores en lugares comunes o simplemente nombres.

El relativismo es la posibilidad de fantasear sobre la realidad, pensarla como si pudiera ser dominada por una orden instrumentalizada en un juego. Lleva a valorar y juzgar solamente por una impresión subjetiva: no cuenta con normas prácticas, concretas, objetivas.

Hay una reducción de la ética y de la política a la física. No existen el bien y el mal en sí, sino solamente un cálculo de ventajas y desventajas. El desplazamiento de la razón moral trae como consecuencia que el derecho no pueda referirse a una imagen fundamental de justicia, sino que se convierte en el espejo de las ideas dominantes.

Este repliegue subjetivista de los valores, nos induce a un "avance mediante el consensuar coyuntural". Entramos aquí también en una degradación: ir "nivelando hacia abajo" por medio del consenso negociador. Se avanza pactando. Por ende, la lógica de la fuerza triunfa.

Por otra parte, instaura el reino de la opinión. No hay certezas ni convicciones. Todo vale; de allí al "nada vale", sólo pocos pasos.

El hombre de hoy experimenta el desarraigo y el desamparo. Fue llevado hasta allí por su afán desmedido de autonomía heredado de la modernidad. Ha perdido el apoyo en algo que lo trascienda.

Un nuevo nihilismo que "universaliza" todo anulando y desmereciendo particularidades, o afirmándolas con tal violencia que logran su destrucción. Luchas fratricidas. Internacionalización total de capitales y de medios de comunicación, despreocupación por los compromisos socio-políticos concretos, y por una real participación en la cultura y los valores.

Queremos ilusionarnos con una individualidad autónoma, no discriminada... y terminamos siendo un número en las estadísticas del marketing, un estímulo para la publicidad.

La unilateralidad del concepto moderno de la razón: sólo la razón cuantitativa (las geometrías como ciencias perfectas), la razón del cálculo y de la experimentación tienen derecho a llamarse "razón".

La mentalidad tecnicista junto con la búsqueda del mesianismo profano son dos rasgos expresivos del hombre de hoy, a quien bien podemos calificar de "hombre gnóstico": poseedor del saber pero falto de unidad, y –por otro lado– necesitado de lo esotérico, en este caso secularizado, es decir, profano. En este sentido, se podría decir que la tentación de la educación es ser gnóstica y esotérica, al no poder manejar el poder de la técnica desde la unidad interior que brota de los fines reales y de los medios usados a escala humana. Y esta crisis no puede ser superada por ningún tipo de "retorno" (de los que la modernidad agonizante ensayo a porfía), sino que se supera por vía de desbordamiento interno, es decir, en el núcleo mismo de la crisis, asumiéndola en su totalidad, sin quedarse en ella, pero trascendiéndola hacia adentro.

Falsa hermenéutica que instaura la sospecha. Se usa la falacia que es una mentira que fascina con su estrucutra aparentemente innobjetable. Sus efectos perniciosos se manifiestan lentamente.

O se caricaturiza la verdad o lo noble, agigantando jocosa o cruelmente una perspectiva y dejando en la sombra muchas otras. Es una forma de rebajar lo bueno. Siempre resulta fácil reírse una y mil veces, en público o en privado, de algún valor: la honestidad, la no violencia, el pudor, pero eso no lleva sino a perder el sabor por ese valor y a favorecer la instalación de su antivalor y el envilecimiento de la vida.

O se emplea el *slogan*, que con riqueza de lenguaje verbal o visual, utilizando los conceptos más valiosos y ricos, absolutizan un aspecto y desfiguran el todo.

Ya no aporta la posmodernidad, una aversión a lo religioso, y menos lo fuerza al ámbito de la privacidad. Se da un deísmo diluido que tiende a reducir la fe y la religión a la esfera "espiritualista" y a lo subjetivo (de donde resulta una fe sin piedad). Por otros rincones surgen posturas fundamentalistas, con la que desnudan su impotencia y superficialidad.

Esa miserable trascendencia, que no alcanza ni a hacerse cargo de los límites de la inmanencia, sencillamente se da porque no se anima a tocar ningún límite humano ni a meter la mano en ninguna llaga.

Muy unido a este paradigma del deísmo existe un proceso de vaciamiento de las palabras (palabras sin peso propio, palabras que no se hacen carne). Se las vacía de sus contenidos; entonces Cristo no entra como Persona, sino como idea. Hay una inflación de palabras. Es una cultura nominalista. La palabra ha perdido su peso, es hueca. Le falta respaldo, le falta la "chispa" que la hace viva y que precisamente consiste en el silencio.

Cultura del encuentro

Me permito abrir una propuesta: necesitamos generar una cultura del encuentro.

Ante la cultura del fragmento, como algunos la han querido llamar, o de la no integración, se nos exige aún más en los tiempos difíciles, no favorecer a quienes pretenden capitalizar el resentimiento, el olvido de nuestra historia compartida, o se regodean en debilitar vínculos.

Con realismo encarnado. Nunca dejemos de inspirarnos en los rostros sufrientes, desprotegidos y angustiados para estimularnos y comprometernos a investigar, estudiar, trabajar y crear más. El hombre, la mujer, ellos deben ser el centro de nuestros cometidos.

El hombre de carne y hueso, con una pertenencia cultural e histórica concreta, la complejidad de lo humano con sus tensiones y limitaciones, no son respetados ni tenidos en cuenta. Pero es él, quien debe estar en el centro de nuestros desvelos y reflexiones. La realidad humana del límite, de la ley y las normas concretas y objetivas, la siempre necesaria y siempre imperfecta autoridad, el compromiso con la realidad, son dificultades insalvables para esta mentalidad antes descripta.

Escapemos de las realidades virtuales. Y, además, del culto a la apariencia.

No se puede educar desencajados de la memoria. La memoria es potencia unitiva e integradora. Así como el entendimiento librado a sus propias fuerzas desbarranca, la memoria viene a ser el núcleo vital de una familia o de un pueblo. Una familia sin memoria no merece el nombre de tal. Una familia que no respeta y atiende a sus abuelos, que son su memoria viva, es una familia desintegrada; pero una familia y un pueblo que se recuerdan son una familia y un pueblo de porvenir.

La clave está en no inhibir la fuerza creativa de nuestra propia historia, de nuestra historia memoriosa. El ámbito educativo, en cuanto búsqueda permanente de sabiduría, es un espacio indicado para este ejercicio: reencontrarse con los principios que permitieron realizar un deseo, redescubrir la misión allí escondida que pugna por seguir desplegándose.

Vemos tanta memoria enferma, desdibujada, desgarrada en recuerdos incapaces de ir más allá de su primera evidencia, entretenida por flashes y corrientes de moda, sentimientos del momento, opiniones llenas de suficiencia que ocultan el desconcierto. Todos esos fragmentos que quieren oscurecer y negar la historia.

El cambio de *status* jurídico de nuestra Ciudad, no puede significar "borrón y cuenta nueva". Para el que no tiene pasado, no hay nada realizado. Todo es futuro, hay que hacer todo de cero.

Desde los refugios culturales a la trascendencia que funda. Se ha de buscar una antropología que deje de lado cualquier camino de "retorno" concebido –más o menos conscientemente– como refugio cultural. El hombre tiende por inercia, a reconstruir lo que fue el ayer. Este rasgo es consecuencia de lo anterior. La modernidad –al perder puntos de apoyo objetivos– recurre a "lo clásico" (pero en el sentido de mundo clásico, mundo antiguo; no en el sentido que le damos nosotros) como una expresión del deber ser cultural. Al encontrarse dividido, divorciado consigo mismo, confunde la nostalgia propia del llamado de la trascendencia con la añoranza de mediaciones inmanentes también desarraigadas. Una cultura sin arraigo y sin unidad no se sostiene.

Universalismo integrador a través del respeto por las diferencias. Hemos de entrar en esta cultura de la globalización, desde el horizonte de la universalidad. En lugar de ser átomos que sólo adquieren sentido en el todo, debemos integrarnos en una nueva organicidad vital de orden superior que asuma lo nuestro pero sin anularlo. Nos incorporamos en armonía, sin renunciar a lo nuestro, a algo que nos trasciende.

Y esto no puede hacerse por vía del consenso, que nivela hacia abajo, sino por el camino del diálogo, de la confrontación de ideas y del ejercicio de la autoridad.

El ejercicio del diálogo, es la vía más humana de comunicación. Y hay que instaurar en todos los ámbitos, un espacio de diálogo serio, conducente, no meramente formal. Intercambio que destruye prejuicios y construye, en función de la búsqueda común, del compartir, pero que conlleva intentar la interacción de voluntades en pro de un trabajo en común o de un proyecto compartido.

Más aún, en épocas donde se dice que somos "hijos de la información y huérfanos de la comunicación", el diálogo requiere paciencia, claridad, buena disposición hacia el otro. No excluye la confrontación, de diversos puntos de vista, sin hacer que las ideas se manejen como armas, sino como luz. No resignemos nuestras ideas, utopías, propiedades ni derechos, renunciemos solamente a la pretensión de que sean únicos o absolutos.

El ejercicio de la autoridad. Siempre es necesaria la conducción, pero esto significa participar de la formalidad que da cohesión al cuerpo, lo cual hace que su función no sea tomar partido propio, sino ponerse totalmente al servicio. ¡Qué empobrecedor resulta para la dignidad de la convivencia en sociedad, esa política de hechos consumados, que impiden el legítimo tomar parte, que promueven lo formal por sobre la realidad!

El respeto por las cosmovisiones propias que informan desde dentro los contenidos de las más variadas áreas del saber, desde el nivel inicial hasta la formación de los docentes, es una obligación de quienes gobiernan, porque hace al respeto del legítimo pluralismo y de la libertad de enseñar y aprender.

Para que la fuerza que todos llevamos dentro y que es vínculo y vida se manifieste, es necesario que todos, y especialmente quienes tenemos una alta cuota de poder político, económico o cualquier tipo de influencia, renunciemos a aquellos intereses o abusos de los mismos que pretendan ir más allá del bien común que nos reúne; es necesario que asumamos, con talante austero y con grandeza, la misión que se nos impone en este tiempo.

El ejercicio de abrir espacios de encuentro. En la retaguardia de la superficialidad y del coyunturalismo inmediatista (flores que no dan fruto) existe un pueblo con memoria colectiva que no renuncia a caminar con la nobleza que lo caracteriza. Los esfuerzos y emprendimientos comunitarios, el crecimiento de las iniciativas vecinales, el auge de tantos movimientos de ayuda mutua, están marcando la presencia de un signo de Dios en un torbellino de participación sin particularismos pocas veces visto en el país. Nuestra gente, que sabe organizarse espontánea y naturalmente, protagonista de este nuevo vínculo social, pide un lugar de consulta, control y creativa participación en todos los ámbitos de la vida social que le incumben. Los dirigentes debemos acompañar esta vitalidad del nuevo vínculo. Potenciarlo y protegerlo puede llegar a ser nuestra principal misión.

¡Cómo no pensar en la escuela como un espacio privilegiado de intercambio!

Apertura a la vivencia religiosa comprometida, personal y social. Lo religioso es una fuerza creativa en el interior de la vida de la humanidad, de su historia, y dinamizadora de cada existencia que se abre a dicha experiencia.

¿Cómo entender que en algunos ámbitos educativos se convoquen todos los temas y cuestiones, pero haya un único proscripto, un gran marginado: Dios?

En nombre de una reconocida como imposible neutralidad, se silencia y se amputa una dimensión que lejos de ser perniciosa, puede aportar grandemente a la formación de los corazones y a la convivencia en sociedad.

No es suprimiendo las diferencias de lícitas opciones de conciencia, ni el tratamiento abierto de lo que tiene relación con la propia cosmovisión, que lograremos una formación en el respeto por cada persona y en el reconocimiento de la diversidad como camino a la unidad.

Pareciera que el espacio de lo público tiene que ser "*light*", bien licuado, a resguardo de cualquier convicción, la única toma de postura admitida será en orden a la vaguedad, frivolidad o a favor de los intereses del dueño de la fuerza.

Educar ¿y después?... Educar

Ante este panorama, donde no faltan las dificultades familiares endógenas y exógenas, las económicas, la violencia y el desafecto, pareciera obligado preguntarnos: ¿Cómo educar?, pero a la vez no poder menos que plantearnos: ¿Cómo no educar? ¿Cómo no seguir depositando nuestra confianza en la educación?

No se comprende la institución educativa, sin el maestro, sin el docente. Pero tampoco se comprende sin poner en el centro al ser humano. Y esto viene a cuento cuando estructuras, currículum, programas, contenidos, evaluación, modos de gestión, luchan por acaparar el primer plano

La cultura posmoderna presenta un modelo de persona asociado fuertemente a la imagen de los jóvenes. Es lindo quien aparenta juventud, quien realiza tratamientos para hacer desaparecer las huellas del tiempo. El modelo de belleza es un modelo juvenil, informal, casual. Nuestro modelo de adulto es adolescente.

Se considera a los adolescentes como poseedores de nuevas formas de sentir, pensar y actuar. Pero, al mismo tiempo, se los ve desprovistos de formas críticas para interpretar el mundo en que viven y de esperanza en el futuro. A estos jóvenes el conocimiento escolarizado se les presenta como anticuado, carente de sentido. Desvalorizan lo que las escuelas presentan como necesario para vivir en esta sociedad.

Los docentes más experimentados, confiados en sus formas exitosas de enseñar, a veces encuentran oscuro y lejano el mundo del adolescente. Es decir, nos encontramos con un adolescente que desvaloriza el saber escolar y un docente que desconoce los interrogantes adolescentes. Esto es un desencuentro.

Son también los jóvenes quienes han sido invitados insistentemente a la búsqueda del placer, de la fuente de satisfacción de los deseos de manera instantánea y sin dolor; inmersos en la cultura de la imagen como su hábitat más natural. El conocimiento que presenta la escuela aparece como un saber poco apetecible y se lo considera no importante. No enfatiza la satisfacción sensorial, ni son herramientas que aseguren el ascenso social o simplemente el acceso a un empleo.

Los jóvenes no encuentran en la escuela lo que buscan. La escuela moderna recibe a un alumno posmoderno, podríamos decir con cierta soltura, pero no es sólo esto.

Hay una imprescindible necesidad de coherencia. No sirven los intercambios de acusaciones. Como sociedad debemos arrojar claridad, para superar el desencuentro, para no malgastar energías construyendo por un lado lo que destruimos por otro.

¿Qué enseñar? La misma variedad y multitud de lo cognoscible es inconmensurable; ¿cómo ordenarse en esta multiplicidad de qué enseñar, de qué aprender? Partiendo sólo del material a saber, no hay punto de vista auténticamente ordenador. El objeto de conocimiento no indica necesariamente un objetivo y una perspectiva. El punto de vista ordenador debe encontrarse en el hombre y en el encuentro con los hombres, porque la educación debe servir a la formación, es decir a la conformación de la vida. Ese punto de vista, aún con toda la necesaria vinculación con la cosa misma, debe ser a la vez camino, camino de encuentro en el que quien enseña y quien aprende se comprendan mejor a sí mismos. Se comprendan mejor a sí mismos en relación a su tiempo, a su historia, a la sociedad, a la cultura y al mundo.

La educación debe sortear el riesgo de empequeñecerse en la mera distribución del saber. No se trata sólo de la selección de ofertas concretas de contenidos o métodos sino también de interpretación y valoración.

Docente y alumno tienen que llegar a un entendimiento que cimente el común deseo de verdad. No sólo sentirse vinculados a las cosas, sino rectitud en el modo de entender la existencia.

Es necesaria una educación en la que permanezca lo fundamental y permanezca el fundamento.

Existe lo verdadero, lo bello, lo bueno. Existe lo absoluto. Se puede, más aún, se debe conocerlo y percibirlo.

Es necesaria una educación que favorezca el tramado de la sociedad civil (o sea civilizada, o sea ciudadana). Que la educación sea un lugar de encuentro y de los empeños comunes donde aprendamos a ser sociedad, donde la sociedad aprenda a ser sociedad solidaria. Tenemos que aprender nuevas formas de construir la ciudad de los hombres.

No sólo palabras: vida

Todos ustedes saben de las necesidades crecientes de la educación como alumnos, como exalumnos o como padres.

También como dirigentes de empresas seguramente, se han vinculado al mundo de la escuela comprometiéndose para las denominadas pasantías y proyectos de educación en la acción comunitaria. Hoy, la preocupación de ustedes por la educación manifestada en la invitación que me hicieron, me anima a pedirles en confianza el esfuerzo sostenido de acompañar el desarrollo de un proyecto del Departamento de Escuelas Parroquiales del Arzobispado para atención y sostenimiento de sectores estructuralmente débiles o debilitados, apuntado hacia la integración de los sectores más necesitados, a través de la construcción de centros comunitarios, que atiendan a la diversidad, a la pobreza, a la familia y a la educación.

La Iglesia está presente en educación, aquí en el Río de la Plata, desde hace casi 400 años. Precisamente un colegio de la Compañía de Jesús, fue el primero por estos lares. Y queremos decir siempre presente. La Iglesia suspira por poder ofrecer educación totalmente gratuita, en zonas de nuestra ciudad donde el fracaso escolar y las problemáticas son más agudas, como Lugano, Soldati, la Boca, Barracas. Ya tenemos obras en esos sectores, pero aspiramos a multiplicar la presencia y el acompañamiento, ofreciendo la contención, la formación y el seguimiento, que esos chicos y sus familias necesitan.

Queridos amigos, la educación, los más chicos de nuestra sociedad, esperan mucho de ustedes y de nosotros. Sé del esfuerzo y del trabajo que vienen realizando. Sé también del entusiasmo y de la capacidad, que pueden desplegar en esta hora crucial, a favor del devenir de la educación en nuestra Ciudad.

Un pueblo que quiere conjurar la pobreza del vacío y la desesperanza. Un pueblo con memoria, memoria que no puede reducirse a un mero registro. Allí está la grandeza de nuestro pueblo. Advierto en nuestro pueblo argentino una fuerte conciencia de su dignidad. Es una conciencia que se ha ido moldeando en hitos significativos. Nuestro pueblo tiene alma, y porque podemos hablar del alma de un pueblo, podemos hablar de una hermenéutica, de una manera de ver la realidad, de una conciencia. Hoy, en medio de los conflictos, este pueblo nos enseña que no hay que hacerle caso a aquellos que pretenden destilar la realidad en ideas, que no nos sirven los intelectuales sin talento, ni los eticistas sin bondad, sino que hay que apelar a lo hondo de nuestra dignidad como pueblo, apelar a nuestra sabiduría, y a nuestras reservas culturales. Es una verdadera revolución, no contra un sistema, sino interior; una revolución de memoria y ternura: memoria de las grandes gestas fundantes, heroicas... Y memoria de los gestos sencillos que hemos mamado en familia. Ser fieles a nuestra misión es cuidar este "rescoldo" del corazón, cuidarlo de las cenizas tramposas del olvido o de la presunción de creer que nuestra Patria, nuestra Ciudad y nuestra familia no tienen historia o la han comenzado con nosotros. Rescoldo de memoria que condensa, como la brasa al fuego, los valores que nos hacen grandes; el modo de celebrar y defender la vida, de aceptar la muerte, de cuidar la fragilidad de nuestros hermanos más pobres, de abrir las manos solidariamente ante el dolor y la pobreza, de hacer fiesta y de rezar; la ilusión de trabajar juntos y –de nuestras comunes pobrezas– amasar solidaridad.

Todos estamos convidados a este construir la cultura del encuentro, a realizar y compartir este fermento nuevo que –a la vez– es memoria revivificante de nuestra mejor historia de sacrificio solidario, de lucha contra esclavitudes varias y de integración social.

Convenciéndonos una vez más que el todo es superior a la parte, el tiempo superior al espacio, la realidad es superior a la idea y la unidad es superior al conflicto.

Por último, solemos interrogarnos con cierta preocupación: ¿qué mundo le dejamos a nuestros hijos? Quizás sería mejor plantearnos: ¿qué hijos le damos a este mundo?

DISERTACIÓN, ASOCIACIÓN CRISTIANA DE EMPRESARIOS, SEPTIEMBRE DE 1999

"EL QUE NUTRE Y HACE CRECER"

Algunas líneas sobre la educación

De cara al hecho educativo encontramos algunas certezas que hoy nos hace bien retomar y algunas dificultades que nos hace bien conocer mejor para superarlas adecuadamente. Por otro lado también el arte de educar participa de las certezas y dificultades de la cultura que le toca vivir. Simplemente me limitaré a mencionar las certezas y dificultades y a sugerir caminos de madurez por los que se ha de abordar el problema.

Encuentro educativo y aceptación mutua

La primera certeza: para que se dé un hecho educativo necesitamos personas, por lo menos dos. La educación es un hecho espiritual-personal. Es decir, hablamos de encuentro educativo. Prefiero definir al educador como persona de encuentro, y esto en sus dos dimensiones: el que "extrae algo de dentro...", y el ser persona de autoridad, en el sentido etimológico de la palabra: "el que nutre y hace crecer" (*Autoritas*, de *augere*).

Aunque en tiempos posteriores, la autoridad se identificó con el poder, en sus inicios no fue así. Por eso, en nuestra definición de educación, el educador, el que conduce (e –duca– re, de *duc*, de *duce*) y persona de autoridad, viene a ser aquel que conduce hacia las verdaderas nutrientes; conduce por el camino de la interioridad hacia lo fontal que nutre, inspira, hace crecer, consolida, misiona. Dos dimensiones del encuentro o, más bien, dos encuentros: el encuentro con la interioridad de sí mismo y el encuentro con el educador-autoridad que me conduce por el sendero hacia ese encuentro interior. A esto llamo encuentro educativo.

Hablamos de encuentro educativo y aunque el encuentro tenga notas de compañerismo, uno es el que elige educar y otro el ser educado. Hay uno que conoce el camino y lo ha recorrido algunas veces y otro que, confiado en esa ciencia y en esa sabiduría, se deja conducir. Pero esto no puede reducirse a una ecuación de actividad-pasividad. También el educador recibe del educando y esa recepción lo perfecciona y lo purifica. De ahí que el encuentro educativo requiere la aceptación mutua. No existe otra forma de lograr la cooperación que conjuga los esfuerzos de unos y otros en busca de las altas finalidades educativas que esta aceptación mutua.

Superar las divisiones

Tal encuentro permite superar la frecuente situación de "dos bandos en pugna", no siempre notoria pero existente. Tengamos en cuenta que todo encuentro humano y vitalmente comprometido resulta, al mismo tiempo, conflictivo por la exigencia de abnegación y de renuncia de los propios egoísmos.

Este encuentro está amenazado hoy día, sencillamente porque los agentes (padres, alumnos, docentes, directivos, gremios, Estado Nacional) no desarrollan un objetivo común y único; entonces, como ya es habitual en nuestra entristecida Patria, la dispersión y el encierro pertinaz en cada uno de los fines de los agentes mencionados son impedimento serio para esa unidad basal en la que se anida el hecho educativo y en la que cobra todo su esplendor y eficacia.

La educación actualmente, sufre una constante erosión. Se neutraliza cualquier búsqueda de unidad y encuentro por intereses, en la mayoría de los casos, ajenos a la misma educación. Se ha tornado muy problemático lograr la unidad de varios y la complementación de opuestos. Las soluciones más comunes son: o la absorción de una de las realidades en oposición por parte de la otra; o la síntesis de ambas en un "pactismo" de tipo hegeliano. En cambio, la más difícil y la única constructiva es la superación del conflicto en un plano superior donde se mantengan virtuales las realidades en conflicto; y en este sentido podemos decir que la fuerza y vitalidad de un proceso de aprendizaje cualquiera, se sostiene en acuerdos no pactistas en el marco de una actitud básica de confianza mutua. Acuerdos que se ejercen entre la institución, los docentes, los padres, los alumnos, el Estado Nacional y los gremios; de este modo se disponen a formar el ciudadano que necesitamos para nuestra patria futura. Acuerdos que entrañan un encuentro previo con oposiciones dialogantes y reconciliadas, con miras al bien común.

Protagonistas o espectadores

La erosión a la que me referí antes y que se provocaba con el juego de intereses ajenos a la educación, también tiene otro efecto: nos ha transformado en espectadores y hemos dejado de ser protagonistas de nuestra historia personal y de nuestra vida. Se opina mucho y se protagoniza poco. Se mira y se juzga todo asunto "como desde afuera". Al decir "como desde afuera", señalo una posición en extremo subjetiva. Esta forma de juicio, al no poder despegarse de la propia subjetividad, es arbitraria; suele ser muy estricta con los demás y demasiado condescendiente consigo mismo. De allí sólo hay un paso para un proceder injusto o, a veces, anárquico. De esta actitud no estamos libres ninguno de los agentes mencionados más arriba.

En dirección contraria al camino del encuentro en sus dos sentidos, nos aislamos y entonces somos espectadores y no protagonistas de nuestra propia historia personal. Vivimos mirándonos y juzgándonos de acuerdo a un paradigma que tiene que ver, más con una imagen que pretendemos o deseamos que con lo que somos realmente. Prendados de condicionamientos psicológicos o enredados en ellos, no se alcanzan a vislumbrar horizontes más amplios que de alguna manera "obliguen" a salir de "sí mismo" y llegar al "otro" en un encuentro que es el cimiento para la configuración personal y se vuelve cada vez más necesario en la configuración como país. El "éxodo de sí mismo" es condición indispensable para lograr el encuentro.

El prójimo nos espera

Superar las divisiones y ser protagonistas: dos actitudes para el encuentro. Y ¿cómo se da? "Salir de sí e ir al prójimo" es una necesidad vital que sólo es posible en el ámbito de un lazo fraternal y afectivo: de lo contrario se realiza de una manera compulsiva, en un desmadre de la personalidad que no resulta beneficioso ni para el propio sujeto protagonista directo de la educación, ni para aquellos que con él están. Por ejemplo: los desmadres se van generando de forma artificial ya sea por adicciones puntuales, ya extremando las razones de justicia hasta convertirlas en injusticia, o bien el conocido recurso sistemático a la queja o a reclamos judiciales. Es decir, se crea un clima cuyo polo de atracción es la dispersión de fuerzas movilizadas por intereses puntuales. Y entonces se da el contrasentido de recurrir a medios artificiales para alcanzar el encuentro en paz. La verdadera paz interior duradera, la plenitud que se desea y anhela no tiene otro secreto que el desvivirse para que otros vivan: el amor. El amor fraternal. Encuentro en ambiente de amor fraternal. ¿Cómo describiría este amor fraternal en contraposición a los medios artificiales?

No se trata del *eros* de los griegos, el amor que más que ninguna noción comunica el romance y, aunque se tiende a pensar sólo en lo carnal, *eros* no se refiere siempre a lo sensual, sino que incluye el anhelo de la unidad con el ser amado y la posesión en exclusividad.

Y tampoco del *agapao*, amor totalmente abnegado que tiene la capacidad de dar y mantenerse dando sin esperar que se le devuelva algo, muy propio por otro lado del amor desinteresado de Dios y de la caridad cristiana.

Hablo aquí de *phileo*, conocido por nosotros por el adjetivo "filial" o "fraternal", amor que tiene afecto por el ser amado pero siempre espera una respuesta. Es un amor de relación, participación, comunicación, amistad. El amor filial-fraternal hace amigos que disfrutan de la cercanía y del compañerismo. Comparten los intereses y pueden o no compartir el tiempo. Obviamente se necesitan dos personas para la plenitud del amor filial-fraternal, puesto que es necesaria una respuesta de parte del otro para que continúe habiéndolo. Se trata de ser los mejores amigos el uno del otro. Éste es el desafío que posibilita el ámbito de encuentro como necesario a la educación.

No es sólo cuestión de técnicas

En el marco docente, la posibilidad de no darse el encuentro y ser espectador, no protagonista, es fácil de percibir cuando se da una excesiva confianza en la técnica o en la aplicación de la técnica.

Un docente no es un técnico: tiene algo y mucho de padre y madre. Si hablamos sólo de técnico, no estamos hablando de un encuentro educativo o de cultura del encuentro. No hablamos de dos o más personas unidas entre sí por lazos indelebles, sino de personas relacionadas o que se conocen por las circunstancias fortuitas, por medios supletorios y mecánicos como son las técnicas.

La consecuencia más marcada de esta percepción en el campo educativo es que se trabaja sobre la persona exitosa que debería llegar a ser, más que con la que se tiene delante. Así encontramos enormes cabezas que saben mucho, pero corazones raquíticos que sienten poco. (O sienten para algunos). No se consigue fraguar un encuentro de personas en el cual, ambas dos personas tienen algo para dar y algo para recibir.

Es claro que se da un encuentro, pero a la larga resulta periférico, externo. No quedan involucradas las personas sino externamente: mediadas por técnicas y por resultados, no por vínculos afectivos y perennes.

La columna vertebral en las manos de los padres

Desde el ámbito de los padres, (o quienes ocupen su lugar) también reconocemos que han perdido protagonismo en la educación de sus hijos y han pasado a ser espectadores. En gran medida por no hacerse cargo de los chicos, ya sea por duda, desconocimiento u otros tantos motivos. Aquí también se puede hablar de un desfasaje de la autoridad hacia el "dialoguismo superficial" que, en el fondo, evita el encuentro.

La formación interior, la del corazón, la más interna de los chicos y de los jóvenes ha cambiado de mano. No está en las manos de los padres, sino en las de profesionales. Hay un problema de aprendizaje y se recurre al psicólogo. Y aun, luego de conocidas las causas, muchas veces se pone remedio, recurriendo a nuevos profesionales que no son docentes. No niego ni descarto la ayuda profesional. Simplemente menciono este "cambio de mano" en la conducción armónica interior.

Suele decirse que antiguamente el padre hacía una transferencia de autoridad cuando llevaba su hijo a la escuela. Lo dejaba en manos del maestro y le decía además que no le mezquine "un bife" si hacía falta. ¿Se imaginan hoy en día algo así? Ya en su casa, se reforzaba aquella acción de transferencia de autoridad y se estaba al tanto de todo cuanto ocurría en la escuela, sin tener la posibilidad en muchos casos de manejar los contenidos que el maestro utilizaba en el aula.

Los padres o quienes ocupan ese lugar hoy, con más posibilidades de manejar los contenidos del aula, han permitido que se aleje de sus manos la columna vertebral de la formación. No está en las manos de ellos sino de otros, que se tornan ajenos a la familia y en definitiva a la realidad personal. Al no haber encuentro con la autoridad paternal no se da la transparencia de la autoridad, y el corazón de los chicos se torna (despolitizo la palabra) etimológicamente anárquico.

Restablecer lazos

Tal vez, por estas razones que fui enumerando pienso que, al desvirtuarse el camino pedagógico por la aplicación indiscreta de modelos importados o de solas técnicas, hemos roto lazos con ese encuentro educativo, patrimonio de la escuela argentina (y orgullo durante décadas). Y, al romperse el lazo principal, aquél que vinculaba interiormente al docente con el alumno, se ha perdido la ligazón afectiva con el país, con la Patria, con los hermanos. Los invito a retomarlos. Para ese encuentro educativo los docentes necesitamos, más que de técnicas, de afectos: confiar en sus afectos. Querer lo que hacen y querer a sus alumnos.

Desde ese afecto fraternal, o paternal-maternal, que configura una mirada sapiencial formarán en sus alumnos un corazón que ama a su Patria y a su tierra, sin conocerla con sus ojos todavía. Que admira a sus héroes porque iluminan un camino que no es fácil, pero que no es imposible de recorrer. Conoce y ama sus costumbres y su folklore. Es agradecido con lo que es y con lo que tiene, y no tiene miedo de seguir caminando en un progreso continuo hacia horizontes más grandes que lo desafían.

CURSO DE RECTORES, FEBRERO DE 2006

SOMOS UN PUEBLO
CON VOCACIÓN DE GRANDEZA

"¡Ojalá fueras frío o caliente! Por eso, porque eres tibio, te vomitaré de mi boca" (Ap 3, 15ss). Esa tibieza, en ocasiones se disfraza de mediocridad, de mezquina indiferencia o de aquel "no te metás" o del "yo no fui" que tanto daño ha causado entre nosotros.

Y en lo que hace al encuentro y convivencia entre los hombres no caben medias tintas. Somos pueblo. Somos con otros y somos por otros; y por esto mismo somos para otros. Porque somos para otros, con otros y por otros, somos pueblo y nada menos que pueblo.

Somos hombres y mujeres con capacidad de infinito, con conciencia crítica, con hambre de justicia y fraternidad. Con deseos de saber para no ser manipulados, con gusto por la fiesta, la amistad y la belleza. Somos un pueblo que camina, que canta y alaba. Somos un pueblo herido y un pueblo de brazos abiertos, que marcha con esperanza, con "aguante" en la mala y a veces un poco rápido para gastar a cuenta en la buena. Somos un pueblo con vocación de grandeza.

Un Dios comprometido a fondo con lo humano

Una vez más, a poco de comenzar el ciclo lectivo volvemos a encontrarnos, para compartir aquello que nos anima en nuestra tarea y, más aún, constituye el núcleo de nuestra identidad cristiana y el horizonte último de nuestra existencia: la fe en Cristo Resucitado. Ese Jesús, que confesamos como Cristo, ha sido Alguien que dio y que pidió definiciones. Que tomó partido: eligió al más débil, no negoció la verdad, no se acomodó... Vivió en paz, defendió la paz, pero no se echó atrás cuando lo patotearon aquellos, quienes sentían su Presencia como un estorbo para que el pueblo experimentara un mensaje nuevo, descubriera la fuerza escondida en sus entrañas por Aquél que los amó desde el principio y quería mostrarles que los amaría hasta el final.

En Él se nos revela la realidad del Dios en quien creemos: Alguien real que, para salir a nuestro encuentro de un modo pleno y definitivo, se hizo hombre en nuestra historia concreta de manera indivisa e inconfusa, habló nuestro lenguaje y compartió nuestras preocupaciones. En Jesús de Nazaret, Dios ligó (re-ligó) las difíciles cuestiones de la trascendencia y el sentido último a la cotidianidad de los hombres y mujeres que se preguntan por su pan, por su amor, por su techo y por su descendencia; por su dolor, sus alegrías y sus culpas, por el futuro de sus hijos y por su propio futuro, por la pérdida de los seres queridos y por la responsabilidad de cada uno; por lo que conviene y lo que no conviene, lo que debemos y lo que nos es debido, lo que esperamos y lo que nos espera.

Así es que no nos es posible ocuparnos de las cosas "del cielo" sin ser inmediatamente reenviados a las "de la tierra". Cuando el concilio Vaticano II afirmaba que "los gozos y las esperanzas, las tristezas y las angustias de los hombres de nuestro tiempo, sobre todo de los pobres y de cuantos sufren, son a la vez gozos y esperanzas, tristezas y angustias de los discípulos de Cristo. Nada hay verdaderamente humano que no encuentre eco en su corazón" (GS 1), no hacía otra cosa que prolongar la meditación de san Juan acerca del mandamiento (y el don, como nos lo subraya Benedicto XVI) del amor: "El que dice: "Amo a Dios", y no ama a su hermano, es un mentiroso. ¿Cómo puede amar a Dios, a quien no ve, el que no ama a su hermano, a quien ve?" (1 Jn 4, 20).

Tal es el motivo por el cual año a año me dirijo a ustedes para compartir estas reflexiones acerca de las "cosas de la tierra", en tanto visibilidad y anticipo de las "cosas del cielo". Porque la tarea a la cual ustedes están consagrados construye sin duda la ciudad terrena, al formar a hombres y mujeres, ciudadanas y ciudadanos de la Patria, miembros de la sociedad, científicos, artistas, trabajadores de los múltiples ámbitos de la vida humana. Pero como además ustedes viven esta misión como la forma concreta de llevar adelante la vocación cristiana de renovar el mundo con la fuerza del Evangelio, al construir la ciudad terrena también están sembrando la semilla de la Jerusalén celestial, como colaboradores de la obra definitiva de Dios.

Esta misteriosa imbricación de lo terreno y lo celestial es la que fundamenta la presencia de la Iglesia en el campo de la educación, más allá de cualquier impulso humanitario o altruista. Ése es precisamente el sentido último de la misión educativa de la Iglesia, el que motiva estos mensajes que todos los años preparo para ustedes.

Una vez más los invito a reflexionar acerca de la responsabilidad que como educadores les compete en la construcción de la sociedad terrena. Este año, específicamente, quiero centrarme en el desafío de formar personas como ciudadanos solidarios, con sentido histórico y colectivo de comunidad, responsables, desde la raíz de su identidad y autoconciencia del destino común de su pueblo.

¿Por qué elegir este tema? Hay dos motivos. El primero, su insoslayable centralidad dentro de la tarea docente. La función de la escuela incluye un fundamental elemento de socialización: de creación del lazo social que hace que cada persona constituya también una comunidad, un pueblo, una nación. La tarea de la escuela no se agota en la transmisión de conocimientos ni tampoco sólo en la educación de valores, sino que estas dimensiones están íntimamente ligadas a la que ponía de relieve en primer término; porque pueblo no es ni una masa, ni de súbditos, ni de consumidores, ni de clientes, ni de ciudadanos emisores de un voto. El segundo motivo que me impulsa a tomar esta cuestión como tema de reflexión en este año es justamente la necesidad de fortalecer o incluso refundar ese lazo social. En tiempos de globalización, posmodernidad y neoliberalismo, los vínculos que han conformado nuestras naciones tienden a aflojarse y a veces hasta a fracturarse, dando lugar a prácticas y mentalidades individualistas, al "sálvese quien pueda", a reducir la vida social a un mero toma y daca pragmático y egoísta. Como esto trae serias consecuencias, las cosas se hacen más y más complicadas, violentas y dolorosas a la hora de querer paliar esos efectos. Así se realimenta un círculo vicioso en el cual la degradación del lazo social genera más anomia, indiferencia y aislamiento.

¿Qué es ser un pueblo?

Al iniciar la reflexión sobre el lazo social, su crisis y los caminos para su fortalecimiento, nos sale al cruce una palabra que atraviesa la historia de nuestro país de lado a lado: el pueblo.

"Pueblo" más que una categoría lógica es una categoría mística. El pueblo en la Plaza Mayor, que en 1810 quería "saber de qué se trata" como hemos aprendido en los viejos relatos escolares: un grupo de vecinos activos, puestos a participar en la cosa pública en medio de la crisis de la metrópoli. La multitud que manifestaba masivamente en plazas y avenidas todo a lo largo del siglo XX, bajo la consigna de que "si éste no es el pueblo, el pueblo dónde está"... Grupos militantes de causas políticas y sociales, marchando con la convicción de que "el pueblo unido jamás será vencido"...

Es decir: mucho más que un concepto. Una palabra tan cargada de sentido, de emoción, tan enhebrada con historias de lucha, esperanza, vida, muerte y hasta traición. Una palabra tan contradictoria y controvertida, que en tiempos de "muerte de las ideologías", "posmodernidad" y actitud "light" ante la vida ha quedado poco menos que guardada en lo más alto del placard, entre las cosas de la abuela y las fotos que duele ver pero nadie se atreve a tirar.

No olvidemos que alguna vez resonó entre nosotros con fuerza el grito de "que se vayan todos". Lo que faltó escuchar, pasadas aquellas noches de fogata, nerviosismo e incertidumbre, fueron voces que se alzaran para decir: "¡aquí estoy, yo me comprometo!" Al menos, en la cantidad y con el vigor suficiente.

Precisamente de eso se trata la cuestión del "pueblo". Si pudiéramos (y no siempre podemos ni debemos) abstraer la

apelación de "pueblo" de los diversos, y muchas veces anta-
gónicos, contextos en que fue esgrimida y logró movilizar
voluntades en nuestra historia nacional, creo que lograríamos
recoger un sentido fundamental: sólo se puede nombrar al
"pueblo" desde el compromiso, desde la participación. Es un
vocablo que trae consigo tanta carga emocional y tanta pro-
yección de esperanzas y utopías, que se desnaturaliza si se
lo toma sólo como una cuestión "objetiva", externa al que lo
incluye en su discurso. Más que una palabra es una llamada,
una con-vocación a salir del encierro individualista, del interés
propio y acotado, de la lagunita personal, para volcarse en el
ancho cauce de un río que avanza y avanza reuniendo en sí la
vida y la historia del amplio territorio que atraviesa y vivifica.

Por ello también es tan temido y criticado: por la fuerza
convocante que libera para bien o para mal, en pos de causas colectivas, de esas que hacen historia o también de ilusiones que culminan en escándalo y dolor. El pueblo. ¿Cómo
no estremecerse de pasión o de indignación, según el caso,
ante las resonancias que la palabra trae?

Queridos educadores, los invito a seguir profundizando
un poco en el significado de la palabra "pueblo" como llamado a la presencia, a la participación, a la acción comprometida. Redescubrir el sentido del "pueblo" con el telón de fondo
de una consigna que a cada uno nos oriente en la búsqueda:
"¡Aquí estoy! ¡Yo me comprometo!". Y con una convicción:
hoy más que nunca, hay que ser pueblo y atreverse a educar. Cuando las estructuras educativas se ven sobrepasadas
por fuerzas sin rostro, que ponen en circulación propuestas,
mensajes, modelos, consumos, sin hacerse responsables de
las consecuencias que producen en los más chicos y en los
adolescentes, tenemos que seguir dando el presente. Para
poder adentrarnos más en el significado de la palabra "pueblo" reflexionemos en dos direcciones: 1) una geografía y
una historia; 2) una decisión y un destino.

Una geografía y una historia

En primer lugar, un pueblo se vincula a una geografía. Mejor dicho: a una tierra. Se dice a veces que hay pueblos de llanura, pueblos de montaña... y otras especificaciones ambientales que, sin dejar de tener sentido, quedan ampliamente superadas por la dinámica de las sociedades modernas, predominantemente urbanas y atravesadas por todo tipo de mestizajes, entrecruzamientos y mutaciones. Aun así, la geografía tiene su fuerza de atracción, como paisaje no tanto "turístico" como existencial y también como matriz de referencias simbólicas que, al ser compartidas, generan significaciones y valores colectivos.

Quizá podríamos releer esta dimensión en el medio de la gran ciudad pensando en el barrio como lugar de arraigo y cotidianeidad. Si bien el crecimiento de la urbe y el ritmo de vida hacen perder en gran medida la fuerza de gravedad que el barrio tenía antaño, no dejan de tener vigencia muchos de sus elementos, aun en el remolino de la fragmentación. Porque el barrio (o la tierra), como espacio común, implica una variedad de colores, sabores, imágenes, recuerdos y sonidos que hacen al entramado de lo cotidiano; de aquello que, justamente por pequeño y casi invisible, es imprescindible. Los personajes del barrio, los colores del club de fútbol, la plaza con sus transformaciones y con las historias de juego, de amor y de compañerismo que en ella tuvieron lugar, las esquinas y los lugares de encuentro, el recuerdo de los abuelos, los sonidos de la calle, la música y la textura de la luz en esa cuadra, en ese rincón, todo eso hace fuertemente al sentimiento de identidad. Identidad personal y compartida o, mejor dicho, personal en tanto compartida.

¿Será que la funcionalización de todos los espacios en la lógica del crecimiento salvaje y mercantilista condenará a muerte a la dimensión de arraigo? ¿Será que en poco tiempo transitaremos sólo por espacios virtuales o virtualizados, a través de pantallas y autopistas? ¿O será más bien que encontraremos nuevas formas de plantar símbolos en nuestro entorno, de significar el espacio, de habitar?

Ser un pueblo: habitar juntos el espacio. Aquí tenemos, entonces, una primera vía por la cual relanzar nuestra respuesta al llamado: abrir los ojos a lo que nos rodea en el ámbito de lo cotidiano y a quienes nos rodean. Recuperar la vecindad, el cuidado, el saludo. Romper el primer cerco del mortal egoísmo reconociendo que vivimos junto a otros, con otros, dignos de nuestra atención, de nuestra amabilidad, de nuestro afecto. No hay lazo social sin esta primera dimensión cotidiana, casi microscópica: el estar juntos en la vecindad, cruzándonos en distintos momentos del día, preocupándonos por lo que a todos nos afecta, socorriéndonos mutuamente en las pequeñas cosas de todos los días.

Y un punto especial de reflexión para nosotros: la escuela en el barrio, contribuyendo activamente a vincular, a crear identidad, a valorar los espacios compartidos. La escuela que relaciona a las familias entre sí y con la comunidad mayor del barrio, con las instituciones, con las redes que dan forma a la vida de la ciudad. La escuela, punto de referencia y corazón de barrio para tantas familias. Siempre y cuando se trate de una escuela bien inserta en su realidad y no una isla atenta sólo a sus problemáticas intramuros.

La dimensión espacial, además, se vincula enseguida con otra, tan fundamental como aquella, si no más: la del tiempo hecho historia. En el barrio uno transcurrió su niñez, o allí los hijos la están viviendo y la recordarán mañana. La patria evoca también aquel fragmento de espacio donde están enterrados los padres. Y lo que nos une en el espacio compartido, más allá de las cuestiones prácticas inmediatas, es el legado de los que vivieron antes que nosotros y la responsabilidad que tenemos para quienes nos siguen. Legado y responsabilidad que se plasman en valores y en símbolos compartidos.

Un pueblo, entonces, es una realidad histórica, se constituye a lo largo de muchas generaciones. Y por eso mismo tiene la capacidad de perdurar más allá de las crisis. Pero además, el tiempo humano transcurre a través de la transmisión de una generación a otra. La transmisión generacional siempre tiene algo de continuidad y algo de discontinuidad. El hijo es parecido al padre pero distinto. No es lo mismo un hijo que un clon: hay algo que se continúa de una generación a otra, pero también hay algo nuevo, algo que cambió. Un pueblo es necesariamente dinámico. La cultura de un pueblo, esos valores y símbolos comunes que lo identifican, no es la esclerótica repetición de lo mismo, sino la vital creatividad sobre la base de lo recibido. Por ello nunca es uniforme, sino que, al cambiar en múltiples niveles y líneas, incluye en sí la diversidad. Sólo las expresiones que intentan "fijar" o "congelar" la vida de un pueblo terminan siendo excluyentes. La cultura viva tiende a abrir, integrar, multiplicar, compartir, dialogar, dar y recibir en el interior mismo del pueblo y con los otros pueblos con quienes entra en relación.

La reconstrucción del lazo social, la respuesta al llamado de ser un pueblo, el "meterse" a hacer algo en el campo del bien común, implica tanto una escucha atenta del legado de los que nos precedieron como una gran apertura a los nuevos sentidos que los que vienen detrás generan o proponen. Es decir, un compromiso con la historia. No hay sociedad viable en la contracción del tiempo a un puro presente. Ser pueblo exige una mirada amplia y larga, para abarcar a todos los que se pueda y para constituir la propia identidad en fidelidad creativa a lo que fue y sigue siendo, aunque renovado, y lo que todavía no es pero se preanuncia de múltiples maneras en el presente enraizado en lo que ha sido.

¿Cómo no considerar nuestras escuelas como un lugar privilegiado de diálogo entre generaciones? No hablamos sólo de "hacer reuniones de padres" para implicarlos a ellos en nuestra tarea docente o para contribuir a la resolución o contención de las problemáticas de sus hijos, sino también de pensar nuevas formas de promover la conciencia de la historia común, la percepción de su sentido y la apropiación de los valores en ella amasados. Se trata también de encontrar el modo de interesar a los más chicos o jóvenes en las inquietudes y deseos que los mayores (y los mayores de los mayores) han dejado como obra abierta, y facilite a los que recién empiezan los recursos para la prosecución creativa (y hasta crítica, si es necesario) de aquellos sueños en marcha.

Una decisión y un destino

Ahora bien, la dimensión histórica del sentido de pueblo no se refiere sólo al modo en que el pasado es comprendido y asumido desde el presente, sino también en la apertura al futuro bajo la modalidad del compromiso con un destino común.

Se trata de la tantas veces proclamada y más difícilmente vivida aserción de que "nadie se salva solo". Pensar la posibilidad de realización y trascendencia como una empresa de toda la colectividad, y nunca por afuera de ella, es lo que permite hacer de los "muchos" (y distintos) una comunidad. La diversidad humana vivida como división y las diferencias entendidas como enemistad, son un dato de la experiencia de la historia real.

No hace falta ninguna revelación divina especial para darnos cuenta de que la humanidad está atravesada por todo tipo de divisiones que se traducen en mutuas desconfianzas, pugnas por la supremacía de unos sobre otros, guerras y exterminios, engaños y mentiras de toda índole. ¡Cuánto más en un país que, como el nuestro, ya desde su nacimiento estuvo signado por la mixtura de razas, culturas y religiones, con la carga de ambigüedad ("luces y sombras") que tiene la historia humana!

Pero, por el otro lado, ser un pueblo no significa aniquilarse a sí mismo (la propia subjetividad, los propios deseos, la propia libertad, la propia conciencia) a favor de una pretendida "totalidad" que no sería otra cosa, en realidad, que la imposición de algunos sobre los demás. Lo "común" de la comunidad del pueblo sólo puede ser "de todos" si al mismo tiempo es "de cada uno". Simbólicamente podemos decir que no hay "lengua única", sino la capacidad inédita de entendernos cada uno en la propia lengua, como sucedió en Pentecostés. (Hch 2, 1-11).

Lo que nos une, lo que nos permite romper la coraza del egoísmo para reconocernos en el presente y reconstruir retrospectivamente nuestra historia pasada es el origen y también la posibilidad de un futuro común. Y esa posibilidad también es la que pone en marcha la creación de las mediaciones necesarias para que ese futuro empiece ya a construirse en el presente: instituciones, criterios de valoración, producciones (p. ej. científicas o artísticas) que concentran el sentido de lo vivido y de lo esperado, funcionando como faro en medio de la ambigüedad de los tiempos del hombre. Todo esto exige una actitud semejante a la del sembrador: planificar para el largo plazo sin dejar de actuar siempre en el momento justo y sobre todo en el hoy. Un modo de pensar, un modo de evaluar las situaciones, un modo de gestionar y de educar, un modo de actuar en el aquí y ahora sin perder de vista el horizonte deseado.

Para reconstruir el lazo social, entonces, es imprescindible empezar a pensar no sólo "a mediano y largo plazo" sino también "a lo grande". El mejor futuro que podamos soñar debe ser la medida y el cristal que definan la orientación de nuestras acciones y la calidad de nuestro aporte. "Amplio" (para todos y con todos) y "efectivo" (procurando generar los dispositivos y mediaciones necesarias para caminar hacia esos fines). Hablamos de mediaciones políticas (de las cuales, la más importante es el Estado, sean cuales fueren sus relieves concretos), jurídicas, sociales, educativas y culturales, sin descartar las religiosas, cuyo aporte puede ir incluso mucho más allá del mero círculo de los creyentes.

Sobre estas cuestiones volveré más adelante, con mayor detalle. Por el momento, quisiera dejar indicada una última idea, a modo de conclusión.

En nuestro intento de encontrar las dimensiones que hacen a la existencia de un pueblo y al fortalecimiento del lazo que lo constituye, recordemos la definición de san Agustín: "pueblo es un conjunto de seres racionales asociados por la concorde comunidad de objetos amados". Y esta "concorde comunidad" se va plasmando, como ya señalamos, en acciones comunes (valores, actitudes fundamentales ante la vida, símbolos) que, generación tras generación, van adquiriendo un perfil especial y propio de esa colectividad.

Pero hablar de "concorde comunidad" o de "destino común" implica, además de una serie de hábitos, una voluntad decidida de caminar en ese sentido, sin la cual todo lo demás cae sin remedio. Implica una apertura humilde y contemplativa al misterio del otro, que se torna respeto, aceptación plena a partir no de una mera "indiferencia tolerante" sino de la práctica comprometida del amor que afirma y promueve la libertad de cada ser humano y posibilita construir juntos un vínculo perdurable y vivo.

De esta manera, logramos situar la cuestión de "ser un pueblo" en la raíz que la constituye esencialmente, al menos desde nuestra perspectiva: el amor como realidad más profunda del vínculo social. Lo cual nos habilita para continuar la reflexión por un rumbo que considero insoslayable.

"¿Quién es mi prójimo?"

Quiero aclarar algo: este mensaje no pretende ser una fundamentación filosófica del vínculo social de los nuevos tiempos. Otros lo pueden hacer y lo hacen, sin duda mucho mejor que yo. Más bien lo que me interesa es invitarlos a preguntarse sobre las raíces fundantes y qué es lo que se nos ha perdido en el cambio de época. ¿Por qué los grandes avances de las últimas décadas no nos han hecho más felices como pueblo, no han hecho prosperar la amistad social ni han favorecido la paz? De ese modo, quizá podamos descubrir algunas claves que nos permitan aportar nuestro grano de arena (como docentes, como padres, como ciudadanos) para una construcción alternativa. Usando la bellísima expresión del papa Pablo VI: "para la construcción de una civilización del amor".

Permítanme sugerirles un par de "pistas" que encuentro en el Evangelio.

La primera gira en torno a una enseñanza de Jesús que me atrevo a llamar fundamental: la parábola del buen samaritano (Lc 10, 25-37). Ya he comentado este texto en otras ocasiones pero me parece que nunca está de más volver a él. Porque la única forma de reconstruir el lazo social para vivir en amistad y en paz es comenzar reconociendo al otro como prójimo, es decir, hacernos prójimos. ¿Qué significa esto? La ética fundamental, que nos dejó elementos invalorables como la idea de "derechos humanos", propone tomar al hombre siempre como fin, nunca como medio. Es decir, no se puede dar valor, reconocer al otro por lo que pueda darme, por lo que pueda servirme. Tampoco por su utilidad social ni por su productividad económica. Todo eso sería tomarlo como medio para otra cosa. Considerarlo siempre como fin es reconocer que todo ser humano, por ese sólo hecho es mi semejante, mi prójimo. No mi competidor, mi enemigo, mi potencial agresor. Este reconocimiento debe darse como principio, como posición fundamental ante todo ser humano, y también en la práctica, como actitud y actividad.

Ahora bien, ¿por qué voy a considerar a esta persona, de la cual no sé nada, que no tiene nada que ver conmigo, como un semejante? ¿Qué tiene de semejante a mí? ¿Qué me aporta hacerme prójimo de él? La parábola del buen samaritano agrega a la formulación moderna una dimensión sin la cual, a mi juicio, ésta corre el riesgo de convertirse en un imperativo abstracto, un llamado formal a una responsabilidad autosustentada: la motivación interna.

¿Por qué el buen samaritano "se pone el herido al hombro" y se asegura que reciba el cuidado, la atención que otros, más duchos en la Ley y las obligaciones, le habían negado? En el contexto del Evangelio, la parábola aparece como una explicación de la enseñanza sobre el amor a Dios y al prójimo en la dos dimensiones fundamentales e inseparables de la Ley. Y si la Ley, lejos de ser una simple obligación externa o el fruto de una "negociación" pragmática, era aquello que constituía al creyente como tal y como miembro de una comunidad, aquel vínculo fundante con Dios y con su pueblo fuera del cual el israelita no podía ni siquiera pensarse a sí mismo, entonces amar al prójimo haciéndose prójimo es lo que nos constituye en seres humanos, en personas. Reconocer al otro como prójimo no me "aporta" nada particular: me constituye esencialmente como persona humana; y entonces, es la base sobre la cual puede constituirse una comunidad humana y no una horda de fieras.

El buen samaritano se pone el prójimo al hombro porque sólo así puede considerarse él mismo un "prójimo", un alguien, un ser humano, un hijo de Dios. Fíjense cómo Jesús invierte el razonamiento: no se trata de reconocer al otro como semejante, sino de reconocernos a nosotros como capaces de ser semejantes.

¿Qué otra cosa es el pecado, en este contexto de las relaciones entre las personas, sino el hecho de rechazar el "ser prójimo"? De este modo, la idea de pecado se corre del contexto legalista de "no hacer ninguna de las cosas prohibidas" para ubicarse en el mismo núcleo de la libertad del hombre puesto cara a cara ante el otro. Una libertad llamada a inscribirse en el sentido divino de las cosas, de la creación, de la historia, pero también trágicamente capaz de apostarse a sí misma en algún otro posible sentido que siempre termina en sufrimiento, destrucción y muerte.

Primera pista, entonces: creer que todo hombre es mi hermano, hacerme prójimo, es condición de posibilidad de mi propia humanidad. A partir de esto, toda la tarea que me compete (y subrayo: toda la tarea) es buscar, inventar, ensayar y perfeccionar formas concretas de vivir esta verdad. Y la vocación docente es un espacio privilegiado para llevar esto a la práctica. Ustedes tienen que inventar todos los días, cada mañana, nuevas formas de reconocer -de amar- a sus alumnos y de promover el reconocimiento mutuo -el amor entre ellos-. Ser "maestro" es así, ante todo, una forma de "ejercer la humanidad". Maestro es quien ama y enseña la difícil tarea de amar todos los días, dando el ejemplo sí, pero también ayudando a crear dispositivos, estrategias, prácticas que permitan hacer de esa verdad básica una realidad posible y efectiva. Porque amar es muchísimo más que sentir de vez en cuando una ternura o una emoción. ¡Es todo un desafío a la creatividad! Una vez más, se tratará de invertir el razonamiento habitual. Primero, se trata de hacerse prójimo, de decirnos a nosotros mismos que el otro es siempre digno de nuestro amor. Y después habrá que ver cómo, por qué caminos, con qué energías. Encontrar la forma (distinta cada vez, seguramente) de buscarle la vuelta a los defectos, limitaciones y hasta maldades del otro (de los alumnos, en su caso), para poder desarrollar un amor que sea, en concreto, aceptación, reconocimiento, promoción, servicio y don.

Quizá puede ser hasta un ejercicio matutino (y también un autoexamen antes de dormir): ¿cómo voy a hacer hoy para amar efectivamente a mis alumnos, a mis familiares, a mis vecinos? ¿Qué "trampas" voy a poner en juego para confundir y vencer a mi egoísmo? ¿Qué apoyos voy a buscarme? ¿Qué terrenos voy a preparar en el otro, en los grupos en que participo, en mi propia conciencia, qué semillas voy a sembrar para poder por fin amar al prójimo, y qué frutos preveo recoger hoy? Hacernos prójimos, entonces: el amor como tarea. Porque así somos los seres humanos: siempre trabajando para poder llegar a ser lo que desde el principio somos...

"¿Cuándo te vimos hambriento y te dimos de comer?"

La segunda "pista" será otra enseñanza de Jesús acerca del amor: la parábola del Juicio Final (Mt 25, 31-43). El buen samaritano nos mostraba que el amor personal, cara a cara, es absolutamente imprescindible para que los humanos seamos efectivamente humanos, para que la comunidad del pueblo sea eso y no un conglomerado de intereses personales. Pero será preciso, también, señalar sus límites y la necesidad de dar forma a algunos "brazos largos" del amor. Porque si bien en la inmediatez del "cara a cara" está la mayor fortaleza del amor, con todo no es suficiente. Veamos.

En el "cara a cara", lo inmediato puede impedirnos ver lo importante. Puede agotarse en el aquí y ahora. En cambio, un amor realmente eficaz, una solidaridad "de fondo", como les decía en el mensaje del año pasado, debe elaborar reflexivamente la relación entre situaciones evidentemente dolorosas e injustas y los discursos y prácticas que les dan origen o las reproducen; a fin de sumar al abrazo, la contención y la compañía, algunas soluciones eficaces que pongan freno a los padecimientos, o al menos los limiten.

Por otro lado, el amor entendido solamente como inmediatez de la respuesta ante el rostro de mi hermano puede ser afectado por otra debilidad, bien propia de pecadores que somos: convertirse enseguida en vehículo de una necesidad de exhibicionismo o de autorredención. ¡Qué impresionante profundidad y finura psicológica revelan las palabras del Señor, cuando recomienda al que da limosna "que su mano izquierda ignore lo que hace la derecha" (Mt 6, 3), o cuando critica al fariseo que ora de pie ante el altar sintiéndose satisfecho de su virtud (Lc 18, 9-14)!

La parábola del juicio final viene a hacernos descubrir otras dimensiones del amor que están en la base de toda comunidad humana, de toda amistad social. Quisiera llamar la atención sobre un detalle del texto: los que habían sido declarados "benditos" por el Hijo del hombre por haberle dado de comer, de beber, por haberlo alojado, vestido o visitado, no sabían que habían hecho tales cosas. Es decir, la conciencia directa de haber "tocado" a Cristo en el hermano, de haber sido realmente prójimo del Señor herido al costado del camino, no se da más que a *posteriori*, cuando "todo se ha cumplido". ¡Nunca sabemos del todo cuándo estamos alcanzando realmente a las personas con nuestras acciones! No lo sabemos, desgraciada o felizmente, hasta que esas acciones han producido sus efectos.

Obviamente, esto no se refiere a lo que directamente podemos hacer como respuesta al "cara a cara", lo cual es fundamental; sino a otra dimensión que está ligada a esta primera actitud. "¿Cuándo te hemos dado de comer, de beber, etc.?", se trata de un amor que se hace eficaz "a la larga", al final de un trayecto. En concreto, me refiero a la dimensión institucional del amor. El amor que pasa por instituciones en el sentido más amplio de la palabra: formas históricas de concretar y hacer perdurables las intenciones y deseos. ¿Cuáles, por ejemplo? Las leyes, las formas instituidas de convivencia, los mecanismos sociales que hacen a la justicia, a la equidad o a la participación... Los "deberes" de una sociedad, que a veces nos irritan, nos parecen inútiles, pero "a la larga" hacen posible una vida en común en la cual todos puedan ejercer sus derechos, y no sólo los que tienen fuerza propia para reclamarlos o imponerse.

La parábola del Juicio Final nos habla, entonces, del valor de las instituciones en el reconocimiento y la promoción de las personas. Podemos decirlo así: "Cuando el Hijo del hombre venga en su gloria...", nos pedirá cuentas de todas aquellas veces que cumplimos o no con esos "deberes" cuya consecuencia en el plano del amor no podíamos visualizar directamente; ellos son parte del mandamiento del amor. Incluimos también el deber de participar activamente en la "cosa pública", en vez de sentarnos a mirar o a criticar.

Y aquí es imprescindible volver a subrayar la grandeza de la vocación docente, la enorme relevancia social y hasta política, en el sentido más profundo de la palabra, que tiene esa tarea cotidiana, abnegada, tan poco reconocida en algunos ámbitos... Educar es un gesto de amor. La educación es una genuina expresión de amor social. Se da en la misión del maestro una verdadera paradoja: cuanto más atento está al detalle, a lo pequeño, a lo singular de cada chico y a lo contingente de cada día, más se enlaza su acción con lo común, con lo grande, con lo que hace al pueblo y a la Nación. Para un docente, no hace falta buscar la participación en la "cosa pública" muy lejos de lo que hace todos los días (sin dar por ello menos valor a otras formas de actividad o compromiso social o político). Al contrario, el "trabajo" de ir todos los días a la escuela y encarar una vez más, sin aflojar nunca, el desafío de enseñar, educar y socializar a niños y jóvenes, es una empresa cuya relevancia social nunca será suficientemente resaltada. "¡Educar al soberano!", no es sólo un lema grandilocuente del pasado.

Conclusión: cinco propuestas para ayudar a recrear el vínculo social

Como ya va siendo una tradición en estos mensajes, les propongo algunas ideas de orden más "práctico" que, de algún modo, resuman y esbocen una resolución operativa de las reflexiones desarrolladas. Espero que sirvan para abrir el diálogo en las comunidades y den lugar a nuevas iniciativas.

La fe cristiana como fuerza de libertad

La primera propuesta apunta a reconocer una vez más la inmensa capacidad de renovación de la cultura que posee el Evangelio. Nuestro compromiso ciudadano y nuestra tarea docente no pueden prescindir de la fe explícita como principio activo de sentido y acción. Es verdad que en una sociedad que recién está aprendiendo a convivir pluralmente se generan muchas veces conflictos y desconfianzas varias. Ante estas dificultades, no pocas veces los católicos nos sentiremos tentados de callar y ocultarnos, intentando cortar la cadena de mutuas incomprensiones y condenas, a la cual tantas veces, por qué no reconocerlo, habremos contribuido con nuestros errores, pecados y omisiones. Mi propuesta es ésta: animémonos a recuperar el potencial liberador de la fe cristiana, capaz de animar y profundizar la convivencia democrática inyectándole fraternidad real y vivida. Como Iglesia en Argentina, a los bautizados no nos faltan pecados de los cuales avergonzarnos y arrepentirnos, pero tampoco nos faltan ejemplos y testimonios de entrega, de compromiso por la paz y la justicia, de auténtica radicalidad evangélica al servicio de los pobres y en pos de una sociedad libre e inclusiva y por una vida más digna para nuestra gente. Recuperemos la memoria de tantos cristianos que han dado su tiempo, su capacidad y hasta su vida a lo largo de nuestra historia nacional. Ellos son testimonio viviente de que una fe asumida, vivida a fondo y confesada públicamente no sólo no es incompatible con las aspiraciones de la sociedad actual, sino que puede en verdad aportarle la fuerza humanizante que por momentos parece diluirse en la cultura posmoderna. ¡Que en cada uno de nuestros colegios se venere y transmita la memoria de tantas y tantos hermanos nuestros que han dado lo mejor que tenían para construir una Patria de justicia, libertad y fraternidad, y que se busque activamente en cada una de nuestras instituciones generar nuevas formas de testimonio de una fe viva y vivificante!

"Todas las voces, todas"

La reconstrucción de un lazo social verdaderamente inclusivo y democrático nos exige una práctica renovada de escucha, apertura y diálogo, e incluso de convivencia con otras tendencias sin por ello dejar de priorizar el amor universal y concreto que debe ser siempre el distintivo de nuestras comunidades. En concreto, les propongo como docentes cristianos que abran su mente y su corazón a la diversidad que cada vez más es una característica de las sociedades de este nuevo siglo. Mientras vemos que todo tipo de intolerancias fundamentalistas se adueñan de las relaciones entre personas, grupos y pueblos, vivamos y enseñemos nosotros el valor del respeto, el amor más allá de toda diferencia, el valor de la prioridad de la condición de hijo de Dios de todo ser humano sobre cualesquiera sean sus ideas, sentimientos, prácticas y aun sus pecados. Mientras en la sociedad actual proliferan los guetos, las lógicas cerradas y la fragmentación social y cultural, demos nosotros el primer paso para que en nuestras escuelas resuenen todas las voces. No nos resignemos a vivir encerrados en un fragmento de realidad. Reconocer, aceptar y convivir con todas las formas de pensar y de ser no implica renunciar a las propias creencias.

Aceptar lo diverso desde nuestra propia identidad, dando testimonio de que se puede ser "uno mismo" sin "eliminar" al otro. Y luchemos, en el aula y en todos aquellos lugares donde estemos en función de enseñanza, contra toda práctica de exclusión a *priori* del otro por motivos sociales, económicos, políticos, religiosos, culturales o personales. Que en nuestro corazón, en nuestras palabras, en nuestras instituciones y nuestras aulas no tenga lugar la intolerancia y la exclusión.

Revalorizar nuestras producciones culturales

El momento de pluralidad, de diversidad, no agota la dinámica del vínculo social: justamente, va de la mano con la fuerza "centrífuga" de unidad de los "muchos y distintos". Pero como nuestra propia historia nos enseña la esterilidad de toda "unificación compulsiva", tendremos que apostar a la "vía larga" la vía del testimonio de la propia identidad a través también de la fuerza convocante del arte y las producciones históricas. Esto implica un definido acto de confianza en el valor de nuestras obras de arte, de nuestras producciones literarias, de las múltiples expresiones del pensamiento histórico, político y estético, en su autenticidad y en la energía que aún poseen para despertar el sentido y valor de lo comunitario.

Hace ya unos años, les propuse una lectura "situada" de nuestro poema nacional, el Martín Fierro. Debemos avanzar en esa línea. La Argentina ha brindado al mundo escritores y artistas de calidad (de esos que incluso hablando de lo "local" tocan la fibra más "universal" del hombre, al modo de los clásicos); y esto en el campo de lo "académico" y también en el del arte y la cultura popular. ¿Por qué no insistir en promover su lectura, su audición, su contemplación, recuperando algo del espacio que hegemonizan tantas producciones huecas impuestas por el mercado? ¡Tantas novelas infinitamente superiores a los best sellers que llenan góndolas de supermercados, tanta música -en todo tipo de géneros, desde los más tradicionales hasta los que expresan la mirada de las generaciones más jóvenes- que dice algo de lo que somos y lo que queremos ser!

¡Tanta belleza plasmada en artes plásticas, en arquitectura, tanta reflexión y polémica con la ironía y la chispa que caracteriza a nuestros grandes periodistas y pensadores sobre las distintas circunstancias de nuestra historia, tanto cine que "cuenta" nuestras historias y nuestra historia!

No estoy proponiendo reflotar ideologías chauvinistas o una pretendida superioridad de "lo nacional" sobre la cultura de otros pueblos. Revalorizar lo nuestro no significa de ningún modo dejar de lado la inmensa riqueza de la cultura universal. Pero se trata de recrear el sentido de pueblo volviendo a escuchar y a contar las historias de nuestra gente, así como en una familia los niños tienen que escuchar una y otra vez los pequeños detalles de la vida de sus padres y abuelos. La identidad de un pueblo (como también la identidad de cada persona) se constituye en gran medida narrativamente, situando acontecimientos en una línea de tiempo y en un horizonte de sentido. Se trata de volver a contar, volver a decir quiénes somos. Y para ello, escuchar lo que ya se ha dicho, volver a situarse ante las huellas que la vida del pueblo ha dejado a través de la obra de sus creadores. En este aspecto conviene tener presente que el proceso de globalización puede instalarse en dos formas. Una que progresa hacia la uniformidad, en la que cada persona termina por constituir un punto en la perfecta esfera global. Las particularidades aquí son anuladas. Otra forma la constituye el afán de unidad y colaboración de las personas y pueblos, uniéndose globalmente pero conservando en la unidad la propia particularidad. La figura ya no es una esfera sino un poliedro: unidad en la diversidad. Esta segunda forma de globalización es la correcta.

Prestar atención a la dimensión institucional del amor

Para ir finalizando, quiero insistirles en la importancia de las formas instituidas de participar en la vida común. Los argentinos tenemos una tendencia a desvalorizar la ley, las normas de convivencia, las obligaciones y deberes de la vida social. Desde las viejas "reglas de cortesía" hoy casi inexistentes, hasta las obligaciones legales como el pago de impuestos y otras muchas. Todo ello es imprescindible para que nuestra convivencia circule por caminos más firmes, más respetuosos de la persona y más factibles de crear un sentido de comunidad. La cosa "por debajo de la mesa", la "truchada", la "avivada", no ayuda a superar este trance de anomia y fragmentación. Es preciso que apostemos sin dudarlo al fortalecimiento de las muchas instancias de participación y resguardo de lo común que han ido quedando desdibujadas en la historia de prepotencias, violencias, arbitrariedades, egoísmos e indiferencias que hemos vivido.

Celebrar juntos el amor de Dios

Por último, ese querer estar juntos de los jóvenes, ese gustar la emoción de ser parte de una experiencia que los engloba y les da identidad, puede señalarnos un sendero que nos aproxime a proponerles el valor de la celebración de los misterios sagrados. Es verdad que en la cultura de lo útil y del pragmatismo, la gratuidad y aparente inutilidad del culto no pareciera atractivo; sin embargo, es interesante que toda esa sensibilidad hacia el encuentro amistoso, unida al gusto por la música y otras manifestaciones artísticas que ellos poseen, sean un modo de acercarse al desarrollo de una cultura, abierta a Dios y con capacidad de honda empatía con lo humano. Una cultura que sabe adorar y orar, y a la vez posibilita un compromiso intenso y fuerte con el mundo de los hombres y mujeres de este tiempo. En este sentido no podemos permitirnos titubear; debemos hacernos cargo de la profunda herencia humana que transmitimos a los chicos y jóvenes cuando los conducimos al sublime acto de la adoración a Dios tanto en soledad como en la acción litúrgica.

Vemos así con mayor claridad el enorme proceso de conversión que exige la recreación del lazo social. Es preciso volver a creer en nuestras instituciones, volver a confiar en los mecanismos que como pueblo nos hemos dado para caminar hacia una felicidad colectiva. Y esto es tarea de todos: de gobernantes y gobernados, de fuertes y débiles, de los que tienen y pueden y los que poco tienen y menos pueden. De todos: no sólo pasivamente, cumpliendo con lo mínimo y esperando todo de los demás. De todos: animándonos a crear situaciones, posibilidades, estrategias concretas para volver a vincularnos y a ser un pueblo. Hemos vivido una historia tan terrible, que "no estar metido en nada" pasó a ser sinónimo de seriedad y virtud. Quizás haya llegado (¡todavía no es definitivamente tarde!) el momento de dejar atrás esa mentalidad, para recuperar el deseo de ser protagonistas comprometidos con los valores y las causas más nobles. Dejar atrás esa mentalidad de la cual quede del todo descartado un diálogo final como éste:

"Señor, ¿cuándo fue que no te di de comer, de beber, etc.?"

"Cuando te sumaste al "no te metás" mientras yo me moría de hambre, de sed, de frío, estaba tirado en la calle, "desescolarizado", envenenado con drogas o con rencor, despreciado, enfermo sin recursos, abandonado en una sociedad donde cada uno se preocupaba sólo por sus cosas y por su seguridad".

Recordemos lo que nos dice el Salmo, como expresión de lo que deseamos ardientemente para nuestra tierra: "¡Qué bueno y agradable es que los hermanos vivan unidos! ... Allí el Señor da su bendición, la vida para siempre" (Sal 133). Y desde esta oración que pide el amor cristiano animarnos a crear un pueblo en el cual todos podamos gozar de la bienaventuranza de "haber estado ahí" cuando el hambre, la sed, la enfermedad, la soledad, la injusticia clamaban por respuestas auténticas y eficaces.

Todavía estamos a tiempo. Junto con esta propuesta reflexionemos también en el fracaso al que nos conduciría el camino contrario, un fracaso de disolución y muerte del pueblo de nuestra Patria. Pensando en esta fase negativa de una contracultura de destrucción y fragmentación nos puede hacer bien recitar con el poeta norteño:

Se nos murió la Patria hace ya tiempo,
en la pequeña aldea.
Era una Patria casi adolescente.
Era una niña apenas.

La velamos muy pocos; un grupito
de chicos de la escuela.
Para la mayoría de la gente
era un día cualquiera.

Pusimos sobre el guardapolvo blanco
las renegridas trenzas.
La Virgen de Luján y una redonda
y azul escarapela.

Unos hombres muy sabios opinaban:
"fue mejor que muriera".
"Era sólo una Patria" nos decía
la gente de la aldea.

Pero estábamos tristes. Esa Patria
era la Patria nuestra.
Es muy triste ser huérfano de Patria.
Luego nos dimos cuenta.

Así es, es muy triste
ser huérfanos de Patria.
Que no tengamos que decir
"tarde nos dimos cuenta".

MENSAJE A LAS COMUNIDADES EDUCATIVAS, 2006

EDUCAR,

UN COMPROMISO COMPARTIDO

La Pascua de Resurrección nos pone en situación de plenitud para reflexionar acerca de nuestra identidad, tarea y misión y nos ofrece la oportunidad para compartir las inquietudes y esperanzas que la tarea educativa despierta en todos nosotros. Educar, es un compromiso compartido.

La educación de los chicos y jóvenes constituye una realidad muy delicada en lo que hace a su constitución como sujetos libres y responsables, a su formación como personas. Hace a la afirmación de su dignidad, don inalienable que brota de nuestra misma realidad originaria como imagen de Dios. Y porque hace al verdadero desarrollo humano, es preocupación y tarea de la Iglesia, llamada a servir al hombre desde el corazón de Dios y en orden a un destino trascendente que ninguna condición histórica puede ni podrá ensombrecer.

Carácter pascual de la tarea educadora

En toda la historia de la salvación se manifiesta esa insistencia misericordiosa de Dios en ofrecer su gracia a una humanidad que desde el comienzo experimentó la confusión respecto a la medida y calidad de su destino. Ya el libro del Génesis, al presentarnos de un modo poético las primeras pinceladas de este inmenso cuadro, sitúa el conflicto fundamental de la historia humana en la acogida o rechazo, por parte de Adán y Eva, de la filiación divina y su directas implicancias: vivir la propia humanidad como un don, al cual hay que responder con una tarea sobre sí mismos; y esto en un clima de diálogo y escucha de la Palabra de Dios que señala rumbos y advierte contra posibles o efectivos desvíos.

Semejante alternativa cruza la historia humana desde el vértice pascual que consuma la definitiva obediencia del hombre en la Cruz y su destino en la Resurrección, hasta cada uno de los momentos en que ponemos en juego nuestra libertad personal y colectiva. En toda la historia se va realizando el plan de salvación, la vida humana camina hacia su más plena perspectiva entre la oferta de la gracia y la seducción del pecado.

La educación entraña la tarea de promover libertades responsables, que opten en esa encrucijada con sentido e inteligencia; personas que comprendan sin retaceos que su vida y la de su comunidad está en sus manos y que esa libertad es un don infinito sólo comparable a la inefable medida de su destino trascendente.

Esto es lo que está en juego cuando ustedes van todos los días a sus colegios y encaran ahí sus tareas cotidianas. Nada más ni nada menos, aunque a veces el cansancio y las dificultades les instilen dudas y tentaciones, aunque por momentos el esfuerzo parezca insuficiente ante las colosales dificultades de todo orden que se interponen en el camino. Ante esas dudas y tentaciones, ante esas piedras, hay una voz que nos dice, una y otra vez, "no teman".

"No teman" porque hay una piedra que ha sido quitada de una vez y para siempre: la piedra que cerraba el sepulcro de Cristo confinando la fe y la esperanza de sus discípulos a un mero recuerdo nostálgico de lo que pudo haber sido y no fue. Esa piedra que pretendía desmentir el anuncio del Reino que tan categóricamente había constituido el eje y núcleo de la predicación del Maestro y reducir la novedad del Dios-con-nosotros a otro (fallido) buen intento más. Esa piedra que convertía la prioridad de la vida sobre la muerte, del hombre sobre el sábado, del amor sobre el egoísmo y de la palabra sobre la mera fuerza, en una irrisoria cantinela propia de débiles e ilusos. Esa piedra aniquiladora de esperanza ya ha sido quitada por el mismo Dios. La hizo pedazos de una vez para siempre.

"No teman", les dijo el ángel a las mujeres que fueron al sepulcro. Y esas dos palabras resonaron en lo hondo de la memoria, despertaron la voz amada que tantas veces las había instado a dejar de lado toda duda y temor; y también reavivó la esperanza que enseguida se tornó fe y alegría desbordante en el encuentro con el Resucitado que les ofrecía el don infinito de recordar todo para esperarlo todo. "No teman: yo estoy con ustedes siempre", habrá repetido más de una vez el Señor a su pequeño grupo de seguidores, y seguirá repitiéndoselo cuando ese pequeño grupo acepte el desafío de ser luz de los pueblos, primicia de un mundo nuevo. "No teman", nos dice hoy a quienes nos enfrentamos a una tarea que parece tan difícil, en un contexto que nos retacea certezas y ante una realidad social y cultural que parece condenar todas nuestras iniciativas a una especie de fracaso a *priori*, pues no es otra cosa el desaliento y la desconfianza.

"No teman". La tarea de ustedes, educadores cristianos, más allá de dónde se realice, participa de la novedad y la fuerza de la Resurrección de Cristo. Carácter pascual que no le quita nada de su autonomía como servicio al hombre y a la comunidad nacional y local, pero le aporta un sentido y una motivación trascendentes y una fuerza que no brota de ninguna consideración pragmática, sino de la fuente divina del llamado y la misión que hemos decidido asumir.

Un servicio al hombre que promueve su auténtica dignidad

Ustedes son educadores; ser educador es comprometerse a trabajar en una de las formas más importantes de promoción de la persona humana y su dignidad. Y ser educador cristiano es hacerlo desde una concepción del ser humano que tiene algunas características que la distinguen de otras perspectivas.

Por supuesto que no se trata de dividir y confrontar. Al dedicar parte de su esfuerzo, personas e infraestructura a la educación, la Iglesia participa de una tarea que compete a la sociedad toda y debe ser garantizada por el Estado. Lo hace no para diferenciarse con mezquindad proselitista, para competir con otros grupos o con el mismo Estado por el "alma" y la "mente" de las personas, sino para aportar lo que considera un tesoro del que es depositaria para compartirlo, una luz que recibió para hacerla resplandecer en lo abierto. El único motivo por el cual tenemos algo que hacer en el campo de la educación es la esperanza en una humanidad nueva, según el designio divino; es la esperanza que brota de la sabiduría cristiana, que en Jesús Resucitado nos revela la estatura divina a la cual estamos llamados.

Porque no olvidemos que el Misterio de Cristo "revela plenamente el hombre al mismo hombre", como decía Juan Pablo II en su primera encíclica. Hay una verdad sobre el hombre que no es propiedad ni patrimonio de la Iglesia, sino de la humanidad entera, pero que la Iglesia tiene como misión contribuir a revelar y promover. Éste es terreno propio de ustedes, educadores cristianos. ¿Cómo no llenarse de orgullo, es más, de emoción y reverencia, ante la delicada y fundamental tarea a la cual han sido llamados?

Para apoyarlos en esta especie de avanzada humanizadora en la cual están comprometidos, comparto con ustedes algunas reflexiones acerca de la concepción cristiana del hombre y su destino.

La antropología cristiana: una antropología de la trascendencia

En el mensaje para la Jornada Mundial de la Paz de este año Benedicto XVI nos propuso volver a considerar el valor de la persona humana y su dignidad. Quisiera tomar una de las afirmaciones que allí se despliegan para sumarla a esta meditación eclesial.

El Papa habla de una dignidad trascendente, expresada en una suerte de "gramática" natural que se desprende del proyecto divino de la creación. Quizás ese carácter trascendente sea la nota más característica de toda concepción religiosa del hombre. La verdadera medida de lo que somos no se calcula solamente en relación con un orden dado por factores naturales, biológicos, ecológicos, hasta sociales; sino en el lazo misterioso que, sin liberarnos de nuestra solidaridad con la creación de la cual formamos parte, nos emparenta con el Creador para no ser simplemente "parte" del mundo sino "culminación" del mismo. La Creación "se trasciende" en el hombre, imagen y semejanza de Dios. Porque el hombre no es sólo Adán; es ante todo Cristo, en quien fueron creadas todas la cosas, primero en el designio divino.

Y fíjense que esto da lugar, en el cristianismo, a una concepción bastante peculiar de lo que es "trascendencia". ¡Una trascendencia que no está "afuera" del mundo! Situarnos plenamente en nuestra dimensión trascendente no tiene nada que ver con separarnos de las cosas creadas, con "elevarnos" por sobre este mundo. Consiste en reconocer y vivir la verdadera "profundidad" de lo creado. El misterio de la Encarnación es el que marca la línea divisoria entre la trascendencia cristiana y cualquier forma de espiritualismo o trascendentalismo gnóstico.

En ese sentido, lo contrario a una concepción trascendente del hombre no sería sólo una visión "inmanente" del mismo, sino una "intrascendente". Esto puede parecer un juego de palabras. Porque "intrascendente" significa, en el lenguaje común y corriente, algo sin importancia, fugaz, que "no nos deja nada", algo de lo cual podríamos prescindir sin perdernos nada. Pero no nos confundamos: ese "juego de palabras" no es él mismo intrascendente. Revela una verdad esencial. Cuando el hombre pierde su fundamento divino, su vida y toda su existencia empieza a desdibujarse, a diluirse, a volverse "intrascendente". Cae por tierra aquello que lo hace único, imprescindible. Pierde su fundamento todo lo que hace de su dignidad algo inviolable. Y a partir de ahí, un hombre vuelto "intrascendente" pasa a ser una pieza más en cualquier rompecabezas, un peón más en el ajedrez, un insumo más en todo tipo de cadena de producción, un número más. Nada trascendente, sólo uno más de muchos elementos todos ellos intrascendentes, todos ellos insignificantes en sí mismos. Todos ellos intercambiables.

Este modo intrascendente de concebir a las personas lo hemos visto y lo vemos todos los días. Niños que viven, se enferman y mueren en las calles y a nadie le importa. Un "cabecita" más o menos, o peor aún, un "pibe chorro" menos (como pude escuchar horrorizado de labios de un "comunicador" en la televisión), ¿qué importancia tiene? Una chica secuestrada de su casa y esclavizada ignominiosamente en los circuitos de prostitución que impunemente proliferan en nuestro país, ¿por qué habría de quitarnos el sueño? Es sólo una más... Un niño al cual no se le permite nacer, una madre a la cual nadie da una mano para que pueda hacerse cargo de la vida que brota de ella, un padre al que la amargura de no poder brindar a sus hijos lo que a ellos les correspondería lo lleva a la desesperación o a la indiferencia... ¿qué importancia tiene todo esto si no afecta a los números y estadísticas con que nos consolamos y tranquilizamos?

No hay peor antropología que una antropología de la intrascendencia para la cual no hay diferencias: con la misma vara con que se mide cualquier objeto, se puede medir a una persona. Se calculan "gastos", "daños colaterales", "costos"... que solamente empiezan a "trascender" en las decisiones cuando los números abultan: demasiados desocupados, demasiados muertos, demasiados pobres, demasiados desescolarizados... Frente a esto, ¿qué pasa si caemos en la cuenta de que una antropología de la trascendencia se ríe de esos números mezquinos y sostiene, sin que le tiemble el pulso, que cada uno de esos pequeños tiene una dignidad infinita? Que cada uno de ellos es infinitamente trascendente: lo que se haga o se deje de hacer con cada uno de ellos, se lo hace con el mismo Cristo... ¡con el mismo Dios!

Con esta luz, comprendemos de un modo nuevo aquella sentencia del Señor según la cual "no se puede servir a Dios y al Dinero". No se trata sólo de una cuestión de ascesis personal, de un ítem junto a otros para el examen de conciencia. El dinero es la "medida universal de todas las cosas", en el mundo moderno. Todo tiene un precio. El valor intrínseco de cada cosa se uniforma en un signo numérico. ¿Recuerdan que hace ya varios años se decía que desde el punto de vista económico era lo mismo producir tanques o caramelos, mientras los números fueran iguales? Del mismo modo, sería lo mismo vender drogas o libros, si los números cierran. Si la medida del valor es un número, todo da lo mismo mientras el número no varíe. La medida de cada ser humano es Dios, no el Dinero. Eso es lo que quiere decir "dignidad trascendente". Las personas no se pueden "contar" ni "contabilizar". No hay reducción posible de la persona a un denominador común (numérico o como se quiera) entre sí y con otras cosas del mundo.

Cada uno es único. Todos importan totalmente y singularmente. Todos nos deben importar. Ni una sola violación a la dignidad de una mujer o un hombre puede justificarse en nombre de ninguna cosa o idea. De ninguna.

¿Hace falta decir que tomarse en serio esto sería el inicio de una completa revolución en la cultura, en la sociedad, en la economía, en la política, en la misma religión? ¿Hace falta nombrar algunas de las prácticas normalmente aceptadas en las sociedades modernas que quedarían privadas de toda justificación si realmente se pusiera la dignidad trascendente de la persona por encima de cualquier otra consideración?

Dignidad trascendente:
el hombre como parte y culmen de la creación

En primer lugar, la trascendencia de la persona humana se da con respecto a la naturaleza.

¿Qué significa esto?

Las personas tenemos una relación compleja con el mundo en que vivimos, precisamente por nuestra doble condición de hijos de la tierra e hijos de Dios. Somos parte de la naturaleza; nos atraviesan los mismos dinamismos físicos, químicos, biológicos, que a los demás seres que comparten el mundo con nosotros. Aunque se trate de una afirmación banalizada y tantas veces mal entendida, "somos parte del todo", un elemento del admirable equilibrio de la Creación.

La tierra es nuestra casa. La tierra es nuestro cuerpo. También nosotros somos la tierra. Sin embargo, para la civilización moderna, el hombre está disociado armónicamente del mundo. La naturaleza ha terminado convirtiéndose en una mera cantera para el dominio, para la explotación económica. Y así nuestra casa, nuestro cuerpo, algo de nosotros, se degrada. La civilización moderna conlleva en sí una dimensión biodegradable.

¿A qué se debe esto? En línea de lo que venimos meditando, esta ruptura (que sin duda nos va a costar y ya nos está costando mucho sufrimiento, poniendo incluso un signo de pregunta sobre nuestra misma supervivencia) puede entenderse como una suerte de "trascendencia desnaturalizada". Como si la trascendencia del hombre respecto de la naturaleza y del mundo implicara separación. Nos pusimos frente a la naturaleza, nos enfrentamos a ella, y en ello ciframos nuestra trascendencia, nuestra humanidad. Y así nos fue.

Porque trascendencia respecto de la naturaleza no significa que podamos romper gratuitamente con su dinámica. Que seamos libres y que podamos investigar, comprender y modificar el mundo en que vivimos no significa que todo valga. No hemos puesto nosotros sus "leyes", ni las vamos a ignorar sin serias consecuencias. Esto es válido también para las leyes intrínsecas que rigen nuestro propio ser en el mundo. Los humanos podemos levantar nuestra cabeza por encima de los determinismos naturales... pero para comprender su riqueza y su sentido y liberarlos de sus falencias, no para ignorarlos; para reducir el azar, no para pisotear las finalidades que se fueron ajustando durante cientos de miles de años. Esa es la función de la ciencia y la técnica, que no pueden tener lugar disociadas de las profundas corrientes de la vida. Libres, pero no disociados de la naturaleza que nos fue dada. La ciencia y la técnica se mueven en una dimensión creativa: desde la primera incultura primordial y por medio de la inteligencia y el trabajo, crean cultura. La primera forma de incultura se transforma en cultura. Pero si no se respetan las leyes que la naturaleza lleva en sí, entonces la actividad humana es destructiva, produce caos; es decir se da una segunda forma de incultura, un nuevo caos capaz de destruir al mundo y a la humanidad.

Cito al Papa hablándoles a los participantes de un Congreso hace sólo dos meses: "No todo lo que es científicamente factible es también éticamente lícito. Fiarse ciegamente de la técnica como única garante de progreso, sin ofrecer al mismo tiempo un código ético que hunda sus raíces en la misma realidad que se estudia y desarrolla, equivaldría a hacer violencia a la naturaleza humana, con consecuencias devastadoras para todos".

Precisamente porque no somos sólo "naturaleza" en el sentido moderno del término, porque no somos sólo física, química, biología, es que podemos interrogarnos por el sentido y estructura de nuestro ser natural y ubicarnos en continuidad con ello. Es decir, con sabiduría, y no con arbitrariedad, creando "cosmos" y no "caos".

Pensemos las múltiples ramificaciones que tiene esta idea. Como educadores, tendrán que asumir el desafío de contribuir a una nueva sabiduría ecológica que entienda el lugar del hombre en el mundo y que respete al mismo hombre que es parte del mundo. El sentido de la ciencia y la técnica, de la producción y el consumo, del cuerpo y de la sexualidad, de los medios por los cuales somos partícipes de la creación y transformación del mundo dado por Dios, merece una rigurosa meditación en nuestras comunidades y en nuestras aulas; meditación que no excluye una conversión de la mente y el corazón para ir más allá de la dictadura del consumismo, de la imagen y de la irresponsabilidad. Y conste que no me estoy refiriendo a acciones espectaculares: ¿por qué, por ejemplo, no hacer de nuestras escuelas el lugar donde se pueda lleva a cabo un replanteo de nuestros hábitos de consumo? ¿No podríamos ponernos a imaginar, junto con las familias de nuestras comunidades educativas, nuevas y mejores formas de alimentarnos, de festejar, de descansar, de elegir los objetos que acompañarán nuestros pasos en el mundo? Revalorizar lo gratuito en vez de lo que sólo vale si cuesta, revalorizar lo que implica tiempo y trabajo compartido en vez de lo "ya hecho" para el rápido descarte. Revalorizar asimismo la belleza plural y diversa de las personas en vez de someternos a la dictadura de los cuerpos estandarizados o de las diferencias entendidas como motivos de discriminación.

Un humanismo trascendente nos invita, entonces, a replantear el modo en que somos parte de la "naturaleza" sin reducirnos a ella. Pero hay más.

Dignidad trascendente: la trascendencia del amor

La dignidad trascendente de la persona también implica la trascendencia respecto del propio egoísmo, la apertura constitutiva hacia el otro.

La concepción cristiana de "persona humana" no tiene mucho que ver con la posmoderna entronización del individuo como único sujeto de la vida social. Algunos autores han denominado "individualismo competitivo" a la ideología que, luego de la "caída de las certezas de la modernidad", se ha adueñado de las sociedades occidentales. La vida social y sus instituciones tendrían como única finalidad la consecución de un campo lo más ilimitado posible para la libertad de los individuos.

Pero, como les decía en un mensaje anterior, la libertad no es un fin en sí mismo, un agujero negro detrás del cual no hay nada, sino que se ordena a la vida más plena de la persona, de todo el hombre y todos los hombres. Ahora bien, una vida más plena es una vida más feliz. Todo lo que podamos imaginar como parte de una "vida feliz" incluye a mis semejantes. No hay humanismo realista y verdadero si no incluye la afirmación plena del amor como vínculo entre los seres humanos; en las distintas formas en que ese vínculo se realiza: interpersonales, íntimas, sociales, políticas, intelectuales, etc.

Esta afirmación podría parecer obvia. ¡Pero no lo es! La relación primordial del hombre con su semejante ha sido formulada de otras maneras en la historia del pensamiento y de la política. Recordemos algunas definiciones: "el hombre es lobo para hombre"; "antes de toda regulación estatal la sociedad es una guerra de todos contra todos"; "el lucro es el motor principal de toda actividad humana..." Desde algunas de esas perspectivas, el hombre (el individuo humano) es libre sobre todo para adueñarse de los bienes de la tierra y así satisfacer sus deseos. Como cae de maduro, considerará al otro (que también quiere esos bienes) como un límite para su libertad. Ya conocemos la máxima: "tu libertad termina donde empieza la de los demás". Es decir: "si los demás no estuvieran, vos serías más libre"... Es la exaltación del individuo "contra" los demás; la herencia de Caín: si es de él, no es mío; si es mío no puede ser de él.

Esta definición "negativa" de la libertad termina siendo la única posible si partimos del absolutismo del individuo; pero no lo es si consideramos que todo ser humano está esencialmente referido a su semejante y a su comunidad. En efecto: si es verdad que la palabra, uno de los rasgos principales distintivos de la persona, no nace exclusivamente en nuestro interior sino que se amasa en las palabras que me han sido transmitidas y me han convertido en lo que soy (la "lengua materna", lengua y madre); si es verdad que no hay humanidad sin historia y sin comunidad (porque nadie "se hizo solo", como les gusta farfullar a las ideologías de la depredación y la competencia); si nuestro hablar siempre es respuesta a una voz que nos habló primero (y, en última instancia, a la Voz que nos puso en el ser), ¿qué otro sentido puede tener la libertad que no sea abrirme la posibilidad de "ser con otros"? ¿Para qué quiero ser libre si no tengo ni un perro que me ladre? ¿Para qué quiero construir un mundo si en él voy a estar solo en una cárcel de lujo? La libertad, desde este punto de vista, no "termina", sino que "empieza" donde empieza la de los demás. Como todo bien espiritual, es mayor cuanto más compartida sea.

Pero vivir esta libertad "positiva" implica también, como se señala más arriba, una completa "revolución" de características imprevisibles, otra forma de entender la persona y la sociedad. Una forma que no se centre en objetos a poseer, sino en personas a quienes promover y amar.

Porque suceden ciertas cosas que deberían provocarnos alarma: por ejemplo ¿qué clase de locura es aquélla por la cual un adulto puede llegar a denunciar a la Justicia a un niño de cinco años porque le sacó un juguete a su hijo en el jardín, como efectivamente pasó entre nosotros hace un par de años? Ni más ni menos que la locura en que estamos sumergidos todos, en mayor o menor medida: la locura de juzgar toda nuestra vida, personal y social, por los objetos que poseemos o no poseemos. La lógica según la cual un hombre vale lo que tiene o lo que puede llegar a tener. La lógica de lo que me puede dar (siempre hablando materialmente) o, si queremos ser más crueles, lo que le puedo arrebatar. La lógica basada en la idea de que la vida humana, personal y social, no se rige por la condición de persona de cada uno de nosotros, por nuestra dignidad y a través de nuestra responsabilidad (nuestra capacidad de responder a la palabra que nos convoca), sino por relaciones centradas en objetos inertes. Es decir, ¡la intrascendencia de la persona respecto a la mera pulsión de apoderarse de cosas! Fíjense cómo, por otro camino, llegamos a la misma idea con que empezó esta reflexión.

Esta antropología de la intrascendencia encuentra su excusa y su caldo de cultivo en la hiperinflación que en las últimas décadas ha tenido el concepto de "mercado". Insistencia (en muchos casos, prácticamente absolutización) que desde una perspectiva cristiana no se ha dudado en denominar idolatría.

Aclaremos un poco las cosas. No estamos demonizando el mercado como una cierta forma de organizar nuestros intercambios y pensar el mundo de la economía. Pero el problema es que la idea de "mercado", casi en su origen, no alude a otra cosa que a muchísima gente comprando y vendiendo. Todo lo que no sea comprar o vender, no forma parte de él. El problema radica en que no todo se compra ni todo se vende. Algunas cosas, porque "no tienen precio", por ejemplo, los bienes que llamamos "espirituales": el amor, la alegría, la compasión, la verdad, la paciencia, el coraje, etc.; pero otras, simplemente porque el que debería comprarlas para su utilidad y necesidad no puede hacerlo, porque no tiene dinero, capacidad, salud, etc.

Esto aporta toda una nueva serie de problemas, a los cuales no es la primera vez que me refiero: como por ejemplo para "ser alguien" (es decir, para "existir" en el mundo como mercado) hay que "tener" cosas, si yo no puedo tenerlas "por las buenas" (es decir, por poseer algo que el mercado considere valioso para ofrecer), no me quedará otra que aceptar que "no existo", que no hay para mí ningún lugar, ni siquiera el último... o intentar tenerlas "por las malas". Y como el mundo de la economía no se rige tanto por las necesidades reales sino por lo que es más rentable (aunque sea superfluo), habrá muchísimos que "no tienen" pero querrán "seguir siendo". De modo que los que "sí tienen" deberán redoblar sus cuidados y multiplicar sus rejas a fin de que aquellos que fueron expulsados no traten de entrar por las ventanas...las de la sociedad... y también las de sus casas. ¿Historia conocida? Exclusión por un lado, auto reclusión por el otro, son las consecuencias de la lógica interna del reduccionismo economicista. ¿Aceptaremos que estos son "los tristes laureles que supimos conseguir"? ¿O nos decidiremos a sacudirnos el lastre de intrascendencia e individualismo que se nos ha ido acumulando, para imaginar y poner en práctica otra antropología?

¿Cuál será la clave para esta otra antropología? Conciencia de ciudadanos, dirán algunos. Solidaridad. Conciencia de pueblo. ¿Por qué no reconducirla hacia su fuente, aunque parezca débil o romántica, y llamarla amor? Porque ésa, verdaderamente, es una de las claves de la dignidad trascendente de la persona.

Dignidad trascendente de los hijos de Dios

Llegamos así a la dimensión última de la trascendencia humana. No basta con reconocer y vivir una nueva conciencia ecológica que supere toda reducción determinista a lo natural-biológico, y una nueva conciencia humanística y solidaria que se oponga a la bruma del egoísmo individualista y economicista. Las mujeres y hombres que vivimos en la tierra soñamos con un mundo nuevo que en su plenitud probablemente no veremos con nuestros ojos, pero lo queremos, lo buscamos, lo soñamos. Un escritor latinoamericano decía que tenemos dos ojos: uno de carne y otro de vidrio. Con el de carne miramos lo que vemos, con el de vidrio miramos lo que soñamos. Pobre una mujer o un hombre, pobre un pueblo, que clausura la posibilidad de soñar, que se cierra a las utopías. Por ello, es parte de la dignidad trascendente del hombre su apertura a la esperanza.

Hace algunos años les decía que la esperanza no es un "consuelo espiritual", una distracción de las tareas serias que requieren nuestra atención, sino una dinámica que nos hace libres de todo determinismo y de todo obstáculo para construir un mundo de libertad, para liberar a esta historia de las consabidas cadenas de egoísmo, inercia e injusticia en las cuales tiende a caer con tanta facilidad. Es una determinación de apertura al futuro. Nos dice que siempre hay un futuro posible. Nos permite descubrir que las derrotas de hoy no son completas ni definitivas, liberándonos así del desaliento; y que los éxitos que podemos obtener tampoco lo son, salvándonos de la esclerosis y el conformismo. Nos revela nuestra condición de seres no terminados, siempre abiertos a algo más, en camino. Y nos agrega la conciencia creyente, la certeza de un Dios que se mete en nuestra vida y nos auxilia en ese camino.

Esta conciencia de trascendencia como apertura es imprescindible para ustedes, queridos educadores. Sabemos que educar es apostar al futuro. Y el futuro es regido por la esperanza.

Pero la antropología cristiana no se queda ahí. Esa apertura no es, para el creyente, solamente una especie de indeterminación difusa respecto de los fines y sentidos de la historia personal y colectiva. Porque también es posible y sumamente peligroso superar el desánimo y el conformismo... para caer en una especie de relativismo que pierde toda capacidad de evaluar, preferir y optar. No se trata sólo de construir sin garantías ni raíces memoriosas. Se trata de poder fundar esa construcción en un sentido que no quede librado al azar de las inspiraciones momentáneas o de los resultados, a la suerte de las coincidencias o, finalmente, a la voz que logra gritar más fuerte e imponerse sobre las demás.

La trascendencia que nos revela la fe nos dice además, que esta historia tiene un sentido y un término. La acción de Dios que comenzó con una Creación en cuya cima está la creatura que podía responderle como imagen y semejanza suya, con la cual entabla una relación de amor y que alcanzó su punto maduro con la Encarnación del Hijo, tiene que culminar en una plena realización de esa comunión de un modo universal. Todo lo creado debe ingresar en esa comunión definitiva con Dios iniciada en Cristo Resucitado. Es decir, caminamos hacia un término que es cumplimiento, acabamiento positivo de la obra amorosa de Dios. Un término que no es resultado inmediato o directo de la acción humana, sino que es una acción salvadora de Dios, el broche final de la obra de arte que Él mismo inició y en la cual quiso asociarnos como colaboradores libres; y el último sentido de nuestra existencia se resuelve en el encuentro personal y comunitario con el Dios-Amor, más allá incluso de la muerte.

Los cristianos creemos que no todo es lo mismo. No vamos a cualquier lado. No estamos solos en el universo. Y esto, que a primera vista puede parecer tan "espiritual", puede también ser absolutamente decisivo y dar lugar a un vuelco radical en nuestra forma de vivir, en los proyectos que imaginamos y tratamos de desarrollar, en los sentidos y valores que sostenemos y transmitimos.

Es verdad que no todos comparten nuestras creencias acerca del sentido teológico de la historia humana. Pero eso no tiene por qué cambiar un milímetro el significado que aporta a nuestra acción. Aún cuando muchos hermanos nuestros no profesen nuestro Credo, sigue siendo fundamental que nosotros sí lo hagamos. Fundamental para nosotros y también para ellos, aunque no puedan verlo, en la condición de que por ese camino, estaremos colaborando en la llegada del Reino para todos, aun para los que no han podido reconocerlo en los signos eclesiales.

La certeza en la acción escatológica de Dios que instaurará su Reino en el fin de los tiempos tiene un efecto directo sobre nuestra forma de vivir y de actuar en medio de la sociedad. Nos prohíbe cualquier tipo de conformismo, nos quita excusas para las medias tintas, deja sin justificación toda componenda o "agachada". Sabemos que hay un Juicio, y ese Juicio es el triunfo de la justicia, el amor, la fraternidad y la dignidad de cada uno de los seres humanos, empezando por los más pequeños y humillados; entonces no tenemos forma de hacernos los distraídos. Sabemos de qué lado tenemos que estar entre las alternativas que se nos plantean, entre cumplir las leyes o esquivarlas con "viveza criolla", entre decir la verdad o manipularla para nuestra conveniencia, entre dar respuesta al necesitado que encontramos en la vida o cerrarle la puerta en la cara, entre buscar y ocupar el lugar que nos corresponde en la lucha por la justicia y el bien común, según la posibilidades y competencias de cada uno, o "borrarnos olímpicamente" construyéndonos nuestra propia burbuja, entre una y otra opción en cada encrucijada cotidiana, sabemos de qué lado tenemos que estar. Y esto, en los tiempos que corren, no es poca cosa.

Una nueva humanidad
que puede empezar en cada escuela

Profesar una creencia y sostener una determinada manera de ver a la persona y de querer ser seres humanos no es una actitud con mucha prensa en estos tiempos de relativismo y caída de las certezas. "A río revuelto ganancia de pescadores": cuanto menos certezas, más lugar para que nos convenzan de que lo único sólido y cierto es lo que los *slogans* del consumo y la imagen nos proponen.

Pero lo último que debemos hacer es atrincherarnos defensivamente y lamentarnos amargamente por el estado del mundo. No nos es lícito convertirnos en unos "desconfiadores" a *priori* (que no es lo mismo que tener pensamiento crítico, sino su versión obtusa) y felicitarnos entre nosotros, en nuestro mundillo clausurado, por nuestra claridad doctrinal y nuestra insobornable defensa de las verdades... defensas que sólo terminan sirviendo para nuestra propia satisfacción. Se trata de otra cosa: de hacer aportes positivos. Se trata de anunciar, de empezar a vivir en plenitud de otra manera, convirtiéndonos en testigos y constructores de otra forma de ser humanos, lo cual no va a darse, convenzámonos, con miradas hoscas y temples de criticones. Se trata de implementar nuestra vocación más profunda no enterrando el denario, sino de salir convencido no sólo de que las cosas se pueden cambiar sino que hay que cambiarlas y que las podemos cambiar.

Jonás es una figura de la Biblia que nos puede inspirar en tiempos de cambio e incertidumbre; es un personaje que puede estar espejando actitudes nuestras, en muchos casos educadores con experiencia acumulada, con estilos y formas aquilatadas de proceder. Él vivía tranquilo y ordenado, con ideas muy claras sobre el bien y el mal, sobre cómo actúa Dios y qué es lo que quiere en cada momento; sobre quiénes son fieles a la alianza y quiénes no. Tanto orden lo llevó a encuadrar con demasiada rigidez los lugares donde había que desplegar su misión de profetizar. Jonás tenía la receta y las condiciones para ser un buen profeta y continuar la tradición profética en la línea de "lo que siempre se había hecho".

De pronto, Dios desbarató su orden irrumpiendo en su vida como un torrente, quitándole todo tipo de seguridades y comodidades para enviarlo a la gran ciudad a proclamar lo que Él mismo le dirá. Era una invitación a asomarse más allá del borde de sus límites, ir a la periferia. Lo envía a Nínive, «la gran ciudad», símbolo de todos los separados, alejados y perdidos. Jonás experimentó que se le confiaba la misión de recordar a toda aquella gente, tan perdida, que los brazos de Dios estaban abiertos y esperando que volvieran para curarlos con su perdón y alimentarlos con su ternura. Pero esto casi no entraba en todo lo que Jonás podía comprender, y se escapó. Dios lo mandaba a Nínive, y él se marchó en dirección contraria, a Tarsis, para el lado de España.

Las huidas nunca son buenas. El apuro nos hace no estar demasiado atentos y todo puede volverse un obstáculo. Embarcado hacia Tarsis se produce una tempestad y los marineros lo tiran al agua porque confiesa que él tiene la culpa. Estando en el agua un pez se lo traga. Jonás, que siempre había sido tan claro, tan cumplidor y ordenado, no había tenido en cuenta que el Dios de la alianza no se retracta de lo que juró, y es "machaconamente" insistidor cuando se trata del bien de sus hijos. Por eso, cuando a nosotros se nos acaba la paciencia, Él comienza a esperar haciendo resonar muy suavemente su palabra entrañable de Padre.

Lo mismo que Jonás, podemos escuchar una llamada persistente que vuelve a invitarnos a correr la aventura de Nínive, a aceptar el riesgo de protagonizar una nueva educación, fruto del encuentro con Dios que siempre es novedad y que nos empuja a romper, partir y desplazarnos para ir más allá de lo conocido, hacia las periferias y las fronteras, allí donde está la humanidad más herida y donde los chicos y chicas, por debajo de la apariencia de la superficialidad y conformismo, siguen buscando la repuesta a la pregunta por el sentido de la vida. En la ayuda para que nuestros hermanos encuentren una respuesta también nosotros encontraremos renovadamente el sentido de toda nuestra acción y el gozo de nuestra vocación, el lugar de toda nuestra oración y el valor de toda nuestra entrega.

Permítanme terminar mi mensaje, como otros años, con algunas propuestas que junto a otras que a ustedes se les ocurran, puede que ayuden a llevar adelante estos deseos y propósitos. Lo haré en forma de preguntas:

¿Por qué no intentamos vivir y transmitir la prioridad de los valores no cuantificables: la amistad (¡tan cara, esta vez en el mejor sentido de la palabra, a nuestros adolescentes!), la capacidad de festejar y disfrutar simplemente de los buenos momentos (¡aunque unas cuantas hormigas cuchicheen contra el violín de la cigarra!), la sinceridad, ésa que produce paz y confianza y la confianza que alienta la sinceridad? Fácil decirlo, tan poético como suena... pero sumamente exigente vivirlo, ya que implica arrancarnos de mucho tiempo de eficientismo y materialismo enquistado en nuestras más arraigadas creencias... arrancamos del sometimiento y adoración al dios "gestión exitosa".

¿Por qué no inventamos nuevas formas de encuentro entre nosotros, sin segundas intenciones? ¿Por qué no buscamos la forma de que el espacio del que disponemos en nuestros colegios pueda multiplicar sus potencialidades, imaginando formas de recibir colaboración e ideas de muchos, haciendo de nuestras casas lugares de inclusión y encuentro de las familias, los jóvenes, las personas mayores y los niños? No será fácil: exige tener en cuenta y resolver multitud de cuestiones prácticas. Pero tener que resolverlas es eso, resolverlas, no renunciar a tratar de hacerlo.

¿Por qué no nos atrevemos a incorporar en nuestras clases más testimonios de cristianos y personas de buena voluntad que han soñado con una humanidad distinta, sin pretender una exhaustiva correspondencia con alguna norma preestablecida, cualquiera fuera? Sabemos que ese tipo de figuras tienen una fuerza enorme como símbolos de la utopía y la esperanza, más que como modelos para seguir a la letra. ¿Por qué no alegrarnos de que la humanidad haya dado hijos suyos que permitieron mantener la cabeza en alto a generaciones enteras? Recordar y celebrar, según el estilo, la cultura y la historia de cada comunidad, a mujeres y hombres que han brillado no por sus millones o por las luces "truchas" con que los han iluminado, sino por la fuerza misma de su virtud y su alegría, por la calidad desbordante de su dignidad trascendente... Claro, venimos de una historia de desconfianzas, exclusiones, sospechas mutuas, descalificaciones... ¿No será ya hora de darnos cuenta de que lo peor que nos puede pasar no es despertar sueños y esperanzas que luego podrán ser maduradas y sostenidas, sino quedarnos en una chatura mortal en la cual nada tiene relevancia, nada tiene trascendencia; quedarnos en la cultura de la pavada?

Por último, ¿por qué no ponernos a buscar la forma de que cada persona recupere y ya no pierda aquello que le es más propio, aquello que es el signo por excelencia de su espíritu, aquello que arraiga en su ser mundano pero lo trasciende hasta el punto de ubicarlo en posición de dialogar con su Creador? No hace falta aclararlo demasiado: me refiero al don de la palabra. Don que exige muchas cosas de nuestra parte: responsabilidad, creatividad, coherencia... Exigencias que no nos eximen de animarnos a tomar la palabra y sobre todo, queridos educadores, de darla. Tomar y dar la palabra generando el espacio para que esa palabra, en labios de nuestros chicos y jóvenes, crezca, se fortalezca, eche raíces, se eleve. Acogiendo esa palabra, que a veces podrá ser molesta, cuestionadora, quizás alguna vez hasta hiriente, pero también creativa, purificadora, nueva...

Palabra humana que adquiere tal relevancia cuando se hace diálogo con el mismo Dios, que nos hace grandes en nuestra pequeñez, que nos hace libres frente a cualquier poder porque nos torna habitual el trato con Él que es quien más puede, que desarrolla en nosotros una sensibilidad especial a la vez que ensancha horizontes, que nos deslumbra y enamora. Esa posibilidad entrañable de orar, es un derecho que cada chico y cada joven está en condiciones de ejercer. Y entonces, ¿si oramos?, ¿si enseñamos a orar a nuestros chicos y jóvenes?

Ensayemos estos y otros intentos. Veremos que una nueva humanidad se irá manifestando, más allá de los reduccionismos que achicaron el tamaño de nuestra esperanza. No basta con constatar lo que falta, lo que se perdió: es preciso que aprendamos a construir lo que la cultura no da por sí misma, que nos animemos a encarnarlo, aunque sea a tientas y sin plenas seguridades. Eso es lo que debe poder encontrase en nuestras escuelas católicas. ¿Pedimos milagros? ¿Y por qué no?

Mensaje a las Comunidades Educativas, 2007

"**A**QUÍ TIENES A **TU MADRE.**
Y DESDE AQUEL MOMENTO,
EL DISCÍPULO **LA RECIBIÓ**
EN SU **CASA**"

JN 19, 27

Nosotros necesitamos
DE SU MIRADA TIERNA

Escuchamos cómo Jesús miró a su Madre. Desde la cruz, la miró y nos mostró a todos nosotros y le dijo: "Éste es tu Hijo, estos son tus hijos". Y María, al sentir esa mirada de Jesús, habrá recordado cuando jovencita, treinta y tantos años antes, sintió aquella otra mirada que la hizo cantar de júbilo: la mirada del Padre. Y sintió que el Padre había mirado su pequeñez. La pequeña María, nuestra Madre a quien hoy vinimos a ver, y a encontrarnos con su mirada. Porque su mirada es como la continuación de la mirada del Padre que la miró pequeñita y la hizo Madre de Dios. Como la mirada del Hijo en la cruz que la hizo Madre nuestra, y con esa mirada hoy nos mira. Y hoy nosotros, después de un largo camino, vinimos a este lugar de descanso, porque la mirada de la Virgen es un lugar de descanso, para contarle nuestras cosas.

Nosotros necesitamos de su mirada tierna, su mirada de Madre, esa que nos destapa el alma. Su mirada que está llena de compasión y de cuidado. Y por eso hoy le decimos: Madre, regálanos tu mirada. Porque la mirada de la Virgen es un regalo, no se compra. Es un regalo de Ella. Es un regalo del Padre y un regalo de Jesús en la cruz. Madre, regálanos tu mirada.

Venimos a agradecer que su mirada esté en nuestras historias. En ésa que sabemos cada uno de nosotros, la historia escondida de nuestras vidas. Esa historia con problemas y con alegrías. Y luego de este largo camino, cansados, nos encontramos con su mirada que nos consuela y le decimos: Madre, regálanos tu mirada.

En la mirada de la Virgen, tenemos un regalo permanente. Es el regalo de la misericordia de Dios, que la miró pequeñita, y la hizo su Madre. De la misericordia de Dios, que la miró desde la cruz, y la hizo Madre nuestra. Esa misericordia del Padre bueno, que nos espera en cada recodo del camino. Y para encontrarnos con ese Padre, hoy le decimos a nuestra Madre: Madre, regálanos tu mirada.

Pero no estamos solos, somos muchos, somos un pueblo, y la mirada de la Virgen, nos ayuda a mirarnos entre nosotros de otra manera. Aprendemos a ser más hermanos, porque nos mira la Madre. A tener esa mirada que busca rescatar, acompañar, proteger. Aprendemos a mirarnos en su mirada de Madre.

La mirada de la Virgen nos enseña a mirar a los que naturalmente miramos menos, y que más necesitan: los más desamparados, los que están solos, los enfermos, los que no tienen con qué vivir, los chicos de la calle, los que no conocen a Jesús, los que no conocen la ternura de la Virgen, los jóvenes que están mal.

No tengamos miedo para salir a mirar a nuestros hermanos con esa mirada de la Virgen, que nos hermana y así iremos tejiendo con nuestros corazones y con nuestra mirada esa cultura del encuentro que tanto necesitamos, que tanto necesita nuestra Patria.

Finalmente, no dejemos que nada se nos interponga a la mirada de la Virgen. Madre, regálanos tu mirada. Que nadie me la oculte. Que mi corazón de hijo la sepa defender de tantos mercachifles que prometen ilusiones; de los que tienen la mirada ávida de vida fácil, de promesas que no pueden cumplirse. Que no nos roben la mirada de la Virgen, que es mirada de ternura y mirada que nos fortalece desde dentro. Mirada que nos hace fuertes de fibra, que nos hace hermanos, que nos hace solidarios. Madre, que no me desoriente de tu mirada; le pedimos... regálamela Madre. Que nunca dude de que me estás mirando con la ternura de siempre, y que esa mirada me ayude a mirar mejor a los demás, a encontrarme con Jesucristo, a trabajar para ser más hermano, más solidario, más encontrado con los demás. Y así juntos podamos venir a esta casa de descanso bajo la ternura de tu mirada. Madre, regálanos tu mirada.

Homilía, 25º peregrinación Juvenil al Santuario de Luján, 1999

"Ayúdanos a encontrar a Jesús en cada hermano"

Nuestra visita a la casa de la Virgen este año tiene un significado especial, le hemos pedido que podamos encontrar a su Hijo en cada hermano.

Caminamos muchos kilómetros porque nos cuesta este amor pero lo pedimos, necesitamos de su ayuda para encontrar a Jesús en cada hermano. No queremos pasar indiferentes ante el hermano; no queremos destruirnos entre hermanos. Queremos encontrarnos como hermanos, trabajar para que esta fraternal cultura del encuentro sea realidad. Y, en este camino, entregamos esfuerzos para cambiar en el corazón lo que nos impide ser más hermanos.

Queremos ser generosos y a veces nos duele no poder serlo, por eso le pedimos a nuestra Madre: "Ayúdanos a encontrar a Jesús en cada hermano".

Como los otros años vinimos a mirarla y a descansar con Ella. Hay mucho en la vida que nos agobia, pero sabemos que aquí nos espera y que no nos pregunta para qué vinimos y nos recibe. Ella sabe que caminamos porque necesitamos de este encuentro. Sabe también que hacemos un largo camino para mirarnos y encontrarnos, para ser más hermanos.

Ella también hizo un largo camino y nos trajo a Jesús, este Año Santo que estamos viviendo celebramos de un modo especial el nacimiento de Jesús. Ella, con su vida, nos muestra el camino para encontrarlo a Él y es el camino de los hermanos.

Ustedes, jóvenes, que siempre están dispuestos a darse, a salir a caminar, como hoy hasta Luján.

Ustedes que quieren ser fieles y que viven todo con pasión, ¿no se animan a vivir este camino del amor con Jesús; de este amor entre hermanos? Este camino de encuentro del que tanto necesitamos los argentinos.

Jesús y su Madre, aquí en Luján los reciben, los quieren acompañar y los invitan a la constancia en este camino. A no claudicar en la fraternidad del encuentro. Vinimos a encontrarnos con este amor sincero y ofrecido de Jesús que siempre nos deja una huella en el corazón, una huella de esperanza para seguir caminando. Necesitamos de esta esperanza.

Nos decimos y le decimos: "Madre, que veamos a Jesús en cada hermano".

Lo necesitamos, nos hace bien.

Homilía, 26° Peregrinación Juvenil al Santuario de Luján, 2000

"Madre ayúdanos.
Queremos ser un solo pueblo"

Desde hace 30 años, como pueblo creyente, compartimos este rito de venir hasta la casa de nuestra Madre y lo hacemos con la confianza puesta en Ella que nos recibe y nos protege.

Hace 30 años la juventud peregrinaba hasta aquí pidiendo por la Patria. Hoy nos une ese mismo sentimiento: querer ser un solo pueblo. Y aquí estamos juntos recibiendo los mismos cuidados de la Madre.

Celebramos lo que significó haber caminado estos kilómetros, haber pasado en silencio ante la imagen y mirarla. Contarle lo que fuimos trayendo en el camino. Lo que muchos nos pidieron que le digamos al verla. Cosas que se comparten en su Casa, que es nuestra casa, la casa de nuestra familia, la casa de nuestro pueblo.

A muchos, desde chicos, nos trajeron para recibir el Bautismo o para mostrarnos la imagen de Ella que se quedó para recibirnos. Y así fuimos conociendo y se nos fue haciendo familiar esta Casa, y tomamos la costumbre de venir a visitar a la Virgen, a estar cerca de Ella, a tener este encuentro que nos descansa.

Así, con estas cosas sencillas y profundas ha ido creciendo nuestro pueblo. Hay muchas historias de vida que aquí se han reconstruido. Nuestro pueblo hunde sus raíces en un anhelo de fraternidad y deseo de familia. Hoy venimos a decirle a la Madre que queremos ser un solo pueblo; que no queremos pelearnos entre nosotros; que nos defienda de los que quieren dividirnos. Que queremos ser familia y que para eso no necesitamos de ninguna ideología revanchista que pretenda redimirnos. Nos basta su cariño de Madre, a Ella le pedimos: "Madre queremos ser un solo pueblo".

No dejamos de agradecerle que la imagen de su limpia y Pura Concepción se haya quedado milagrosamente en las orillas del río Luján fundando esta Villa. Por eso, nosotros como pueblo peregrino nos seguimos dando cuenta de que crecemos porque aquí hay alguien que nos convoca y nos reúne. Mirando ésta, su casa y nuestra casa, le decimos: "Madre queremos ser un solo pueblo".

Sabemos que María después de la cruz cargó el cuerpo de Jesús. Es un momento triste y sagrado que al recordarlo nos da esperanza, porque es el cariño grande de nuestra querida Madre. Aquí está la grandeza de Dios. En los momentos donde todo parece que se va a perder, Dios manifiesta el amor en su mayor grandeza, el que nos hace fuertes. Es el amor que hoy nos llevamos en el corazón, es la bendición que nos llena y hace que nosotros también carguemos con tantos hermanos nuestros que, a la vuelta de esta visita, seguramente tendremos que levantar. Con este deseo de ayudarnos unos a otros le decimos: "Madre, queremos ser un solo pueblo".

Que nada nos separe de todo esto que tanto creemos. Que nadie venga a engañarnos ni a dividirnos. Estas son las grandezas de Dios, así Él las ha querido. En el silencio del milagro de las carretas se construyó un milagro sin palabras, un milagro que, a cada uno, la Virgen se lo va diciendo despacito, al corazón de sus hijos, en estas peregrinaciones. Vinimos para un descanso en nuestro camino, un descanso del corazón. Volvamos renovados a casa. Aquí dejamos lo que nos cuesta cargar solos todos los días. Llevemos en nuestros corazones el gozo de haber estado cerca de la que quiso quedarse para protegernos. Y con mucha fe digamos juntos: "Madre ayúdanos, queremos ser un solo Pueblo".

Homilía, 30º Peregrinación Juvenil al Santuario de Luján, 2004

"Madre, ayúdanos a cuidar la vida"

La XXXI peregrinación juvenil al Santuario de Luján tiene como lema: "Madre, ayúdanos a cuidar la vida". Le pedimos a nuestra Madre esta gracia: que nos ayude a cuidar toda vida y toda la vida. Lo hacemos con el grito filial de la oración y la confianza que nos da la Virgen. Ella le dijo

a san Juan Diego: "¿No estoy yo aquí que soy tu madre?"
Saber que está cerca con su ternura maternal nos da fortaleza para seguir pidiéndole, con corazón de niños: "Madre
ayúdanos a cuidar la vida". Y, a la luz de esta oración filial,
quiero proponer a la reflexión de ustedes un problema de
vida que afecta a nuestra ciudad.

En los últimos años se han incorporado al paisaje ciudadano nuevas realidades: cortes de calles, piquetes, gente
viviendo en las veredas... Una realidad, a mi parecer la más
dolorosa, que se ha impuesto en este paisaje, tiene como
protagonistas a los niños. La presencia de situaciones injustas y riesgosas de las que son víctimas nuestros niños, niñas
y adolescentes nos golpean y conmueven.

Niños y jóvenes en situación de calle, mendigando, dur-
miendo en estaciones de subtes y ferrocarriles, en zaguanes
y recovas; en ocasiones "aspirando" solos o en grupos. Todas
realidades habituales en el paisaje ciudadano cotidiano.

Niños y adolescentes cartoneando y hurgando en la
basura en búsqueda quizá de su única comida diaria, aun en
horas entradas de la noche.

Niños y jóvenes, muchas veces bajo la mirada de mayores
que los regentean, ocupados en diversos trabajos formales
e informales: vendiendo, haciendo malabarismos, limpiando vidrios, abriendo puertas de automóviles o repartiendo
estampitas en los subtes.

En la ciudad de Buenos Aires está prohibida la "tracción
a sangre". Si aparece un carrito de cartoneros tirado por un
caballo puede ser decomisado... Pero hay cientos de carritos
de cartoneros que andan por todas partes (los veo diariamente en el microcentro) y como no pueden ser llevados por
un caballo, entonces muchas veces los empujan los chicos.
¿Es que estos chicos no son "tracción a sangre"?

El pasado 13 de agosto, por los diarios, nos enteramos que una red de pedofilia funcionaba en los barrios de Chacarita, Floresta, Congreso, Recoleta, San Telmo, Montserrat, Núñez, Palermo y Caballito. Chicos y chicas entre 5 y 15 años, manteniendo relaciones con mayores. Hace unos años nos rasgábamos las vestiduras cuando sabíamos que los Sex-Tours organizados en Europa hacia ciertos lugares de Asia incluían sexo con niños... y ahora lo tenemos instalado aquí, incluso en los menús de algunos alojamientos lujosos.

Es una realidad dolorosa la creciente utilización de niños y adolescentes en el tráfico de drogas. Resulta también aberrante el consumo masivo de alcohol, por parte de niños y jóvenes, con la complicidad de comerciantes inescrupulosos. Incluso, a veces, se observa como práctica la ingesta de bebidas alcohólicas en niños de corta edad.

Por otra parte, los datos de la realidad nos señalan que la mayoría de nuestros niños son pobres y que alrededor del 50% de los pobres son niños. Los niveles de indigencia se expresan dramáticamente en la actualidad y en nuestro futuro próximo, con consecuencias ciertas a partir de carencias nutritivas, ambientales, insalubridad, violencia y promiscuidad naturalizadas, que condicionan su crecimiento, problematizan su relación personal y tornan dificultosa su inserción social y comunitaria. Resulta escalofriante que algunas empresas de turismo, como parte de tours que organizan en nuestra ciudad, incorporen a las Villas de Emergencia, donde viven niños en estado de indigencia o pobreza, como lugares de observación y visita para los extranjeros.

La producción cultural, en especial la oferta televisiva, pone a disposición de nuestros niños y jóvenes, como ya lo vienen señalando prestigiosas instituciones y personalidades de nuestra sociedad, programas donde la degradación y frivolidad de la sexualidad, la desvalorización de la familia, la promoción de desvalores maquillados artificialmente como valores y la exaltación de la violencia, junto con una libertad irresponsable y "gánica", son constantes, aportando componentes de conductas que devienen paradigmáticos para nuestra juventud, frente a la pasividad de organismos de control y el financiamiento cómplice de empresas e instituciones.

Esta realidad nos habla de una degradación moral cada vez más extendida y profunda que nos lleva a preguntarnos cómo recuperar el respeto por la vida y por la dignidad de nuestros niños. A tantos de ellos les estamos robando su niñez y les estamos hipotecando su futuro y el nuestro: una responsabilidad que, como sociedad, compartimos y que pesa más sobre los de mayor poder, educación y riqueza.

Y si miramos la realidad religiosa, ¡cuántos niños no saben rezar!, ¡a cuántos no se les ha enseñado a buscar y contemplar el rostro del Padre del Cielo, que los quiere y los prefiere! Grave carencia en el ser mismo de una persona.

Todas estas realidades nos sacuden y confrontan con nuestra responsabilidad de cristianos, con nuestra obligación de ciudadanos, con nuestra solidaridad como partícipes de una comunidad que queremos cada día más fraterna, más digna y más acorde a la dignidad humana y de la sociedad.

Frente a esta realidad de nuestros niños y adolescentes aparecen reacciones diversas que se orientan a un acostumbramiento progresivo de creciente pasividad e indiferencia, una suerte de normalidad de la injusticia; o, por otra parte, una actitud falsamente normativa y de supuesto bien común que reclama represión y creciente control que va, desde la baja de la edad de imputabilidad penal hasta su forzada separación familiar, en ocasiones sometiendo injustamente al sistema judicial situaciones de pobreza familiar o bien promoviendo una discrecional y abusiva institucionalización.

Y así podríamos continuar con esta descripción, la cual entraña un llamado a tomar conciencia. Debemos tomar conciencia de la situación de emergencia de nuestra niñez y juventud. Debemos afrontar nuestras propias responsabilidades personales y sociales ante la emergencia. Debemos asumir como propios los mandatos constitucionales en la materia.

Debemos tomar conciencia de que cada chico marginado, abandonado o en situación de calle, con deficiente acceso a los beneficios de la educación y la salud, es la expresión cabal no sólo de una injusticia sino de un fracaso institucional que incluye tanto a la familia como también a sus vecinos, a las instituciones barriales, a su parroquia y a los distintos estamentos del Estado en sus diversas expresiones. Muchas de estas situaciones reclaman una respuesta inmediata, pero no con la inmediatez de las luces de bengala. La búsqueda e implementación de respuestas no emparchadoras no puede hacernos olvidar que necesitamos un cambio de corazón y de mentalidad que nos lleve a valorar y dignificar la vida de estos chicos desde el seno de su madre hasta que descansen en el seno del Padre Dios, y a obrar cada día en consecuencia.

Debemos adentrarnos en el corazón de Dios y comenzar a escuchar la voz de los más débiles, estos niños y adolescentes, y recordar las palabras del Señor "El que recibe a uno de estos pequeños en mi Nombre, me recibe a mí mismo" (Mt 18, 5); y, "Cuídense de despreciar a cualquiera de estos pequeños, porque les aseguro que sus ángeles en el cielo están constantemente en presencia de mi Padre celestial" (Mt 18, 10). Tanto esas voces como la palabra del Señor deberían conmovernos en nuestro compromiso y en nuestra acción:

Nunca la niñez abandonada en nuestra ciudad.

Nunca la adolescencia y la juventud marginada en nuestra ciudad.

Ningún cristiano, ninguna parroquia, ninguna autoridad indolente o indiferente frente al vía crucis de nuestras familias y de nuestros niños.

Ningún egoísmo, o interés personal o sectorial, menguando el esfuerzo y el compromiso que dilate la necesaria unidad y coordinación para el esfuerzo impostergable e inmediato.

Estoy preocupado y dolorido por esta situación. Por ello quise escribirles esta carta. He tratado el tema con algunos especialistas, con la Vicaría Episcopal de Niños, con la Comisión de Niñez y Adolescencia en riesgo, con algunos jueces y legisladores. En base a lo reflexionado con ellos hago un resumen sintético que añado en ANEXO. Esto nos ayudará sobremanera a reflexionar sobre esta realidad y sé que será útil en el camino de la Asamblea Arquidiocesana. Pero, sobre todo, quisiera que nuestros ojos no se acostumbraran a este nuevo paisaje ciudadano que tiene como protagonistas a los niños. Les pido, por favor, que abramos nuestro corazón a esta realidad dolorosa... Los Herodes de hoy tienen muchos rostros diversos, pero la realidad es la misma: se mata a los niños, se mata su sonrisa, se mata la esperanza... son carne de cañón. Miremos con ojos renovados a estos niños de nuestra ciudad y animémonos a llorar. Miremos a la Virgen y digámosle desde el llanto de nuestro corazón: "Madre, ayúdanos a cuidar la vida".

Con paternal y fraternal cariño.

A N E X O

La conflictiva existencia de un sistema estatal de atención y protección de la niñez y adolescencia, que podemos calificar como "sistema en crisis", pone en evidencia una realidad donde las carencias sistemáticas, los quiebres o conflictos institucionales son habituales, abonando un imaginario social sobre el tema y desnudando nuestra conducta como sociedad.

Esta situación se plantea en un escenario donde, a pesar de la recuperación del crecimiento económico, en nuestra realidad cotidiana se mantiene la distribución injusta de la riqueza, que tan fieramente golpeó a las familias argentinas en el pasado reciente, continuando su tendencia a concentrarse en los niveles de mayor poder y riqueza, sin que los esfuerzos planteados desde las medidas oficiales logren cambiar este sentido que como sociedad nos humilla y nos mortifica.

Las políticas de Estado deben tender al crecimiento económico y a una justa distribución de la renta tal que el desarrollo de los países se compadezca con la calidad de vida de sus habitantes.

"La verdadera y plena protección de los niños significa que éstos puedan disfrutar ampliamente de todos sus derechos, entre ellos los económicos, sociales y culturales, que les asignan diversos instrumentos internacionales. Los Estados Partes en los tratados internacionales de derechos humanos tienen la obligación de adoptar medidas positivas para asegurar la protección de todos los derechos del niño" (Corte Interamericana de Derechos Humanos mediante la Opinión Consultiva OC-17/2002 "Condición Jurídica y Derechos Humanos del Niño", 28 de agosto de 2002, punto 8 de la parte dispositiva).

Por ello, la actividad estatal no puede reducirse a lograr una reforma de legislación en materia de niñez, que se adapte a la Convención sobre los Derechos del Niño, sino que debería hacer hincapié en la efectivización de dicha Convención a través de la gestión monitoreo de las políticas públicas destinadas a restablecer los derechos vulnerados (necesidades insatisfechas). No se trata solamente de dictar leyes sino de cumplirlas adecuadamente mediante una gestión efectiva, en un marco de redistribución de la riqueza y de creación de empleo.

Recordemos, finalmente, la conclusión principal de la Comisión de Trabajo Nro. 8 "Niñez y Jóvenes en Situación de Riesgo" de la VIII Jornadas de Pastoral Social (25 de junio de 2005): "Las políticas de niñez y familia deben ser políticas de Estado, debiéndose crear, monitorear y transformar los programas sociales a tal fin, que a su vez deben tener en cuenta el fortalecimiento y desarrollo de la vida familiar, articulando y cogestionando recursos públicos con la sociedad civil, y reforzando la capacidad de los integrantes de la familia para enfrentar la adversidad y salir fortalecidos".

Se deben realizar esfuerzos tendientes a revalorizar la cultura del trabajo que conlleva las notas típicas de esfuerzo, sacrificio, conducta y disciplina.

El trabajo es una obligación pero también es un derecho que sirve de ejemplo para los niños: los niños al ver a sus padres trabajando visualizan su posible desarrollo, crecimiento y maduración.

Si bien en épocas de crisis económica, donde el desempleo crece, los Estados tienden a subsidiar al empleo o destinar planes para ayudar a la subsistencia de los hombres, estas políticas deben ser herramientas transitorias y no deben constituirse en política de Estado.

Si los Estados no tienen una fuerte política destinada al crecimiento industrial, no crecerá el empleo, una de las formas de asegurar a los habitantes de una Nación la justicia conmutativa.

De allí se mide el nivel de educación, la salud, la justicia, la cultura, el deporte, el fortalecimiento de las familias, el crecimiento y desarrollo de los niños, el cuidado de las personas mayores.

Es necesario proteger el trabajo del hombre. ¿Cómo se lo protege? Instruyendo al hombre, culturalizándolo, entrenándolo, dándole la digna protección legal, dándole descanso, lugar para la recreación, asegurándole condiciones dignas para su vejez, proporcionándole un sistema de salud que lo proteja adecuadamente de sus infortunios laborales.

Los trabajadores no son "instrumentos bípedos, sin libertad, sin moral, que sólo poseen manos que ganan poco y un alma absorta", como sostuviera el abate Sieyes, quien fuera uno de los inspiradores de la Declaración de los Derechos del Hombre y del Ciudadano.

Con la promoción y el fortalecimiento del trabajo de los adultos lograremos evitar el trabajo de los chicos. Es muy difícil que un chico salga a buscar trabajo si sus padres cuentan con un empleo digno que le proporcione la satisfacción de las necesidades de la familia.

Por otra parte, el niño y el adolescente tenderán a concurrir y permanecer en los centros educativos, cumpliendo con su obligación y su derecho que es esencialmente el de estudiar.

Es necesario desarrollar programas orientados a favorecer el acceso, y la permanencia en la escuela, donde deben estar comprometidos los maestros, las familias y los propios niños.

La escuela es el principal mecanismo de inclusión. Quienes se van de la escuela pierden toda esperanza, ya que la escuela es el lugar donde los chicos pueden elaborar un proyecto de vida y empezar a formar su identidad. En la actualidad, la deserción escolar no suele dar lugar al ingreso a un trabajo sino que lleva al joven al terreno de la exclusión social: la deserción escolar parece significar el reclutamiento, especialmente de los adolescentes, a un mundo en el que aumenta su vulnerabilidad en relación a la violencia urbana, al abuso y a la adicción a las drogas o al alcohol. Si bien la escuela puede no lograr evitar estos problemas, la misma parece constituir la última frontera en que el Estado, las familias y los adultos se hacen cargo de los jóvenes, en el que funcionan, a veces a duras penas, valores y normas vinculados a la humanidad y la ciudadanía y en el que el futuro todavía no ha muerto.

La función esencial de la escuela es formar ciudadanos libres y con capacidad para defender sus derechos y cumplir con sus obligaciones. Sin embargo, no por mantener al niño o al adolescente en la escuela debemos vaciarla de su contenido. El derecho constitucional que se garantiza es el derecho a la educación, no el derecho a la escolaridad. No es sólo inaugurando escuelas, repartiendo libros o útiles la manera en la cual se logrará cumplir con este derecho. Esto demandará un esfuerzo conjunto de toda la comunidad educativa. Este esfuerzo, por un lado, debe tener como eje la motivación del joven, no sólo para quedarse en la escuela sino para capacitarse y aprender, y por otro lado debe buscar fortalecer y revalorizar el rol del docente para que éste pueda enfrentarse a las nuevas realidades que se le presentan en el aula.

Para entender las causas de la deserción y el fracaso escolar debemos tener en cuenta una variable importante que es la desnutrición infantil. La infancia es el período caracterizado por el crecimiento corporal, que requiere una cantidad determinada de nutrientes para sintetizar nuevos tejidos o culminar etapas importantes como el desarrollo neurológico.

La deficiente alimentación, desde su concepción en el vientre de la madre hasta los tres años en que se desarrolla el sistema nervioso, produce lesiones físicas o psíquicas que lo afectan de por vida. Es imprescindible realizar un seguimiento de los niños desde el momento en que la mamá embarazada empieza a controlarse en los hospitales para reducir el riesgo de que nazcan criaturas con bajo peso y disminuir los índices de mortalidad infantil.

El problema de la desnutrición infantil en nuestra ciudad no se soluciona entregando cajas con alimentos, eso reduce el fenómeno de la desnutrición a un plano biológico y no tiene en cuenta factores sociales, económicos, antropológicos y culturales. Debemos educar y crear buenos hábitos alimentarios para prevenir problemas de desarrollo en nuestros niños.

Por otra parte, el mejoramiento de la situación de los niños, en lo que respecta a la pobreza, no puede estar alejado de políticas públicas generales destinadas a toda la sociedad. Justamente, las políticas distribucionistas plasmadas en la década del ´50 en países de Latinoamérica, permitieron reducir la "institucionalización" de niños, cuando aún no existía una legislación que conceptualizara al niño como sujeto de derecho.

Resulta poco valioso para la sociedad en su conjunto, y fundamentalmente para educadores y educandos, que la escuela sea en los hechos prioritariamente un lugar donde se asiste para alimentarse, desnaturalizandose el concepto esencial de la enseñanza.

Las escuelas deben ser contenedoras de alumnos en estado de aprendizaje, de formación y de ninguna manera están llamadas a sustituir a las familias en una de sus funciones primordiales como es dar alimento a sus hijos.

Los problemas más significativos referidos a la población infanto juvenil, como hemos analizado, son la desnutrición, la deserción escolar y el ingreso temprano al mundo del trabajo. Estos problemas se ven profundizados cuando hablamos de embarazo adolescente.

Es necesario trabajar con los adolescentes acompañándolos en este proceso, fortaleciendo su autoestima, el sentido de la responsabilidad, el cuidado de la salud y posibilitando el diseño de proyectos alternativos para sus vidas.

Creemos fundamental reforzar los vínculos familiares para evitar que los niños lleguen a la situación de calle o terminen institucionalizados.

Si bien existe una demanda social muy fuerte a favor de la institucionalización, los tratamientos con larga privación de libertad no han logrado buenos resultados. Esto queda demostrado ya que ocho de cada diez presos adultos pasaron por Institutos de Menores. Es preocupante además que mientras cuatro de cada diez chicos ingresan por causas penales, el resto ingresa por causas asistenciales, porque su familia no puede hacerse cargo de ellos o porque son víctimas de violencia.

Estos hechos están íntimamente ligados a la falta de actualización de la legislación sobre el tema, donde la persistencia de la ley, conocida como Ley Agote, progresista en su tiempo, ya no refleja los cambios de nuestra sociedad ni las miradas basadas en el niño y el joven como sujeto de derecho. Esta nueva mirada está expresada cabalmente por la Convención de los Derechos del Niño que, aprobada con reservas por nuestro país por ley 23849, forma parte del plexo constitucional a partir de la reforma de 1994.

La Convención es el tratado de Derechos Humanos que mayor ratificación ha tenido entre los estados miembros del sistema de Naciones Unidas, incluido el Estado Vaticano, y constituye, no sólo un compromiso de los firmantes desde el punto de vista internacional, sino que fundamentalmente redefine las obligaciones insalvables de las políticas públicas respecto a la niñez, la adolescencia, la juventud y las familias.

En su preámbulo destaca, como elementos sostenedores de la necesidad y vigencia de la Convención, entre otras afirmaciones : "...Convencidos de que la familia, como grupo fundamental de la sociedad y medio natural para el crecimiento y el bienestar de todos sus miembros, y en particular de los niños, debe recibir la protección y asistencia necesarias para poder asumir plenamente sus responsabilidades dentro de la comunidad" y agrega "reconociendo que el niño para el pleno y armonioso desarrollo de su personalidad, debe crecer en el seno de una familia, en un ambiente de amor, felicidad y comprensión".

El mejoramiento de las condiciones socioeconómicas de la infancia no está desvinculado de lo que suceda a cada familia, que representa el sostén psicosocial y cultural en el crecimiento de cualquier niño. Se han advertido últimamente programas destinados solamente a niños, como si se pudiera mejorar la situación de los niños sin sus familias. A propósito recordaremos que: "La familia constituye el ámbito primordial para el desarrollo del niño y el ejercicio de sus derechos. Por ello, el Estado debe apoyar y fortalecer a la familia, a través de las diversas medidas que ésta requiera para el mejor cumplimiento de su función natural en este campo" (Corte Interamericana de Derechos Humanos mediante la Opinión Consultiva OC-17/2002 "Condición Jurídica y Derechos Humanos del Niño", 28 de agosto de 2002, punto 4 de la parte dispositiva).

Asumir la Convención implica establecer una relación del Estado con los ciudadanos y ciudadanas, con los chicos y jóvenes, es decir, definir una cosmovisión entre el Estado y los miembros de la comunidad. No debe limitarse a generar una nueva retórica, ni constituirse solamente en un marco ético. Asumir la Convención implica superar una tradicional perspectiva de satisfacer determinadas necesidades para proponer, un enfoque de derechos donde universalidad, integralidad y exigibilidad constituyen el trípode que define la relación del Estado con la niñez y adolescencia.

Para esta finalidad, el Estado debe orientar todos los recursos disponibles, a través de planes, programas y acciones desde una perspectiva generada por esta nueva legalidad.

Frente a esta realidad, los cristianos y los hombres de buena voluntad no podemos permanecer inactivos o desorganizados en acciones individuales o grupales que, aunque valiosas y ejemplares, carecen de la eficacia y el impacto necesario para transformar la realidad.

No debemos olvidar la multitud de ejemplos de abnegación, solidaridad, responsabilidad y testimonio que día a día nos brindan familias, instituciones y jóvenes en el diario esfuerzo de sobrevivir, resistir y en la tarea de construir una sociedad más justa.

El camino es arduo pero el mandato indelegable. Es hora de asumir nuestras propias responsabilidades frente a los niños y los jóvenes, como cristianos, como ciudadanos, como hombres y mujeres de buena voluntad. Es hora de que las instituciones preocupadas por la niñez y la juventud sean escuchadas y tenidas en cuenta. Es hora de que el Estado, como garante del bien común asuma su responsabilidad y su obligación, en la defensa de la vida, en la protección de su crecimiento y desarrollo; en la promoción humana y social de personas, familias e instituciones.

Implementar rápidamente políticas de Estado destinadas al desarrollo de las familias de escasos recursos.

El presupuesto de la Ciudad debe contemplar, prioritariamente, la adjudicación de partidas especiales destinadas al fomento del empleo y al crecimiento económico, de manera tal que sus habitantes obtengan trabajo y que éste resulte digno para los mismos.

Los dirigentes, tanto los que conducen los destinos del Gobierno de la Ciudad como los de la oposición, deben confeccionar un plan destinado a abolir todas las prácticas de trabajo infantil y toda otra forma de explotación de la niñez.

Al mismo tiempo, dichos dirigentes deben consensuar e implementar rápidamente políticas aplicadas a la educación pública, de forma tal que los docentes, percibiendo un salario acorde a sus necesidades, puedan dedicarse de pleno a la instrucción, educación y motivación de los menores a efectos de que éstos descubran los valores esenciales de la vida. De esa forma, la docencia volverá a encontrar los principios esenciales de su existencia.

Esos mismos dirigentes deben acordar y aplicar rápidamente un plan sistematizado tendiente a proteger sanitariamente a las familias de menores recursos, de manera tal que los niños desde su concepción en el seno materno sean atendidos médicamente y se continúe su evolución y crecimiento.

Una sociedad que se precie de tal, no puede ignorar los valores que llevan a la realización plena del hombre en todo su desarrollo. Y, entre esos valores, cabe destacar la dimensión religiosa. El hombre es imagen de Dios y llamado a la comunión con Él.

Las políticas implementadas hasta la fecha han producido graves daños en los dos extremos de la vida, precisamente el de las personas más indefensas de esta sociedad: los niños y los ancianos.

No posterguemos para el futuro el cumplimiento de estas deudas, el día y la hora es hoy o nunca.

CARTA SOBRE LA NIÑEZ
31° PEREGRINACIÓN JUVENIL AL SANTUARIO DE LUJÁN, 2005

MADRE, LE DECIMOS, NECESITAMOS VIVIR COMO HERMANOS

Ahí estaba junto a la cruz de Jesús, mientras Él pagaba por nosotros, Ella, su Madre, y Él mirándolo a Juan, a todos nosotros nos la regaló por madre y a nosotros nos dio por hijos. Es nuestra Madre y somos hermanos. Hermanos de Padre Dios y hermanos de María, nuestra Madre. Y hoy aquí, tantos que han venido caminando desde ayer tempranito y seguirán, todavía y llegarán esta noche y algunos mañana a la mañana. Venimos a expresar una necesidad, una necesidad que nos remite a esta escena del Evangelio. Madre, le decimos, necesitamos vivir como hermanos, no es fácil vivir como hermanos, pero se lo decimos de corazón. Madre lo necesitamos como el aire, como el agua, vivir como hermanos, que no nos falte el clima de hermanos, que sepamos vivir en familia es la necesidad que traemos hoy.

Y fíjense que junto a la Cruz de Jesús, había hombres que sembraban la discordia, que le decían a Jesús: "bajate, bajate" y a los demás: "Ven que no se baja, no es Dios". Lo que nos impide vivir como hermanos es la discordia, la envidia como decía el Señor Arzobispo, y la violencia. Madre, sacá la discordia de nuestro corazón, sacá la envidia, sacá la violencia, porque necesitamos vivir como hermanos, esto es lo que hoy le decimos.

Si ya en el momento de la cruz había quien sembraba discordia, a lo largo de la historia siempre los hubo. El demonio no se queda tranquilo, es el padre de la mentira, es el padre de la discordia, el padre de la división, el padre de la violencia. Y a ese padre no lo queremos porque ese padre no nos hace hermanos, nos divide. Madre, necesitamos vivir como hermanos. Madre necesitamos recuperar memoria, la memoria de cómo se vive como hermanos; que no nos olvidemos de cómo se vive como hermanos, que ella nos dé esa gracia de recuperar la memoria de cómo se vive como hermanos.

"Y desde aquella hora", dice el Evangelio, "el discípulo Juan se la llevó a su casa", la cuidó. La cuidaba y ella cuidaba a los discípulos. Quizás uno de los rasgos que más se ven en una familia es cuidarse unos a otros, el rasgo, quizás, que más nos caracterizará como hermanos es cuidarnos unos a otros. Como aquel samaritano, que encontró a ese hombre asaltado en el camino de Jerusalén a Jericó; lo curó, lo subió arriba del burro, lo llevó al hotel, lo cuidó. Cuidarnos. Madre enséñanos a cuidarnos como nos cuidás vos. Eso es lo que le pedimos a Ella, hoy también.

Venimos a expresar esta necesidad, no un deseo, sino una necesidad. Madre, necesitamos vivir como hermanos. Y para eso le pedimos que saque toda la cizaña de discordia, envidia, odio violencia que puede haber en nuestros corazones. Madre, necesitamos vivir como hermanos. Y por eso le pedimos la gracia de recuperar la memoria de cómo se vive como hermanos. Madre, necesitamos vivir como hermanos. Y por eso, te pedimos, Madre, la Gracia de saber cuidarnos unos a otros, porque somos de tu misma carne, Madre.

HOMILÍA, 32º PEREGRINACIÓN JUVENIL AL SANTUARIO DE LUJÁN, 2006

"**No** TEMAN, PORQUE
LES TRAIGO UNA BUENA NOTICIA,
UNA **GRAN ALEGRÍA** PARA TODO
EL PUEBLO: **LES HA NACIDO**
UN **SALVADOR**"

LC 2, 10-11

"Dios con nosotros"

Qué hermoso escuchar todos juntos, aquí, en silencio, el Evangelio que nos recuerda cómo fue que Dios vino a ser "Dios con nosotros" (Mt 1, 23); cómo fue recibido por María y por José. Exaltamos llenos de júbilo a la Trinidad Santísima que brilla humilde y escondida en esta Sagrada Familia. Mientras el Espíritu Santo obra la Encarnación en el interior de María (que es pura disponibilidad, puro dejar hacer lo que Dios quiere), el Padre –representado en ese "Ángel de Dios"– hace todos los arreglos exteriores con san José (que es pura obediencia, es apenas levantarse y estar haciendo lo mandado). Y todos giran en torno al Niño Jesús, el Hijo predilecto del Padre, el Ungido por el Espíritu Santo, el esperado de las Naciones. El que vino a salvar a su pueblo de los pecados. El que viene todos los días a estar con nosotros en cada Eucaristía. Jesús, en quien creemos y al que esperamos hasta que vuelva.

El jubileo es el cumpleaños de Jesús. Las primeras Navidades fueron fiestas sencillas, de familia. José y María habrán festejado solos, en el destierro, los primeros cumpleaños de Jesús. El "Dios con nosotros" parecía que era sólo de ellos dos; pero –si escuchamos el Magnificat– nos damos cuenta de que María amó siempre a Jesús con corazón de pueblo, con corazón de Iglesia. Y así fue que, después de la Resurrección del Señor, de a poquito, la Navidad comenzó a ser una fiesta para todo el pueblo fiel de Dios.

Dos mil Navidades han pasado. Setecientos años antes Isaías había profetizado que nacería un Niño que se llamaría Emmanuel, "Dios con nosotros". Un Dios con nosotros que, desde siempre, anda queriendo ser un Dios con todos.

Dos mil Navidades, y el Niño no se desilusiona de su Pueblo fiel, de nosotros. Se sigue poniendo confiado en nuestras manos, en este gesto de entrega que es la Eucaristía: "Yo soy el Dios con Ustedes", como si repitiera en su silencio con gusto a pan.

"Dios con nosotros" es un hermoso nombre de Dios. Es como su apellido. Su nombre propio es Jesús, o Padre o Espíritu... pero su apellido es "Dios con nosotros".

Para hablar de Él tenemos que decir "nosotros". Solamente si lo dejamos estar con nosotros, como lo dejaron María y José, se vuelve posible una cultura del encuentro, en la que nadie está excluido, en la que todos nos miramos como hermanos. Porque es precisamente en la cercanía y en el encuentro donde nace Jesús, el amor. Ese amor que arraiga en la memoria de una gracia compartida: "Les ha nacido un Salvador y lo verán envuelto en pañales" (Lc 2, 11). El amor se alimenta en la esperanza común, la de la Ciudad Santa que nos cobijará a todos, cuya mejor imagen es la del pan compartido.

Por eso hoy, al recibir la Eucaristía, sintamos también al de al lado, sintamos la presencia de todos y digamos: "Dios con nosotros". Recordemos a san José y a la Virgen y digamos: "Dios con nosotros". Pensemos en la esperanza de Isaías y de los Profetas, de nuestro padre Abraham y de los Patriarcas, y digamos: "Dios con nosotros". Gustemos el cariño de los Santos, esa muchedumbre de hombres y mujeres que "vivieron en Su amistad a través de los siglos" y recemos con ellos: "Dios con nosotros". Busquemos a los más pobres para decir con ellos: "Dios con nosotros". Tomemos de la mano a nuestros niños y digamos: "Dios con nosotros". Acariciemos a nuestros ancianos y, con ellos, confesemos: "Dios con nosotros".

Unidos por el recuerdo y la esperanza de Belén, la casa del Pan, del Pan de Vida que hace dos mil años nos regaló el

Padre, del Pan nuestro de cada día que nos da hoy, y del Pan que el mismo Jesús partirá para nosotros en el banquete del cielo, ahora todos juntos, como hermanos, profesemos nuestra fe en el Dios con nosotros: Creo en Dios Padre...

HOMILÍA, NAVIDAD DEL MILENIO, 1999

UNA LUZ QUE ES LA ESPERANZA DEL PUEBLO DE DIOS

"El pueblo que caminaba entre tinieblas vio una gran luz". Profecía de Isaías que promete, en medio de las tinieblas, una gran luz. Una luz que es la esperanza del Pueblo de Dios. Una luz que fundamenta su fe, su fidelidad a Dios. Esa luz nace en Belén, es recogida por las manos maternales de María, por el cariño de José, por la rapidez de los pastores. Y ellos se hacen cargo de la esperanza de todo un pueblo. Se hizo cargo María en su soledad y en su sorpresa cuando el Ángel le dijo: "Nada es imposible para Dios", y ella creyó y se hizo cargo de la esperanza. Se hizo cargo de la esperanza José, cuando advirtiendo los signos de la maternidad y habiendo decidido dejarla en secreto, escucha la voz del Ángel y la toma consigo, en medio de una incomprensión en su corazón. Ambos se hicieron cargo esa noche triste cuando todas las puertas estaban cerradas. Creyeron que ese niño era la esperanza y se hicieron cargo en esa condición tan adversa. Se hicieron cargo cuando acudieron al templo y reconocieron en esos dos ancianos la sabiduría de todo el pueblo. José y María se hicieron cargo de la esperanza, frente a la orden: "levántate, toma al niño y a su madre y huye a Egipto... porque Herodes va a buscar al niño para matarlo". José y María se hicieron cargo de la esperanza esos tres días de angustia cuando el Niño se quedó en el Templo; y ella –después de tantos años– vuelve a hacerse cargo de la esperanza en el mediodía oscuro del calvario. Hoy se nos pide que frente a este Niño que es la luz que ilumina las tinieblas, que es la esperanza prometida, nos hagamos cargo como se hicieron cargo ellos dos, nos hagamos cargo de la esperanza creyendo que para Dios nada es imposible, nos hagamos cargo en medio de la desolación y la destrucción de las puertas cerradas. Poner nuestro esfuerzo y nuestra actividad para construir. Se nos pide que nos hagamos cargo de nuestros ancianos, que son la esperanza de un pueblo porque son sabiduría, nos hagamos cargo de nuestros niños, a quienes esta civilización del consenso y del nivelar hacia abajo los "tritura", les quita la fe. Hacernos cargo de la esperanza es caminar junto a Jesús en los momentos más oscuros de la cruz, en los momentos en que las cosas no se explican y no sabemos cómo van a seguir. Hoy los argentinos no nos explicamos muchas cosas, ni tampoco sabemos cómo van a seguir. Hoy es bueno que mirando al Niño, a María y a José sintamos como una voz: "levántense, tomen al Niño y a su madre, caminen el camino de la esperanza". Hagámonos cargo de la esperanza. Eso es lo que quiero pedir esta noche, así de sencillo. Jesús es la esperanza: hagámonos cargo de esta esperanza. Trabajando, rezando, adorando a Dios, luchando, no bajando los brazos, buscando a quien se le cierran las puertas para abrirle otras, encontrando a nuestros ancianos que hoy sufren tanto y pedirles sabiduría. Cuidando a los niños.

Hoy en medio de esta oscuridad de los argentinos amanece una luz, que no es ni mengano, ni sultano, ni perengano: es Jesucristo. El único que da la esperanza que no defrauda. Hagámonos cargo de Jesucristo, de esta esperanza con todas las consecuencias, como se hicieron cargo María y José. Y hoy quisiera rezarle con mi pueblo aquella oración que una noche de Navidad triste hizo uno de los grandes poetas de nuestra patria, pidiéndole al Señor que nos conceda hacernos cargo de nuestra esperanza.

Señor, que nunca me negaste nada,
nada te pido para mí; te pido
sólo por cada hermano dolorido,
por cada pobre de mi tierra amada.
Te pido por su pan y su jornada,
por su pena de pájaro vencido,
por su risa, su canto y su silbido,
hoy que la casa se quedó callada.
Te pido, con palabras de rodillas,
una migaja de tus maravillas,
un mendrugo de amor para sus manos,
una ilusión, sólo una puerta abierta;
hoy que la mesa se quedó desierta
y lloran, en la noche, mis hermanos.

Que así sea.

HOMILÍA, NAVIDAD 2001

"EL PUEBLO QUE CAMINABA EN TINIEBLAS VIO UNA GRAN LUZ"

El anuncio profético marca el inicio: "El pueblo que caminaba en tinieblas vio una gran luz" (Is 9, 2), un nuevo rumbo para toda la vida, un rumbo de toda la historia que nos mantiene firmes "mientras aguardamos la feliz esperanza y la manifestación de la gloria de nuestro gran Dios y Salvador, Cristo Jesús". Tinieblas y luz, camino y esperanza, atisbo y manifestación. Es la profecía de la elección, de la promesa y de la alianza. Es el camino desde las tinieblas de aquel atardecer del paraíso terrenal hasta esa noche en que el estallido de "la gloria del Señor envolvió (a los pastores) con su luz".

161

También nosotros, peregrinos de la elección, de la promesa y de la alianza nos acercamos al altar de Dios con la pena de tantas tinieblas y la esperanza de encontrarnos con la luz. Nos acercamos al altar donde la Gloria se esconde en un pesebre y se manifiesta a los sencillos de corazón que escuchan atónitos el canto celestial "Gloria a Dios en las alturas y en la tierra paz a los hombres amados por Él" y creen –con esa fe de los que no baratean su conciencia– que "ha nacido un Salvador... un niño envuelto en pañales y recostado en un pesebre". También nosotros, en esta noche, si abrimos el corazón, tenemos la posibilidad de contemplar el milagro de la luz en medio de nuestras tinieblas, el milagro de la fuerza de Dios en la fragilidad, el milagro de la suma grandeza en la pequeñez.

Caminamos "de fe en fe", en búsqueda de la plenitud y del sentido para nuestra vida. Y este camino es verdadero cuando no queda entrampado en los ruidos alienantes de propuestas pasajeras o mentirosas. Somos parte del Pueblo de Dios que, día a día, quiere dar un paso desde la tiniebla hacia la luz. Todos tenemos ganas de encontrarnos con esa luz, con esa Gloria escondida, y tenemos ganas porque el mismo Dios que nos creó sembró ese deseo en nuestro corazón. Pero nuestro corazón a veces se pone duro, caprichoso o, peor aún, se hincha en crecida soberbia. Entonces ese deseo de ver la Gloria de la luz queda ahogado y la vida corre el riesgo de pasar sin sentido, de ir agotándose en tinieblas. Se repite así el hecho de que Dios no encuentra lugar, como sucedió aquella noche en que María "lo acostó en un pesebre, porque no había (otro) lugar para ellos".

Este es el drama del alma que se torna impaciente en la espera y se entretiene con las falsas promesas de luz que le hace el demonio a quien Jesús llama "el padre de la mentira", "el príncipe de las tinieblas". Entonces se va perdiendo la esperanza en la promesa, la firmeza en la alianza con un Dios que no miente porque "no puede negarse a sí mismo".

Se pierde el hondo sentirse elegido por la ternura del Padre. Se cierran las puertas y hoy, como siempre, en el mundo, en nuestra ciudad, en nuestros corazones se le cierran muchas puertas a Jesús. Es más fácil entretenerse con las luces de un arbolito que abismarse en la contemplación de la Gloria del pesebre. Y este anti-camino, es decir, este sendero de cerrar puertas abarca desde la indiferencia hasta el asesinato de inocentes. No hay mucha distancia entre los que cerraron las puertas a José y María, porque eran forasteros pobres, y Herodes que "mata a los niños porque el temor le mató el corazón". No hay término medio: o luz o tinieblas, o soberbia o humildad, o verdad o mentira, o abrimos la puerta a Jesús que viene a salvarnos o nos cerramos en la suficiencia y el orgullo de la autosalvación.

En esta noche santa les pido que miren el pesebre: allí "el pueblo que caminaba en tinieblas vio una gran luz"... pero la vio el pueblo, aquél que era sencillo y estaba abierto al Regalo de Dios. No la vieron los autosuficientes, los soberbios, los que se fabrican su propia ley según su medida, los que cierran las puertas. Miremos el pesebre y pidamos por nosotros, por nuestro pueblo tan sufrido. Miremos el pesebre y digámosle a la Madre: "María, muéstranos a Jesús".

HOMILÍA, NAVIDAD 2003

DÁNOS UNA SEÑAL

Cuando vemos a Jesús en medio de las fatigas y trabajos, en medio de los conflictos con las elites ilustradas de esa época (los fariseos, los saduceos), vemos cómo muchas veces ellos le pedían una señal: "Dános una señal" (Mt 12, 38). Jesús predicaba y la gente lo seguía como a ninguno, curaba, resucitaba... pero ellos pedían una señal. Ésta que veían no les bastaba. Se puede pensar que no les bastaba porque ese elitismo ilustrado clausuraba sus conciencias; ésa es una explicación válida. Pero también había algo más: ni aun al hombre más cerrado a la voz de Dios se le priva del instinto de saber donde está Él y hacia dónde debe buscar. Ellos intuían que resucitar muertos, curar enfermos no era "la señal", por ello una vez Jesús les dijo que se les iba a dar la señal de Jonás (o sea la resurrección). Pedían la señal trascendente e inconfundible en la que Dios se manifiesta en su plenitud; y en eso no se equivocaban incluso los que estaban más lejos, ni aun Herodes. Los asustaba y acuciaba ese instinto religioso del corazón que empuja a buscar y distinguir dónde está Dios.

Pedían la señal... por otro lado, eso también le pasaba a los Santos. San Juan Bautista, en la cárcel, sufría mucho, veía que Jesús predicaba, pero se sintió confuso; en la soledad de su calabozo empezó a dudar y mandó a preguntar a Jesús: "¿eres tú el que tiene que venir o tenemos que esperar a otro?" Pedía la señal, buscaba la señal de manifestación de Dios, aquélla que habían proclamado los Profetas y que el pueblo de Israel venía esperando desde hacía cientos de años. Pedían la "gran señal".

En el relato del nacimiento de Jesús, que acabamos de escuchar, cuando los ángeles anuncian a los pastores que ha nacido el Redentor les dicen: "...y esto les servirá de señal encontrarán a un niño recién nacido envuelto en pañales y acostado en un pesebre..." Esta es la señal: el abajamiento total de Dios. La señal es que, esta noche, Dios se enamoró de nuestra pequeñez y se hizo ternura; ternura para toda fragilidad, para todo sufrimiento, para toda angustia, para toda búsqueda, para todo límite. La señal es la ternura de Dios; y el mensaje que esperaban todos aquellos que le pedían señales a Jesús, todos aquellos desorientados, aquéllos que incluso eran enemigos de Jesús y lo buscaban desde el fondo del alma era éste: buscaban la ternura de Dios, Dios hecho ternura, Dios acariciando nuestra miseria, Dios enamorado de nuestra pequeñez.

Hoy se nos proclama la ternura de Dios. El mundo sigue andando, los hombres seguimos buscando a Dios, pero la señal sigue siendo ésta. Contemplando al niño nacido en un pesebre, contemplando a ese Dios hecho niño enamorado de nuestra pequeñez, esta noche cabe la pregunta: ¿qué tal la ternura de Dios con vos?, ¿te dejas acariciar por esa ternura de un Dios que te quiere, por un Dios hecho ternura? o ¿sos arisco y no te dejas buscar por ese Dios? –No, yo busco a Dios, podés decir, pero no es lo más importante que busques a Dios, lo más importante es que te dejes buscar por Él en la caricia, en la ternura. Ésta es la primera pregunta que este Niño con su sola presencia hoy nos hace: ¿Nos dejamos querer por esa ternura? Y más allá todavía: ¿vos te animás también a hacerte ternura para toda situación difícil, para todo problema humano, para quien tenés cerca, o preferís la solución burocrática, ejecutiva, fría, eficientista, no evangelizadora? Si es así, ¿le tenés miedo a la ternura que Dios ejerció con vos? y la segunda pregunta de hoy: ¿Nos hacemos cargo en nuestros comportamientos de esa ternura que nos tiene que acompañar a lo largo de la vida, en los momentos de alegría, de tristeza, de cruz, de trabajo, de conflicto y de lucha?

La respuesta del cristiano no puede ser otra que la misma respuesta de Dios a nuestra pequeñez: ternura, mansedumbre. Acuérdense de aquella vez, cuando a Jesús y sus Apóstoles no los quisieron recibir en un pueblo de Samaría, y Juan le propuso a Jesús: "¿...hacemos caer fuego del cielo...?", que es lo mismo que decir "nos metemos adentro y les rompemos todo". Y Jesús les responde: "no saben de qué espíritu son ustedes"; los reta, hoy les diría que eso no es cristiano. Acuérdense también de aquella noche en que tomaron preso a Jesús y Pedro saca la espada, heraldo, defensor de la Iglesia que nacía, defensor infeliz (pues pocas horas después lo traicionó) y Jesús le dijo: "Guarda la espada, ¿acaso no crees que si yo le pidiera a mi Padre más de doce legiones de ángeles para defenderme no las mandaría?" (Cfr. Mt 26, 53), pero mi camino es otro, es la ternura. Y esto aun en los momentos de conflicto, aun los momentos que te abofetean; cuando te abofeteen en una mejilla poné la otra, mantené la ternura. Eso es lo que la noche de Navidad nos trae. Cuando vemos que un Dios se enamora de nuestra pequeñez, que se hace ternura para acariciarnos mejor, a un Dios que es toda mansedumbre, toda cercanía, toda "projimidad", no nos queda otra cosa que abrir nuestro corazón y decirle: Señor si tú lo hiciste así ayúdanos, danos la gracia de la ternura en las penosas situaciones de la vida, dame la gracia de la "projimidad" ante toda necesidad humana, dame la gracia de la mansedumbre ante todo conflicto. Pidámoslo, ésta es una noche para pedir... y me atrevo a darles una tarea para el hogar: esta noche o mañana, que no termine el día de Navidad sin que se tomen un ratito de silencio y se pregunten: ¿Qué tal la ternura de Dios para conmigo?, ¿qué tal mi ternura para con los demás?, ¿qué tal mi ternura en las situaciones límites?, ¿qué tal mi mansedumbre en los trabajos y conflictos? y que Jesús les responda, lo hará.

Que la Virgen les conceda esta gracia.

HOMILÍA, NAVIDAD 2004

NACIÓ DE NOCHE,
FUE ANUNCIADO DE NOCHE

Nació de noche, fue anunciado de noche a "unos pastores que vigilaban por turno sus rebaños" (Lc 2, 8), se encolumnó con "el pueblo que caminaba en las tinieblas...", con "los que habitaban en el país de la oscuridad" (Is 9, 1). Y fue luz, "una gran luz" (Is 9, 1) que se vuelca sobre la densa tiniebla, luz que lo envuelve todo: "y la gloria del Señor los envolvió con su luz" (Lc 2, 9). Así nos presenta la liturgia de hoy el nacimiento del Salvador: como luz que rodea, penetra, toda oscuridad. Es la presencia del Señor en medio de su pueblo, presencia que destruye el peso de la derrota, la tristeza de la esclavitud y planta la alegría. "No teman, porque les traigo una buena noticia, una gran alegría para todo el pueblo: Hoy, en la ciudad de David, les ha nacido un Salvador, que es el Mesías, el Señor" (Lc 2, 10-11). "Les ha nacido": si nace para todo el pueblo, nace para toda la historia en camino, nace para cada uno de nosotros. No es un aviso en *Notas Sociales*. Se trata de un anuncio que toca el núcleo mismo de la historia y pone en marcha otro modo de andar, otro modo de comprender, otro modo de existir: andar, comprender, y existir junto a "Dios con nosotros".

Pasaron muchos siglos desde que la humanidad comenzó a oscurecerse. Pienso en aquella tarde en que se cometió el primer crimen y el cuchillo de Caín segó la vida de su hermano (Gen 4, 8). Pasaron muchos siglos de crímenes, guerras, esclavitud, odio. Y aquel Dios que había sembrado su ilusión en la carne del hombre, hecho a su imagen y semejanza, seguía esperando. ¡Las ilusiones de Dios! Motivo tenían para desaparecer. Pero Él no podía, estaba "esclavizado", por decirlo así, a su fidelidad, no podía negarse a sí mismo el Dios fiel (2 Tim 2, 13). Y ese Dios seguía esperando. Sus ilusiones, enraizadas en su fidelidad, eran custodiadas por la paciencia. ¡La paciencia de Dios frente a la corrupción de pueblos y hombres! Sólo un pequeño resto "pobre y humilde, que se refugiaba en el nombre del Señor" (Sof 3, 12) acompañaba su paciencia en medio de las tinieblas, compartía sus ilusiones primeras.

Y, en este andar histórico, esta noche de eclosión de luz en medio de las tinieblas nos dice que Dios es Padre y no se decepciona nunca. Las tinieblas del pecado y de la corrupción de siglos no le bastan para decepcionarlo. Aquí está el anuncio de esta noche: Dios tiene corazón de Padre y no reniega de sus ilusiones para con sus hijos. Nuestro Dios no se decepciona, no se lo permite. No conoce el desplante y la impaciencia; simplemente espera, espera siempre como el padre de la parábola (Lc 15, 20) porque a cada momento sube a la terraza de la historia para vislumbrar de lejos el regreso de los hijos.

Esta noche, en medio de la quietud y silencio de ese pequeño resto de justos, los hijos comienzan a regresar y lo hacen en el Hijo que aceptó ser hermano para acompañarlos en el camino. Ese Hijo, del cual el Ángel le había dicho a san José, que "salvaría a su pueblo de todos sus pecados" (Mt 1, 21). Todo es tierno, pequeño, silencioso: "Un niño nos ha nacido, un hijo se nos ha dado" (Is 9, 5); "esto les servirá de señal: encontrarán a un niño recién nacido envuelto en pañales y acostado en un pesebre" (Lc 2, 12). El reino de la apariencia, autosuficiente y fugaz, el reino del pecado y la corrupción; las guerras y el odio de siglos y de hoy se estrellan en la mansedumbre de esta noche silenciosa, en la ternura de un niño que concentra en sí todo el amor, toda la paciencia de Dios que no se otorga a sí mismo el derecho de decepcionarse. Y, junto al niño, cobijando las ilusiones de Dios, está la Madre; su Madre y nuestra Madre que, entre caricias y sonrisas, nos sigue diciendo a lo largo de la historia: "Hagan todo lo que Él les diga" (Jn 2, 5).

Esto es lo que quisiera compartir hoy en la paz de esta noche santa: nuestro Dios es Padre, no se decepciona. Espera hasta el final. Nos ha dado a su Hijo como hermano para que caminase con nosotros, para que fuese luz en medio de la oscuridad y nos acompañara en el aguardar "la feliz esperanza" definitiva (Tit 2, 13). Nuestro Dios, el mismo que sembró sus ilusiones en nosotros, el mismo que no se concede decepcionarse de su obra, es nuestra esperanza. Como los Ángeles a los pastores quisiera decirles hoy: "No tengan miedo". No le tengan miedo a nadie. Dejen que vengan las lluvias, los terremotos, los vientos, la corrupción, las persecuciones al "resto" de los justos... (Cfr. Mt 7, 24-25). No tengan miedo siempre que nuestra casa esté cimentada sobre la roca de esta convicción: el Padre aguarda, tiene paciencia, nos ama, nos manda a su Hijo para que camine con nosotros; no tengan miedo mientras estemos cimentados sobre la convicción de que nuestro Dios no se decepciona y nos espera. Esta es la luz que brilla esta noche. Con estos sentimientos quiero desearles feliz Navidad.

HOMILÍA, NAVIDAD 2005

Lo envolvió en pañales
y lo acostó en un pesebre

"María dio a luz a su Hijo primogénito, lo envolvió en pañales y lo acostó en un pesebre, porque no había lugar para ellos en la posada".

El texto de Lucas nos presenta con sencillez y sobriedad una cálida crónica del acontecimiento que celebramos en cada Navidad. Cautelosamente van apareciendo los diversos personajes de esta historia que recrean nuestros pesebres y que han quedado inmortalizados por el genio de tantos pintores y poetas. La sencillez de la escena nos introduce en la novedad siempre sorprendente de Dios y su manera de manifestarse al mundo.

A pesar de revivirlo cada año, necesitamos volver a sorprendernos por un Dios que elige "la periferia" de la ciudad de Belén y la "periferia existencial" de los pobres y marginados del pueblo de ese momento para manifestarse al mundo.

Y junto con ellos, nos acercamos al pesebre y, allí, vemos a María, la mujer creyente y de trabajo que tuvo el coraje de confiar en Dios. Junto a ella está José, el hombre justo y bueno que prefirió creerle a Dios antes que a sus dudas. Así Dios se nos revela en el amor y abnegación de una sencilla pareja creyente, en lugar del aparente esplendor de los que confían en sus propias fuerzas.

Dejemos que nos invada la sorpresa al descubrir que Dios se nos manifiesta a nosotros como a aquel grupo de pobres pastores, que vivían al desamparo de los hombres, y no a los escrupulosos guardianes de las leyes y las costumbres.

Las ovejas, el burro, el buey, a esas sencillas criaturas también se manifestó Dios y no al mañoso Herodes que luego buscaba al niño para matarlo.

Sin embargo, la sorpresa más grande es que Dios se manifiesta en un niño pequeño, pobre y frágil. Así es Dios que se manifiesta en Jesús: Dios que escoge lo pequeño para confundir a los fuertes.

Sorpresa que también se hace buena noticia: Dios está al alcance de todos los que se dejan desinstalar por la pedagogía del pesebre y acogerla como camino transformador de vida.

El relato nos cuenta que los pastores contaron "lo que les habían dicho acerca de ese niño". Tenían algo grande para contar sobre ese niño y lo que a ellos les había ocurrido.

Éste es el llamado que la Navidad nos hace. También nosotros tenemos algo para contar sobre ese niño, nuestra fe tiene algo que decirle a un mundo "que camina en tinieblas y sombras de muerte".

También nosotros, pueblo de Dios que peregrina en Buenos Aires, durante estos años descubrimos que necesitamos "cuidar nuestras fragilidades" y, para ello, pedimos que el Espíritu Santo nos ayude a "renovar nuestro fervor apostólico" y a caminar "en estado de Asamblea" creando "un estilo común" que haga de nuestra ciudad "un gran santuario". Este año, particularmente, quisimos encontrarnos como familia y acercarnos a esa porción del pueblo de Dios que llega a nuestras comunidades en momentos especiales para compartir con ellos, en la oración y la petición confiada, las angustias y esperanzas que nos mueven el corazón.

Ahora, siguiendo la pedagogía del Señor de la historia, queremos que los más alejados, aquellos que como los pastores viven y experimentan la "periferia de la vida", encuentren en nuestra cercanía una presencia que les hable de Dios que nos ama, de Dios que es ternura y viene a nosotros, a todos, a cada uno, para darnos vida y vida en abundancia, para hacernos felices, para que vivamos en justicia, verdad y paz. Acercándonos a todos, especialmente a los que más necesitan, iremos descubriendo, no sin sorpresa y de un modo vital, cómo ser iglesia en Buenos Aires, testigos de una esperanza que es "alegría para todo el pueblo".

Que el Señor nos bendiga, nos dé la paz y la Virgen madre nos enseñe a cuidar a Jesús que vive en nosotros.

HOMILÍA, NAVIDAD 2006

"LES DI A **CONOCER** TU **NOMBRE,**
Y SE LO SEGUIRÉ DANDO A CONOCER,
PARA QUE **EL AMOR** CON QUE TÚ
ME AMASTE **ESTÉ EN ELLOS,**
Y **YO** TAMBIÉN ESTÉ EN ELLOS"

JN 17, 26

Ungir es un gesto que se hace con todo el ser

El evangelio según san Lucas resuena de manera especial en nuestros corazones en este último año de preparación para el Jubileo dedicado a Dios Padre: Jesús da testimonio de que ha sido ungido por el Padre para "anunciar un año de gracia".

La unción, especialmente la unción con el aceite perfumado, es símbolo de gozo y alegría. Se unge para distintas cosas: para curar, para consagrar, para enviar... pero la característica de todas estas acciones es la del gozo, envolvente como el perfume, penetrante como el aceite, que se expande por la totalidad del cuerpo y no deja resquicio sin ungir.

Hoy, en la misa crismal, la misa de la unción, todos: obispos, sacerdotes, consagradas y consagrados, todo el pueblo fiel, le pedimos al Padre que renueve en nuestros corazones la unción del Espíritu, que hemos recibido en el bautismo, la misma unción con que ungió a su Hijo amado –el predilecto– y que Él nos comunicó abundantemente con sus santas manos.

Le rogamos al Padre que nos unja para ser plenamente hijos suyos. Que sus manos de Padre misericordioso se posen sobre nosotros y curen nuestras llagas de hijos pródigos. Que el amor que mana mansa y pacientemente de su corazón de Padre se derrame sobre la totalidad de su pueblo –la Iglesia– hermanándonos, sin dejar ningún resquicio a rencores y divisiones. Que el gozo que brinda esa verdad llagada y gloriosa –¡que el Padre nos ama!– nos llene de coraje para anunciar esta buena noticia a un mundo sediento de Evangelio, sediento de Jesucristo.

Ungir es un gesto que se hace con todo el ser, con las manos, con el corazón, con la palabra. Es un gesto de donación total, un gesto que quiere ser fecundo y vital. Un gesto de Padre.

Por eso, los que hemos sido ungidos, de manera especial los que hemos sido ungidos como sacerdotes, suplicamos al Padre que, por favor, nos enseñe a ungir a nuestros hermanos con corazón de padres. Padre es quien se brinda enteramente a su familia, en todo y para siempre: cuando abraza, abraza a todos, justos y pecadores; cuando reparte no se guarda nada: "Hijo, todo lo mío es tuyo". Por eso, cuando perdona no mezquina sino que festeja a lo grande; cuando espera no se cansa, espera siempre, espera cada día, espera todo lo que haga falta y a todos sus hijos.

Queridos sacerdotes: mi deseo y oración en esta Eucaristía es que, al renovar las promesas que hicimos el día de nuestra ordenación, nuestro Padre del Cielo nos renueve la gracia de tener estos gestos de unción, estos gestos sacerdotales y paternales.

Queremos tratarnos entre nosotros como ungidos en todo momento: en el trabajo, trabajando unidos codo a codo en el servicio de nuestro pueblo fiel; en la oración, respirando el mismo perfume de la sana doctrina del Evangelio que nos hace uno con Jesús y con el Padre; en la entrega, dándonos por entero a los demás; y también en las dificultades y conflictos que suelen suscitarse entre nosotros sacerdotes. Especialmente allí, en esos conflictos, queremos tener aquella unción que le hacía decir a David, en medio de sus luchas con Saúl: "Líbreme el Señor de levantar la mano contra el ungido del Señor" (1 Re 26, 11) para que, así, abundemos en respeto y concordia fraterna.

Queremos ungir a nuestro pueblo en la fe bautismal, esa fe que lo hace pueblo de reyes, pueblo sacerdotal, pueblo de Dios. Esa fe de nuestros padres es la que marca la verdadera dignidad de nuestro pueblo, la que lo hace vivir alegre en medio de las tribulaciones actuales.

Queremos ungir a nuestro pueblo en la esperanza. Esperanza puesta sólo en Jesús, para sentir que son Sus manos las que lo libran y sanan, que son Sus labios los que le dicen la única verdad que consuela, que es Su corazón el que goza de habitar en medio de su pueblo y sentirlo carne de su carne.

Queremos ungir a nuestro pueblo en la caridad, para que no se canse de ser solidario como siempre lo ha sido; para que cada padre renueve su vigor y se fortalezca en la ardua tarea de llevar adelante a su familia; para que todas las mamás sigan poniendo ese bálsamo de dulzura y de calor de hogar en el corazón de sus esposos y de sus hijitos; para que los jóvenes sientan la alegría de gastar su vida al servicio de los demás, especialmente de los niños y de los pobres; para que los abuelos se animen a mirar con esperanza el futuro y profeticen como aquellos ancianos del Evangelio –Simeón y Ana– y transmitan el mensaje de que la vida vale la pena porque el Señor cumple sus promesas; para que los enfermos, los presos, los que están solos o sin hogar, los más pobres, sientan cercano a Jesús, que vino especialmente para ellos, para sanar, para dar la libertad, para anunciarles la Buena Noticia.

Al ungir la carne "ultrajada y glorificada" de su Hijo amado, Dios nuestro Padre ha ungido todos nuestros sufrimientos y todas nuestras alegrías. Por eso, nuestras manos ungidas con el crisma, deben ser manos cercanas a nuestro pueblo fiel, manos que hagan sentir la unción del Padre en su carne, especialmente allí donde esa carne –¡que es la nuestra!– "tiene hambre y sed, está enferma y herida, está purgando su falta en la prisión, no tiene con qué vestirse, sabe del amargo corroer de la soledad nacida del menosprecio".

Para sanar esa carne envió el Padre a su Hijo. ¡En sus llagas hemos sido curados! Para sanar esa carne hoy se nos pide paternidad de ungidos, paternidad sacerdotal. Que Nuestra Señora, que dio carne al Verbo de Dios, nos acompañe y nos cuide en este camino.

HOMILÍA, MISA CRISMAL, 1999

A LOS SACERDOTES DE LA ARQUIDIÓCESIS

Dentro de algunas semanas comenzará el tiempo de Adviento: este año será el inicio litúrgico hacia el Jubileo. El deseo de dejarnos visitar por el Señor en su venida adquiere una fuerza singular a la luz de este acontecimiento. En Navidad se abrirá la Puerta Santa y, previendo ya este gesto, resuena en mi corazón la tan repetida invitación del Papa: "Abran las puertas al Redentor" (*Aperite portas*, nº 1), "Abran la puerta a Cristo" (*Redemptoris Missio*, nn. 3,39). Así nos tiene que encontrar el Nacimiento del Señor, "como hombres que esperan a que su Señor venga... para que al instante le abran" (Lc 13, 36). Esta carta que les escribo a ustedes nace del deseo de exhortarlos, como pastor y hermano, a que le abran las puertas al Señor: la puerta del corazón, las puertas de la mente, las puertas de nuestras Iglesias... todas las puertas. Abrir las puertas es tarea cristiana, tarea sacerdotal.

Así lo hizo Jesús, lo leemos en el Evangelio. Al comienzo de su misión, se presenta "abriendo el libro del profeta Isaías..." (Lc 4, 17); y también así termina el libro del Apocalipsis: como el Cordero degollado, como el León de Judá, "el único digno de abrir el libro y soltar sus sellos" (Apoc 5, 2.9). Jesús resucitado es el que "abre las inteligencias" de los discípulos de Emaús "para que comprendan las Escrituras" (Lc 24, 45) y les hace recordar: "¿No ardía acaso nuestro corazón cuando nos abría las Escrituras?" (Lc 24, 32). En orden a esta apertura a la Palabra se dirigen muchos milagros: "Jesús tocó los ojos de los dos ciegos y se abrieron sus ojos" (Mt 9, 30); "Dijo al sordomudo 'Effeta', que quiere decir ábrete, y se abrieron sus oídos" (Mc 7, 34). Cuando Jesús "abre la boca" es el Reino de los Cielos el que se abre en las Parábolas: "Y abriendo la boca, Jesús les enseñaba" (Mt 5, 2); "abriré mi boca en parábolas" (Mt 13, 35). Cuando Jesús se humilla y se bautiza, cuando se pone en oración (Lc 3, 21) se abre el cielo y resuena la voz amorosa del Padre: "Éste es mi Hijo, el predilecto" (Mt 3, 16). Y es el mismo Señor quien nos exhorta: "Llamen y se les abrirá" (Lc 11, 9), y la Iglesia suplica "para que Dios nos abra una puerta a su Palabra" (Col 4, 3), porque "si Él abre, nadie puede cerrar" (Apoc 3, 7). La invitación clara y definitiva que concentra de manera enteramente personal todos los gestos de apertura del Señor es aquélla de la carta a Laodicea: "Si alguno me abre la puerta, entraré en su casa y cenaré con él y él conmigo" (Apoc 3, 20).

Actualmente la apertura es considerada un valor, aunque no siempre se la comprenda bien. "Es un cura abierto" dice la gente, oponiéndolo a "un cura cerrado". Como toda valoración, depende de quien la hace. A veces, en una valoración superficial, apertura puede querer decir "uno que deja pasar cualquier cosa" o "que es canchero", que no es "almidonado", "rígido". Pero detrás de algunas posiciones que son más que nada cuestión de piel, se esconde siempre algo de fondo que la gente percibe. Ser un sacerdote abierto quiere decir "que es capaz de escuchar aunque se mantenga firme en sus convicciones". Una vez un hombre de pueblo me definió a un cura diciendo una frase sencilla: "Es un cura que habla con todos". No hace acepción de personas, quería decir. Le llamaba la atención que pudiera hablar "bien" con cada persona y lo distinguía claramente tanto de los que sólo hablan bien con algunos, como de los que hablan con todos diciéndoles que sí a todo.

Esto es así porque la apertura va junto con la fidelidad. Y es propio de la fidelidad ese único movimiento por el cual, por una parte, se abre enteramente la puerta del corazón a la persona amada y, por otra, se le cierra esa misma puerta a todo el que amenace ese amor. De ahí que abrirle la puerta al Señor implica abrírsela a los que Él ama: a los pobres, a los pequeños, los descarriados, los pecadores... A toda persona, en definitiva. Y cerrársela a los "ídolos": al halago fácil, a la gloria mundana, a las concupiscencias, al poder, a la rique- za, a la maledicencia y –en la medida en que encarnen estos disvalores– a las personas que quieren entrar en nuestro corazón o en nuestras comunidades para imponerlos.

Además de ser fiel, la actitud de abrir o cerrar la puerta tiene que ser testimonial. Dar testimonio de que, en el últi- mo día, habrá una puerta que se abre para algunos: los ben- ditos del Padre, los que dieron de comer y de beber a los más pequeñitos, los que mantuvieron el aceite de su lámpara, los que practicaron la Palabra... y se cierra para otros: los que no le abrieron la puerta de su corazón a los necesitados, a los que se quedaron sin aceite, los que sólo dijeron "Señor, Señor" de palabra y no amaron con obras.

Así, la apertura no es cuestión de palabras sino de gestos. La gente lo traduce hablando del cura que "siempre está" y del que "no está nunca" (anteponiendo caritativamente el "ya sé que usted está ocupado Padre porque tiene tantas cosas..."). La apertura evangélica se juega en los lugares de entrada: en la puerta de las iglesias que, en un mundo donde los shoppings no cierran nunca, no pueden permanecer muchas horas cerradas, aunque haya que pagar vigilancia y bajar al confesionario más seguido; en esa puerta que es el teléfono, cansador e inoportuno en nuestro mundo superco- municado, pero que no puede quedar largas horas a merced de un contestador automático. Pero estas puertas son más bien externas y "mediáticas". Son expresión de esa otra puerta que es nuestra cara, que son nuestros ojos, nuestra sonrisa, el acelerar un poco el paso y animarse a mirar al que sabemos que está esperando... En el confesionario uno sabe que la mitad de la batalla se gana o se pierde en el saludo, en la manera de recibir al penitente, especialmente al que da una miradita y tiene un gesto como diciendo "¿puedo?". Una acogida franca, cordial, cálida termina de abrir un alma a la que el Señor ya le hizo asomarse a la mirilla. En cambio, un recibimiento frío, apurado o burocrático hace que se cierre lo entreabierto. Sabemos que nos confesamos de diversa manera, según el cura que nos toque... y la gente también.

Una imagen linda para examinar nuestra apertura es la de nuestra casa. Hay casas que son abiertas porque "están en paz", que son hospitalarias porque tienen calor de hogar. Ni tan ordenadas que uno siente temor hasta de sentarse (no digamos de fumar o comer algo) ni tan desordenadas que dan vergüenza ajena. Lo mismo pasa con el corazón: el corazón que tiene espacio para el Señor tiene también espacio para los demás. Si no hay lugar y tiempo para el Señor entonces el lugar para los demás se reduce a la medida de los propios nervios, del propio entusiasmo o del propio cansancio. Y el Señor es como los pobres: se acerca sin que lo llamemos e insiste un poco, pero no se queda si no lo retenemos. Es fácil sacárselo de encima. Basta apurar un poco el paso, como ante los mendigos, o mirar para otro lado como cuando los chicos nos dejan la estampita en el subte.

Sí, la apertura a los demás va pareja con nuestra apertura al Señor. Es Él, el de corazón abierto, el único que puede abrir un espacio de paz en nuestro corazón, esa paz que nos vuelve hospitalarios para con los demás. Ese es el oficio de Jesús resucitado: entrar en el cenáculo cerrado que, en cuanto casa, es imagen del corazón, y abrirlo quitando todo temor y llenando a los discípulos de paz. En Pentecostés, el Espíritu sella con esta paz la casa y los corazones de los Apóstoles y los convierte en casa abierta para todos, en Iglesia. La Iglesia es como la casa abierta del Padre misericordioso. Por ello nuestra actitud debe ser la del Padre y no la de los hijos de la parábola: ni la del menor que aprovecha la apertura para hacer su escapadita, ni la del mayor que se cree que con su cerrazón cuida la herencia mejor que su propio padre.

¡Abran las puertas al Señor! Es el pedido que hoy quiero hacer a todos los sacerdotes de la Arquidiócesis. ¡Abran sus puertas! Las de su corazón y las de sus Iglesias. ¡No tengan miedo! Ábranlas por la mañana, en su oración, para recibir el Espíritu que los llenará de paz y alegría, y salir luego a pastorear al Pueblo fiel de Dios. Ábranlas durante el día para que los hijos pródigos se sientan esperados. Ábranlas al anochecer, para que el Señor no pase de largo y los deje con su soledad sino que entre y coma con ustedes y les haga compañía.

Y recuerden siempre a Aquélla que es Puerta del Cielo: a la de corazón abierto por la espada, que comprende todas las penas; a la esclavita del Padre que sabe abrirse enteramente a la alabanza; a la que sale de sí "con prontitud" para visitar y consolar; a la que sabe transformar cualquier covacha en casa del "Dios con nosotros" con unos pobres pañalitos y una montaña de ternura; a la que está siempre atenta para que no falte el vino en nuestras vidas; a la que sabe esperar afuera para dar lugar a que el Señor instruya a su pueblo; a la que siempre está al descampado en cualquier lugar donde los hombres levantan una cruz y le crucifican a sus hijos. Nuestra Señora es Madre, y –como madre– sabe abrir los corazones de sus hijos: todo pecado escondido se deja perdonar por Dios a través de sus ojos buenos; todo capricho y encerramiento se disuelve ante una palabra suya; todo temor para la misión se disipa si Ella nos acompaña por el camino.

A Ella le pido que nos bendiga a todos nosotros, sacerdotes de esta Arquidiócesis y, con ternura de madre, nos vaya enseñando cada día a abrir las puertas al Redentor. Con fraternal afecto.

OCTUBRE DE 1999

"DIOS, TU DIOS, TE UNGIÓ CON ÓLEO DE JÚBILO"

El marco y el centro de esta liturgia crismal es el Júbilo. El Señor viene para anunciarnos un año de Gracia, un año Santo, un año Jubilar. Si bien en sus raíces se refiere a un instrumento musical, *Jubilatio* es la palabra que usa la lengua latina para describir los "gritos de alegría de los campesinos", la alegría de los trabajadores humildes, de los pequeños. *Jubilare* es "alborotar y gritar de alegría como la gente sencilla y los pobres cuando cantan. Lanzar gritos de alabanza a Dios". Es lo que nos describe Isaías en la primera lectura: el Señor prometido que vendrá a vendar los corazones desgarrados y a cambiar el abatimiento de los humildes en "cánticos" de júbilo.

El júbilo es la alegría de los pequeños: de los labradores que "cosechan con gritos de júbilo lo que sembraron con lágrimas"; de los pastores: ese regocijo que le anuncian los ángeles en la noche de Navidad; de nuestra Señora: el júbilo es la alegría de María e Isabel, ese gozo que les llena el alma y las hace rebosar de una alegría contagiosa; de Jesús: san Lucas nos dice que el Señor se llenó de júbilo en el Espíritu Santo y alabó al Padre porque le había revelado sus cosas a los pequeños (Lc 10, 21). Y si nos fijamos bien, el júbilo de los humildes es un júbilo que se da en torno al trabajo: en la cosecha, al comienzo de la misión y al regresar de ella. Es esa alegría que viene luego de sufrir algo por Cristo, como le sucedió a los Apóstoles que salieron "dichosos de haber sido considerados dignos de padecer por el nombre de Jesús" (Hech 5, 41). Es el canto que suelta el corazón luego de haber estado contenido en medio de las angustias del trabajo. Es canto que une y que fortalece: "No estén tristes. La alegría del Señor es nuestra fortaleza" (Neh 8, 10).

Hoy nos hará bien preguntarnos, como presbiterio y como pueblo sacerdotal, acerca de lo que da júbilo a nuestro corazón. No es una pregunta marginal, una pregunta de tono menor. Preguntarnos si hay júbilo en nuestro corazón –para agradecerlo y pedirlo– es preguntarnos por lo que nos une en la santidad y lo que hace eficaz nuestra tarea pastoral, es preguntarnos por nuestra humildad y por nuestra fortaleza.

La misa crismal es Misa de júbilo para los sacerdotes: del júbilo de la unidad. Es el mismo Señor, que nos tiene a cada uno misionando y nos ha repartido por toda la arquidiócesis y más lejos aún (pienso en Xai-Xai y en los que están ayudando en otras diócesis), el que nos reúne el Jueves Santo, como quien coloca en un copón la Eucaristía y nos hace sentir en sus manos, unidos, para volver a partirnos y repartirnos en medio del pueblo fiel de Dios. Todo júbilo proviene de esta comunión presbiteral que nos regala Jesús nuestro Señor: unión en el Espíritu y unión en la Esposa, que es la Iglesia, una y santa. De esta actitud brotan luego todas las actitudes jubilares de un corazón sacerdotal.

El papa Juan Pablo II nos señala el marco de los grandes júbilos que en este año santo nos irán llenando el corazón: el júbilo de peregrinar pastoreando al pueblo fiel de Dios hacia la casa del Padre; el júbilo de cruzar umbrales y atravesar la Puerta, que es Cristo; el júbilo que da el tener la memoria purificada por haber sabido pedir perdón; el júbilo profundo que es fruto de la caridad heroica y el júbilo dramático que nos embarga la memoria al recordar a nuestros mártires. Y, junto con estos grandes, están –si se puede hablar así– los pequeños júbilos que forman parte de la vida cotidiana de cada corazón sacerdotal.

En las categorías del Evangelio podemos afirmar sin temor que un corazón sacerdotal fuerte es el que es capaz de saltar de júbilo al contemplar, por ejemplo, cómo sus catequistas dan clase a los más pequeños o sus jóvenes salen de noche a atender a quienes no tienen hogar. Un corazón sacerdotal es fuerte si conserva la capacidad de saltar de alegría ante el hijo pródigo que vuelve, a quien estuvo esperando pacientemente en el confesionario. Un corazón sacerdotal es fuerte si es capaz de dejar que se le vaya encendiendo la alegría con la palabra del Jesús escondido que se hace compañero de camino, como les pasó a los de Emaús. No nos olvidemos: La alegría del Señor es nuestra fortaleza y nos protege contra todo espíritu de queja que es señal de falta de esperanza, y contra toda impaciencia, más propia de funcionarios que de corazones sacerdotales.

Júbilo, pequeñez y fortaleza van muy juntos, y son las gracias que le pedimos al Señor que nos regale a los sacerdotes junto con todo nuestro pueblo fiel en este Jueves Santo del año Jubilar. Para recibir el júbilo que proviene del Espíritu le pedimos a nuestra Señora que nos enseñe cómo es eso de que la más grande es la más pequeña. Para recibir la gracia de la humildad le pedimos a la Esclava que nos enseñe cómo es eso de cantar el Magníficat en el servicio humilde y en el encuentro fraternal cotidianos. Para recibir la gracia de la fortaleza le pedimos a la Virgen que nos enseñe cómo es eso de no separar nunca, de mantener unidas alegría y pequeñez, y le pedimos por favor que, a los amigos de su Hijo Jesús, no se nos disperse nunca el corazón por la soberbia, sino que nos amemos y nos aceptemos humildemente como hermanos para que "la alegría del Señor sea nuestra fortaleza".

HOMILÍA, MISA CRISMAL, 2000

"El que me ama será fiel a mi palabra y a mi Padre le amará"

En esta misa del jueves Santo a la que año tras año nos convoca la Iglesia con este pasaje inaugural del Evangelio según san Lucas: "Vino a Nazareth donde se había criado, y, según su costumbre, entró en la sinagoga en día sábado y se levantó para hacer la lectura. Le entregaron el volumen del Profeta Isaías...", quiero detenerme unos instantes a contemplar, junto con ustedes, queridos hermanos en el sacerdocio, la misma escena: esa escena tan bien descripta nos pinta a Jesús en la sinagoga de su pueblo, como si dijéramos Jesús en la Iglesia del barrio, en nuestra parroquia. Nos hará bien meternos en la escena imaginando aquella capillita de Nazaret y también, ¿por qué no?, imaginando cada uno a Jesús en su parroquia, en su iglesia.

Si miramos lo que hace el Señor, el rito de la lectura sigue siendo actual, como cuando en la misa uno se levanta y sube al altar, le acercan el libro o el guía le señala la página. El Señor se levanta para hacer la lectura, lee a Isaías, se lo devuelve al ministro y se sienta. Ritos sencillos que nos hablan de tradición familiar, de sábados en la sinagoga de la mano de san José y de la Virgen, gestos decidores de Jesús que nos remiten a vida de parroquia. La imagen de Jesús adulto en la sinagoga es paralela en Lucas a la del Niño perdido y hallado en el Templo, al que suben también "según la costumbre" (Lc 2, 42). Lucas, como sabemos, hace girar la vida del Señor en torno al Templo de Jerusalén, desde la anunciación a Zacarías hasta la imagen final de los que forman la nueva comunidad, después de la Ascensión: "estaban siempre en el Templo bendiciendo a Dios" (Lc 24, 53).

Esta imagen grande de la relación del Señor con el Templo tiene su correlativo en la vida cotidiana: esas otras imágenes, las de las pequeñas sinagogas de los pueblos, en la sinagoga de Cafarnaún comienza aquel día típico en que cura al endemoniado y luego parte a la casa de Pedro –roca de la Iglesia– y cuando abren la puerta al atardecer se encuentran con esa multitud que se amontona para ser atendida por Jesús... (Lc 4, 40). También entonces las urgencias, como decimos en nuestra jerga, se apoderaban a veces del día. Es en la sinagoga donde Jesús cura al hombre de la mano paralizada, acechado por los fariseos (Lc 6, 6), donde recibe a los amigos del centurión el que le había construido la sinagoga al pueblo (Lc 7, 1ss.). Saliendo de la sinagoga cura a la hemorroísa y a la hija de Jairo, el jefe de la sinagoga (Lc 8, 49ss.). En la sinagoga endereza a la mujer encorvada para que vuelva a dar gloria a Dios con dignidad (Lc 13, 10ss.).

Esta es la imagen que hoy quiero poner de relieve: la de Jesús en medio del pueblo fiel de Dios, la de Jesús sacerdote y buen pastor en medio de la Iglesia universal y local. Porque en esta imagen está la fuerza de nuestra identidad sacerdotal. El Señor quiere seguir estando, a través nuestro, sus sacerdotes, en medio de su pueblo fiel (del que formamos parte). Quiere necesitarnos para hacer la Eucaristía, para caminar en Iglesia. Esa Iglesia que es Santuario que convoca a todo el pueblo fiel de Dios y -a la vez- Capilla pequeña en la que se gesta la vida de cada comunidad; esa Iglesia que es lugar santo en medio de las ciudades donde el Padre sigue convocando a los que quieren adorarlo en Espíritu y en verdad.

Nos hace bien contemplar a Jesús rodeado de todos los personajes que vemos a diario en nuestros templos: nunca faltan, en medio de la comunidad que se reúne para dar culto a Dios, ni el que no está del todo sano en su carne o en su alma, ni el mendigo de la mano seca, ni la mujer encorvada, ni las hemorroísas silenciosas que saben tocar el manto del Señor; no faltan los que quizá no practican, como el centurión, pero que ayudan con su limosna y su buena voluntad; no falta la gente que acude a escuchar la Palabra y que reza, se admira y alaba a Dios, ni faltan tampoco los que se escandalizan, los que vienen a chimentar, los fariseos que siempre están acechando a los demás con sus reglamentos sin caridad... Tampoco faltan en nuestros Templos los ancianos santos como Simeón y Ana, los chicos del catecismo que se quedan después de hora... Y con mucha frecuencia están entrando a rezar el fariseo y el publicano; y todos los días, aunque sólo Jesús lo ve, alguna viuda echa sus dos últimas moneditas en la alcancía de los pobres.

¿Cómo nos interpela este Jesús que "según su costumbre" entra en la sinagoga y lee? ¿Este Jesús que camina con su pueblo en las procesiones y hace fila entre los pecadores para que lo bautice Juan, este Jesús que celebra la Pascua y que está inmerso en medio de las tradiciones de su pueblo, renovándolo todo desde dentro? La gente se da cuenta de que todo se renueva en torno a Él. Por ello esta contradicción tan impresionante entre alabanzas exultantes y blasfemias envenenadas de odio ante alguien que sólo dice que esta escritura se cumple hoy. ¿Qué nos dice a nosotros, sacerdotes, a qué nos invita?

Nos invita a ser hombres de Iglesia, lo cual es la traducción más actual –y la más controvertida– del "imitar y seguir a Cristo". Hoy, como entonces, el Señor nos invita a estar en medio de nuestro pueblo fiel, empapados de sus tradiciones y costumbres, sin pretensiones ni elitismos exteriores e ilustrados de ninguna clase, y con un corazón que nos queme por dentro para que el Espíritu renueve la faz de la tierra y encienda el fuego que el mismo Señor trajo.

Nos invita a ser sacerdotes que sientan Madre a la Iglesia. Sacerdotes que siguen enamorados de la Iglesia Santa e Inmaculada verdadera Esposa de Cristo, y no pierdan la mirada esperanzada del primer amor. Sacerdotes capaces de ver y sentir a la Iglesia católica como una y la misma, tanto en las grandes celebraciones como en lo escondido del confesionario. Sacerdotes con un corazón abierto como el de la Iglesia para recibir a todos, muy especialmente y con toda la ternura posible a los que nuestra sociedad excluye y olvida, confirmándolos en su dignidad de hijos amados del Padre. Sacerdotes que corrigen primero a la Iglesia en sí mismos, pidiendo perdón de sus pecados y alimentándose de la Eucaristía y de la Palabra, y recién después, fraternalmente como dice el Evangelio, se animan a corregir algo en los demás, sin tirar nunca "perlas a los chanchos" que aprovechan nuestro manejo indiscreto de heridas o desavenencias para lastimar y burlarse de nuestra Madre la Iglesia. Sacerdotes que convocan creativa e incansablemente a los que el Padre atrae y acerca a su Hijo. Sacerdotes que salen a buscar a los que Jesús ama para traerlos al rebaño. Sacerdotes que llevan al mundo el Espíritu que santifica y que hace Iglesia, y no permiten que se instale en sus vidas la mundanidad espiritual.

Termino con un hecho que está un poco más adelante en este pasaje. Llama la atención que los que pasan de la alabanza al odio hasta el punto de querer despeñar al Señor, comienzan preguntándose: "¿No es éste el hijo de José?" La costumbre de conocer a Jesús y a su familia los alejó del Dios hecho carne. Y, en cambio, a Jesús, las costumbres de su pueblo no lo alejan ni del Padre ni de sus hermanos... todo lo contrario.

Quiero pedirle hoy a la Virgen y a san José, a ellos que supieron inculcar en Jesús este amor a la asamblea antigua de Israel y a sus costumbres, que nuestro amor a la Iglesia en todos sus hijos y en todas sus cosas, tenga este aire de familia. A María especialmente le pedimos, nosotros sacerdotes, que veamos su rostro y pensemos en su corazón de madre cuando hablamos de la Iglesia y cuando atendemos al más pequeño de sus hijos; que sintamos que lo que decimos de la Iglesia lo decimos de ella; que lo que el Señor quiere hacer en nosotros, Iglesia, son las mismas maravillas que hizo en ella. Le pedimos la gracia de que nuestro sacerdocio y la Iglesia haga sentir al pueblo fiel de Dios, tan amado como lo ama María.

Homilía, Misa Crismal, 2001

Lo unge para sanar,
lo unge para liberar...

La imagen de Jesús ungido y consagrado para ungir a su pueblo, comenzando por los más necesitados, nos llena de esperanza y marca el camino también en este momento de crisis profunda en nuestra vida como Nación. El Padre unge a su Hijo con una unción que lo hace un hombre "para" los demás. Lo unge para enviarlo a anunciar la Buena Noticia, lo unge para sanar, lo unge para liberar... Así como no hay nada en el Hijo que no provenga del Padre, tampoco hay nada en Él que no sea "para" nosotros. Jesús es ungido para ungir. Y nosotros, sacerdotes suyos, también somos ungidos para ungir.

En esta escena hay algo especial que llama la atención: Jesús lee a Isaías, se sienta y proclama con unción y sencilla majestad: "Esta Escritura que acaban de oír se ha cumplido hoy". Aunque el Señor ya había estado enseñando en las sinagogas (Lc 4, 15) y su fama se había extendido por toda la región, es evidente que recién está en los comienzos de su misión. Entonces, ¿cómo es posible hablar de cumplimiento? Esta manera de hablar les chocó a sus paisanos y lo desafiaron: "Lo que hemos oído que hiciste en Cafarnaúm, hacelo también aquí en tu tierra" (cfr. Lc 4, 23). Es como decirle: tenés que ir probando con nuevos milagros que sos el ungido. Este pedido de más señales será una constante en los que se niegan a creer en Jesús.

A nosotros también nos llama la atención que el Señor hable de cumplimiento cuando apenas ha comenzado su misión; e incluso a veces ¿no resuena en nuestro interior esa frase desesperanzadora: por qué no hacés aquí y ahora esos milagros que hemos oído que hiciste entonces? Esta frase nos separa del estilo del Ungido: en Jesús se cumplen las promesas cada día...y cuando no lo constatamos o no alcanzamos a verlo, la frase evangélica más bien debería ser: "¡Creo, Señor, pero aumenta mi fe!"

Lo mismo que sucede con la Eucaristía que se renueva cada día con la pobreza del pan, sucede también con la salud y la liberación que nos da el Señor. Podemos decir que todos los gestos del Ungido: sus palabras de anuncio, sus actos de sanación, la visión que nos comunica y la libertad que nos regala, tienen como característica la pobreza. Son gestos y acciones pobres: alcanzan para el día de hoy, y –aunque su unción fue "de una vez para siempre"– necesitan renovación constante y actualización constante, un arraigo continuo en la pobreza de cada momento de nuestra historia.

Así actúa Jesús. Para Él curar un enfermo, además de sanarlo de su enfermedad particular, es ungirlo para que se convierta, con su dolor ungido, en testigo del amor de Dios y se asocie a la Pasión salvadora del Señor. Jesús da vista a los ciegos no sólo para que puedan ver por sí mismos sus propios intereses sin ayuda de los demás. Para Él, dar la vista es ungir los ojos para que brote la fe y para que se fortalezca la práctica de la caridad gracias a esa alegría que da "ver lo que no se ve", ver con esperanza. Para Jesús liberar a los oprimidos no tiene como fin que, libres de todo peso, corran solos por la vida y hagan carrera. Liberar de toda esclavitud es ungir para que el peso ungido se convierta en el peso salvador de la cruz y para que, libres de toda opresión, carguemos con ánimo nuestra cruz y sigamos al Señor ayudando a otro a cargar con las suyas.

Lo que quiero decir es que la unción recae sobre lo más íntimo de la persona y no tanto sobre "las cosas" en las que redunda por desbordamiento. La profundidad y eficacia de la unción del Señor no se mide por la cantidad de milagros que pueda realizar, ni por lo lejos que llegue en su misionar, ni tampoco por lo arduo de su padecer... La profundidad, que llega hasta la médula de sus huesos, y la eficacia que hace que todo Él sea salvación para el que se le acerca, radica en la unión íntima y en la identificación total con el Padre que lo envió. Es precisamente la unción con que Jesús vive su unión con el Padre lo que hace que todo gesto suyo sea de cumplimiento. La unción es la que transforma su tiempo en *Kairós*, en tiempo de gracia permanente.

La misión se cumple "hoy" porque el Señor no sólo da pan, sino que Él mismo se hace pan. Esa liberación que Él hace a los oprimidos se cumple "hoy" porque el Señor no sólo perdona "limpiando manchas" en vestidos ajenos, sino que Él mismo "se hace pecado", se ensucia, se queda con las llagas... y así se pone en manos del Padre que lo acepta. Esa buena noticia se cumple "hoy" porque el Señor no sólo hace anuncios de que va a tomar medidas, sino que Él mismo es la medida que nos hace ver con la luz que tiene cada palabra suya.

También nosotros, queridos hermanos en el sacerdocio, somos ungidos para ungir. Ungidos, es decir unidos hasta la médula de nuestros huesos con Jesús y con el Padre. Al igual que el Bautismo la unción sacerdotal actúa de adentro hacia fuera. Al revés de lo que parece, el sacerdocio no es una gracia que viene del exterior y que nunca termina de entrar en lo profundo de nuestro corazón pecador. Somos sacerdotes en lo más íntimo, sagrado y misterioso de nuestro corazón, allí mismo donde somos hijos por el bautismo y morada de la Trinidad. Nuestro esfuerzo moral consiste en ungir, con esa unción profundísima, nuestros gestos cotidianos y más externos, de manera que toda nuestra vida se convierta, por nuestra colaboración, en lo que ya somos por gracia.

Ungidos para ungir, es decir para incorporar a esta unión con el Padre y el Hijo en un mismo Espíritu a toda persona. Que la unción sacerdotal nos vaya convirtiendo en Pan mientras ungimos el pan cotidiano al consagrarlo en cada Eucaristía y al compartirlo solidariamente con nuestros hermanos. Que la unción sacerdotal nos vaya convirtiendo en hombres llenos de ternura, mientras ungimos con bálsamo el dolor de los enfermos. Que la unción sacerdotal nos libere de nuestros pecados mientras ungimos con el Espíritu del perdón los pecados de nuestros hermanos y los ayudamos a llevar su cruz. Que la unción sacerdotal nos vaya convirtiendo en luz del mundo mientras predicamos con unción el Evangelio como nos mandó el Señor, enseñando a guardar todo lo que Él nos dijo. Que la unción sacerdotal unja nuestro tiempo y el uso que hacemos de él para que se convierta en "tiempo de gracia" para nuestros hermanos, mientras seguimos –al ritmo eclesial del Breviario– el curso ordinario de la vida que el Señor nos da.

En el clima de falta de credibilidad en que vivimos, en el que toda persona pública tiene que dar examen cada día, que no nos pase a nosotros lo mismo que a los compatriotas del Señor. Que no busquemos ni pretendamos otra credibilidad que la que proviene de la Unción de Cristo. Como dice Juan: "En ustedes permanece la unción que recibieron de Jesucristo y no necesitan que nadie venga a enseñarles. Él les ha dado la unción y ella les enseña todo; ella es verdadera y no mentirosa" (1 Jn 2, 27). Sólo lo que se vive y se hace con unción es digno de fe. Que María, que fue la primera en experimentar en plenitud la presencia del Ungido en su interior, nos contagie la alegría de su visión llena de esperanza, y con su ternura eclesial nos abra el ámbito en el que –a través de nuestras manos– pase la unción de Dios a su pueblo fiel.

Homilía, Misa Crismal, 2002

La esperanza de que Dios
CUIDE NUESTRA FRAGILIDAD

Las lecturas de hoy nos hablan de esperanza. La esperanza de que Dios cuide nuestra fragilidad.

Isaías expresa la esperanza del pueblo en el deseo de que venga el Mesías a cuidar la fragilidad de los pobres, desalentados por tantas malas noticias, heridos en su corazón más que en sus miembros, viviendo como prisioneros de los intereses de los poderosos. Y anuncia que cuando venga el Ungido, transformará al pueblo desolado en un pueblo sacerdotal, consolándolos con la buena noticia los hará anunciadores de buenas noticias para los demás pueblos. Vendando sus corazones heridos y liberándolos de toda esclavitud los hará ministros de la reconciliación y de la libertad. Cambiando su ropa de luto por el óleo de la alegría hará que todos los reconozcan como estirpe bendecida por el Señor.

Jesús, en el pasaje de san Lucas, concentra en sí y hace suya esta esperanza. La vuelve acontecimiento presente. Él es la fuente constante de esta gracia sacerdotal, siempre disponible para el que se anima a confiar en sus manos su fragilidad, para el que cree que en el "hoy" de Jesús se cumple la Escritura y todo anhelo humano. Por eso, en este día, como sacerdotes, queremos poner en las manos sacerdotales del Señor, como una ofrenda santa, nuestra propia fragilidad, la fragilidad de nuestro pueblo, la fragilidad de la humanidad entera -sus desalientos, sus heridas, sus lutos- para que ofrecida por Él se convierta en Eucaristía, el alimento que fortalece nuestra esperanza y vuelve activa en la fe nuestra caridad.

Toda ofrenda y todo diálogo entre Dios y los hombres tienen en Jesús Sacerdote ese carácter alegre y sencillo de una linda Eucaristía que conecta, en la ternura del pan, el culto con la vida. ¿Qué significa para nosotros, sacerdotes y pueblo sacerdotal, que Jesús es Sacerdote para siempre, mediador entre Dios y los hombres? Significa ese tono humilde y alegre de quien no quiere la gloria para sí sino que su gloria, es mediar para que el bien de su pueblo sea para gloria del Padre. Significa que nosotros, que participamos de ese sacerdocio, debemos tener nuestro gozo en ser el más humilde y humillado servidor de esa mediación que se realiza en Jesús. Significa que la Iglesia entera debe ser tan humilde y pacífica, tan tierna y unida que, como un solo pueblo sacerdotal, pueda ser lugar de mediación entre Dios y los hombres que aún no conocen esta gracia e intentan las más variadas mediaciones. Por eso, los invito, queridos hermanos en el sacerdocio único de Jesús nuestro Señor, a que juntos pidamos la gracia, para cada uno y para la Iglesia entera, de comprender la riqueza de la esperanza a la que hemos sido llamados: ser mediadores con Jesús y en Jesús, entre Dios y los hombres. Mediadores que ofrecen, junto con la de todo el pueblo de Dios, su propia fragilidad.

Que nos humillemos de tal manera que resulte fácil para nuestro Dios y para nuestros hermanos comunicarse a través nuestro. Que nuestro Padre del Cielo sienta, como siente de su Hijo predilecto, que a través nuestro puede llegar con su bendición y con su palabra a los más pequeñitos de sus hijos. Que la gente sienta, como siente de Jesús y de la Virgen, que a través nuestro puede ofrecer al Señor sus sacrificios cotidianos, esos que tejen su vida de trabajo y de familia, y expresarle a Dios que lo quiere, que lo necesita y que lo adora y alaba de corazón. Les pido que cuidemos nuestro sacerdocio cuidando esta ofrenda.

Sabemos que la unidad se conserva cuidando las mediaciones. Y la Esperanza es mediadora por excelencia cuando está atenta a los pequeños detalles en los que se da ese misterioso intercambio de fragilidad por misericordia. Cuando hay buenos mediadores, de esos que cuidan los detalles, no se rompe la unidad. Jesús era muy cuidadoso con los detalles.

El "pequeño detalle" de que faltaba una ovejita.

El "pequeño detalle" de que se estaba acabando el vino.

El "pequeño detalle" de la viuda que ofreció
sus dos moneditas.

El "pequeño detalle" del que no perdonó una
deuda pequeña después de haber sido perdonado
en la deuda grande.

El "pequeño detalle" de tener aceite de repuesto
en las lámparas por si se demora el novio.

El "pequeño detalle" de ir a fijarse cuántos panes tenían.

El "pequeño detalle" de tener un fueguito preparado
y un pez en la parrilla mientras esperaba a los discípulos
de madrugada.

El "pequeño detalle" de preguntarle a Pedro,
entre tantas cosas importantes que se venían,
si de verdad lo quería como amigo.

El "pequeño detalle" de no haberse querido
curar las llagas.

Son los modos sacerdotales que tiene Jesús de cuidar la esperanza que congrega en la unidad.

La esperanza de que no falte ninguno. La esperanza de que no se acabe la alegría, sino que sea sobreabundante y nueva. La esperanza de que Dios ve con sumo agrado nuestros gestos de amor más escondidos. La esperanza de que el perdón sea contagioso. La esperanza de que cuidar la propia lucecita hace al brillo de la fiesta grande. La esperanza de que el pan alcance para todos. La esperanza de que Él siempre está en la otra orilla.

La esperanza de que, al fin y al cabo, lo que más le importa a Dios es que seamos sus amigos.

La esperanza de que tanto dolor no quede en el olvido sino que a uno por uno Dios le bese sus llagas al llegar al Cielo y sean ellas la marca de una Gloria humilde y agradecida.

Le pedimos a la Virgen, madre de los sacerdotes, madre del pueblo sacerdotal, que cuide en nosotros, sus hijos, la fragilidad de nuestra esperanza, recordándonos lo que nos fue anunciado a través de ella: que no hay nada imposible para Dios.

HOMILÍA, MISA CRISMAL, 2003

¿A dónde llevamos la fragilidad que salimos a buscar y que estamos cuidando?

La preocupación pastoral del año pasado de "cuidar la fragilidad de nuestro pueblo" nos lleva a rezar y a preguntarle al Señor con sencillez de servidores: ¿A dónde llevamos la fragilidad que salimos a buscar y que estamos cuidando? ¿Cuál es la gracia que te debemos pedir para cuidar bien a los más vulnerables, a tus preferidos?

Traigamos hoy al corazón la mirada del Señor en tantas ocasiones en las que, conmovido, se detenía a contemplar la fragilidad de su pueblo. La compasión entrañable de Jesús no era algo que lo ensimismara, no era una compasión paralizante, como muchas veces nos sucede a nosotros, sino todo lo contrario: era una compasión que lo movía a salir de sí con fuerza, con audacia, para anunciar, para enviar en misión, para enviar a sanar, como dice el pasaje del evangelio que acabamos de leer.

Allí contemplamos al Señor asumiendo con parresía la misión de evangelizar. Fijémonos en los verbos que el Señor toma de Isaías: "anunciar" (*euangelizein*) y "predicar" (*keruzein*), dos acciones que realiza impulsado por el Espíritu que lo unge para la misión. Notemos, por ejemplo, lo que dice de los "oprimidos"; ¡no se trata de un simple liberar cautivos! El evangelio dice que el Señor viene "para enviarlos (*aposteilai*) en misión liberados de su esclavitud". De entre los mismos que antes eran cautivos, el Señor elige a sus enviados. Nuestro Señor Jesucristo irrumpe en nuestra historia –marcada por la vulnerabilidad– con un dinamismo imparable, lleno de fuerza y de coraje. Ése es el *kerygma*, el núcleo de nuestra predicación: la proclamación rotunda de esa irrupción de Jesucristo encarnado, muerto y resucitado, en nuestra historia.

En el diagnóstico que hace Jesús de la situación del mundo no hay nada de quejumbroso, nada de paralizante, por el contrario: es una invitación a la acción fervorosa. Y la mayor audacia consiste precisamente en que se trata de una acción inclusiva, en la que asocia a Sí a los más pobres, a los oprimidos, a los ciegos..., a los pequeñitos del Padre. Asociarlos haciéndolos partícipes de la Buena Noticia, partícipes de su nueva visión de las cosas, partícipes de la misión de incluir a otros, una vez liberados. Podríamos decir, en nuestro lenguaje actual, que la mirada de Jesús no es para nada una visión "asistencialista" de la fragilidad. El Señor no viene a sanar a los ciegos para que puedan ver el espectáculo mediático de este mundo, sino para que vean las maravillas que Dios hace en medio de su pueblo. El Señor no viene a liberar a los oprimidos –por sus culpas y por las de las estructuras injustas– para que se sientan bien, sino para enviarlos en misión. El Señor no anuncia un año de gracia para que cada uno, sanado del mal, se tome un año sabático, sino para que, con Él en medio de nosotros, vivamos nuestra vida participando activamente en todo lo que hace a nuestra dignidad de hijos del Dios vivo.

El Señor, cuando mira nuestra fragilidad, nos invita a cuidarla no con temor sino con audacia. "¡No teman! Yo he vencido al mundo". "Yo estoy con ustedes todos los días hasta el fin del mundo". Por ello, la conciencia de la propia fragilidad, humildemente confesada por Pedro, no suscita por parte del Señor una invitación al repliegue sino que lo mueve a enviarlo en misión, a exhortarlo a que navegue mar adentro, a que se anime a ser pescador de hombres. La magnitud de la vulnerabilidad del pueblo fiel, que llena de compasión al Señor, no lo lleva a un cálculo prudente de nuestras posibilidades limitadas, tal como le sugieren los apóstoles, sino que los urge a la confianza sin límites, a la generosidad y al derroche evangélico, como sucedió en la multiplicación de los panes. El envío del Señor resucitado, que corona el Evangelio, está en consonancia con el pasaje de hoy, que es inaugural: "Vayan y enseñen a todas las gentes, bautizándolas... y enseñándoles a guardar todas cuantas cosas les mandé" (Mt 28, 19).

La audacia y el coraje apostólicos son constitutivos de la misión. La parresía es sello del Espíritu, testimonio de la autenticidad del kerygma y del anuncio evangélico. Es esa actitud de "libertad interior" para decir abiertamente lo que hay que decir; ese sano orgullo que nos lleva a "gloriarnos" del Evangelio que anunciamos; esa confianza inquebrantable en la fidelidad del testigo fiel, que da a los testigos de Cristo la seguridad de que "nada los puede separar del amor de Dios" (Rom 8, 38 ss.). Si los pastores tenemos esta actitud, entonces está bien cuidada y conducida la fragilidad de nuestro pueblo. Ésa es, entonces, la gracia que queremos pedirle al Señor para cuidar bien la fragilidad de nuestro pueblo: la gracia de la audacia apostólica, audacia fuerte y fervorosa en el Espíritu.

A Nuestra Señora le pedimos esta gracia humilde y confiadamente. A ella que ha sido llamada "la primera evangelizadora". A ella, la mujer eucarística que nos entrega a Cristo, ella es la que nos exhorta para que "hagamos todo lo que Jesús nos dice". Ella es la primera que experimenta en su interior la alegría de salir a evangelizar y la que participa primero de la audacia inaudita del Hijo y contempla y anuncia cómo Dios "muestra el poder de su brazo, desbarata a los soberbios en los proyectos de su corazón, derroca a los potentados y enaltece a los humildes, llena de bienes a los hambrientos y despide vacíos a los ricos". De esta audacia de María estamos invitados a participar como sacerdotes de la Iglesia santa. A este ámbito de alegría evangélica –que es nuestra fortaleza– es a donde debemos conducir la fragilidad de nuestro pueblo que salimos a buscar. Ésa es la Buena Noticia: que pobres, frágiles y vulnerables, pequeños como somos, hemos sido mirados, como ella, con bondad en nuestra pequeñez y somos parte de un pueblo sobre el que se extiende, de generación en generación, la misericordia del Dios de nuestros padres.

Homilía, Misa Crismal, 2004

"Hoy se ha cumplido este pasaje de la Escritura que acaban de oír"

Me impresiona el "hoy" de Jesús, ese hoy tan único en el que la espera milenaria y paciente del pueblo de Israel se concentra en el Ungido para volver a expandirse en el tiempo de la caridad y del anuncio evangélico de la Iglesia.

Hoy le pedimos al Señor la gracia de cuidar como Él la fragilidad de nuestro pueblo; el año pasado le pedíamos salir a buscar a nuestro pueblo con audacia apostólica. Quisiera que nos detengamos unos momentos a sentir cómo esa fragilidad y esa audacia están insertas en el "hoy de Jesús". Ese "hoy" de Jesús es "kairos", tiempo de gracia, fuente de Agua Viva y de Luz, que brota del Verbo eterno hecho carne, carne con historia, con cultura, con tiempo.

La Iglesia vive en el Hoy de Jesús, y esta misa crismal, preludio de la de Pascua, que nos reúne como un solo cuerpo sacerdotal en el espacio santo de nuestra Catedral, es de las expresiones más plenas del hoy de Jesús, ese hoy perenne de la última cena, fuente de perdón, de comunión y de servicio. Él está con nosotros anunciándonos su Palabra, liberándonos de nuestras esclavitudes, vendándonos los corazones heridos... Sólo en el hoy de Jesús está bien cuidada la fragilidad de nuestro pueblo fiel. Sólo en el hoy de Jesús la audacia apostólica es eficaz y da fruto.

Fuera de ese hoy –fuera del tiempo del Reino, tiempo de gracia, de buenos anuncios, de libertad y de misericordia– los otros tiempos, el tiempo de la política, el tiempo de la economía, el tiempo de la tecnología, tienden a convertirse en tiempos que nos devoran, que nos excluyen, que nos oprimen. Cuando los tiempos humanos pierden su sintonía y tensión con el tiempo de Dios se vuelven extraños: repetitivos, paralelos, demasiado cortos o infinitamente largos. Se vuelven tiempos cuyos plazos no son humanos, los plazos de la economía no tienen en cuenta el hambre o la falta de escuela de los chicos, ni la afligida situación de los ancianos, el tiempo de la tecnología es tan instantáneo y cargado de imágenes que no deja madurar el corazón y la mente de los jóvenes, el tiempo de la política parece, a veces, ser circular: como el de una calesita en la que la sortija la sacan siempre los mismos. En cambio el hoy de Jesús, que a primera vista puede parecer aburrido y poco emocionante, es un tiempo en el que se esconden todos los tesoros de la sabiduría y de la caridad, un tiempo rico en amor, rico en fe y riquísimo en esperanza.

El hoy de Jesús es un tiempo con memoria, memoria de familia, memoria de pueblo, memoria de Iglesia en la que está vivo el recuerdo de todos los santos.

La liturgia es la expresión de esta memoria siempre viva. El hoy de Jesús es un tiempo cargado de esperanza, de futuro y de cielo, del cual poseemos ya las arras, y lo vivimos por adelantado en cada consolación que nos regala el Señor. El hoy de Jesús es un tiempo en el que el presente es un constante llamado y una renovada invitación a la caridad concreta del servicio cotidiano a los más pobres que llena de alegría el corazón. En ese hoy queremos salir al encuentro de nuestro pueblo, cotidianamente.

En el hoy de Jesús no queda lugar para el temor a los conflictos ni para la incertidumbre ni la angustia. No hay lugar para el temor a los conflictos porque en el hoy del Señor "el amor vence al temor". No hay lugar para la incertidumbre porque "el Señor está con nosotros 'todos los días' hasta el fin del mundo", Él lo ha prometido y nosotros sabemos "en quién nos hemos confiado". No hay lugar para la angustia porque el hoy de Jesús es el hoy del Padre, que "sabe muy bien lo que necesitamos" y en sus manos sentimos que "a cada día le basta su afán". No hay lugar para la inquietud porque el Espíritu nos hace decir y hacer lo que hace falta en el momento oportuno.

La audacia del Señor no se limita a gestos puntuales o extraordinarios. Es una audacia apostólica que se deja moldear, diríamos, por cada fragilidad, por el tiempo de cada fragilidad. Y la pastorea hasta hacerla entrar en el tiempo de Dios. Este hoy de Jesús crea el espacio del encuentro y le marca sus momentos. Para salir al encuentro de la fragilidad de nuestro pueblo, debemos entrar antes nosotros en ese tiempo de gracia del Señor. En nuestra oración, en primer lugar, tiene que fortalecerse el corazón al sentir que está viviendo el cumplimiento de las promesas. Entonces sí, podemos salir con audacia, confiados en la providencia, abiertos realmente a los otros, sin las anteojeras de nuestros propios intereses sino deseosos de los intereses del Señor.

Pero hay también otra forma de entrar en el tiempo del Señor que consiste en salir de nosotros mismos y entrar en el tiempo de nuestro pueblo fiel. Nuestro pueblo fiel vive este hoy de Jesús mucho más de lo que a veces algunos creen. Y ayuda mucho al fervor espiritual y a la confianza en Dios, el que como pastores, nos dejemos moldear el corazón en medio de las fragilidades de nuestro pueblo y por su modo de cargar con ellas. Dejarse moldear el corazón es saber leer, por ejemplo, en los reclamos sencillos e insistentes de nuestro pueblo, el testimonio de una fe capaz de concentrar toda su experiencia del amor que Dios les tiene en el gesto sencillo de recibir una bendición (¡qué lindo cómo sabe agradecer la bendición nuestro pueblo fiel!). Dejarse moldear el corazón es saber leer en los tiempos largos que tiene nuestra gente, entre confesión y confesión, por ejemplo, un ritmo de vida peregrinante, de aliento largo, marcado por las grandes fiestas..., saber leer, digo, una esperanza que mantiene incólume el hilo conductor del amor de Dios a lo largo de todo un año, sin que le hagan mella los vaivenes de la vida. Es que en el corazón de nuestro pueblo está siempre actual aquel anuncio del Ángel: "No teman, pues les anuncio una gran alegría, que lo será para todo el pueblo: les ha nacido hoy, en la ciudad de David, un salvador, que es el Cristo Señor" (Lc 2, 10). Ese hoy de Jesús que nace en medio de su pueblo es el hoy del Padre que le dice: "Tú eres mi hijo, yo te he engendrado hoy" (Cfr. Hb 5, 1-6).

Entremos, pues, en el hoy salvador de Jesús que nos dice: "Hoy se ha cumplido este pasaje de la Escritura que acaban de oír". Entremos en el hoy de nuestro pueblo fiel. Sintiéndonos unidos a Jesús, el Buen Pastor, salgamos al encuentro de nuestro pueblo. A cuidarle, con Jesús, la esperanza, con las buenas noticias del Evangelio de cada día. A cuidarle, con Jesús, la caridad, liberando cautivos y oprimidos. A cuidarle, con Jesús, la fe, devolviendo la vista a los ciegos.

Le pedimos a san José, ya que este año su fiesta nos introdujo en la Semana Santa, que nos haga entrar activa y contemplativamente en el hoy de Jesús, el hijo adoptivo que ayudó a criar. San José tuvo la gracia de entrar primero en ese hoy de Jesús en el que ya había entrado María, y ver cómo el Niño iba creciendo en estatura, sabiduría y gracia. San José sabe cómo cuidar con coraje esas fragilidades –la de María, la del Niño– que terminan por fortalecer la propia. Que él nos conceda esta gracia.

Homilía, Misa Crismal, 2005

La homilía de Jesús fue cortita

"Hoy se ha cumplido este pasaje de la Escritura que acaban de oír". Sabemos que la cosa siguió. Que fue una homilía muy participada, con exclamaciones de admiración de la gente y frases irónicas, como la del hijo del carpintero... Y también que Jesús provocó a sus paisanos con esas afirmaciones tan tajantes acerca de la mala aceptación de los profetas en su tierra y de los milagros que Dios no podía hacer en su pueblo por su falta de fe. Sabemos que los ánimos se caldearon hasta el punto de querer despeñar a Jesús. Pero que en el clímax de la exasperación el Señor pasó en medio de ellos y se fue a predicar a Cafarnaún.

La inauguración del año de Gracia resultó bien desconcertante. Eso sí, la imagen que queda es la de la majestad litúrgica con que se mueve el Señor dominando la escena. Él se levanta a leer la lectura, Él concluye el episodio: "pasando por en medio de ellos, seguía su camino". Aunque la liturgia terminó fuera de la Sinagoga, el final parece una de nuestras salidas de misa por en medio de la gente.

Sucedió como si en pocos instantes se hubiera adelantado y concentrado lo que ocurriría luego a lo largo de la vida pública del Señor: la evangelización de los pobres, los milagros, la aprobación de la gente, después la indignación y el llevarlo a la Cruz y el Señorío de Jesús Resucitado. El Señor hace su anuncio y provoca que se desaten las cosas, sólo que no deja que lo despeñen ahí mismo. Es la inauguración profética del año de Gracia. Con sus palabras y gestos, y con lo que permitió que hicieran y dijeran los demás, el Señor comienza dramáticamente la misión para la que fue ungido.

El Señor hizo pasar a sus paisanos de la maravilla al rechazo. ¿Por qué? podemos preguntarnos. Primero, todos dan testimonio a su favor y se maravillan de las palabras de Gracia que salen de sus labios... Pero minutos después lo quieren despeñar. ¿Había necesidad de provocar a su gente? ¿No viene el Ungido a traer una Buena Noticia a los pobres, a anunciar un año de Gracia...? ¿Por qué los desconcierta? Nuestra Señora, que seguramente estaba presente, habrá recordado las palabras del viejo Simeón: "Éste está puesto para caída y elevación de muchos en Israel, y para ser señal de contradicción –¡y a ti misma una espada te abrirá el alma!– a fin de que queden al descubierto las intenciones de muchos corazones" (Lc 1, 34-35).

La bondad con la que Jesús está ungido es un "hoy" tan fuerte, tiene un poder de realización tan intenso que produce contradicción, no permite que las cosas vayan por el camino formal de los buenos modales; hace salir lo que cada uno tiene en el corazón. A algunos, como a nuestra Señora, la presencia de Jesús les abre el alma como con una espada y los unge con su Espíritu derramando en ellos todo su amor. A otros, como a los fariseos, no les permite ocultar su egoísmo ni posponer su bronca, y los vuelve obstinados en su encerramiento. El hoy del Ungido interpela, destapa las ollas, desinstala de posturas tomadas. El Señor anuncia una Buena Noticia que libera y hace ver. Allí es donde unos se dejan ungir y misionar para ayudar a los demás y otros cierran los ojos y vuelven a su esclavitud, en la que se sienten más cómodos y seguros.

Así vemos que la misión de amor para la cual es ungido el Señor por el Espíritu no la puede cumplir sin desinstalar primero el egoísmo. El Señor viene a anunciar la Buena Noticia que esperaba la fe, y que nos desinstala haciendo que se desenmascare nuestro escepticismo (ese que siempre piensa "¿pero no es éste el hijo de José"?), para que podamos entregarle nuestra fe total; el Señor viene a prestar el servicio de misericordia que nos desinstala de nuestro pecado, y nos pone ante la opción de ser como las viudas y los leprosos de Israel que no se dejaron curar o, por el contrario, como Nahamán el sirio y la viuda de Sarepta que recibieron la sanación. El Señor viene a inaugurar su Reino, con su humildad y mansedumbre nos desinstala de todo sueño cómodo de poder y vanidad eclesiásticos y nos invita a volvernos disponibles, a estar al servicio de los demás.

La palabra y los gestos del Señor liberan y abren los ojos de todos. Nadie queda indiferente. La palabra del Señor siempre hace optar. Y uno, o se convierte y pide ayuda y más luz, o se cierra y se adhiere con más fuerza a sus cadenas y tinieblas.

La misión que el Señor realiza no es una tarea externa –yo anuncio y después ustedes vean–; es una misión que a Él le implica el don total de sí y a los que lo reciben les implica recibirlo íntegramente. De allí la unción. La unción es un don total. Sólo puede ungir el que tiene la unción y sólo puede ser ungido el que se anonada y se despoja de sí para poder recibir este don total. Jesús, el Hijo amado, es el Ungido porque lo recibe todo del Padre. El Señor no tiene nada por sí mismo ni hace nada por sí mismo: en Él todo es unción recibida y cumplimento de la misión. Así como lo recibe todo, lo da todo mediante el servicio y la entrega de su vida en la Cruz. Para poder recibir un don tan total necesitamos que el Señor nos enseñe a despojarnos de nosotros mismos, a abajarnos, a anonadarnos.

La fe, por ejemplo, es ungir al otro con nuestra confianza y adhesión total, y para ello uno debe despojarse de sus reservas mentales y prejuicios. El pueblo fiel recurría al Señor con esta fe, le brindaba toda su confianza, y por eso el Señor podía ungirlos con su sanación. La caridad también es una unción, es ungir al otro con nuestras obras de misericordia pero practicadas desde el don de nosotros mismos, que supone despojo y entrega: la caridad unge al otro con el don total de sí, no con dar cosas. Y el Señor nos desinstala para poder ungirnos.

El Espíritu unge al Señor hoy para realizar su misión hoy, en ese hoy permanente del Reino. La unción es tan total que siempre es hoy, cuando se recibe todo se transforma en hoy. La fe es hoy, la esperanza es hoy, la caridad es hoy, aquí y ahora. No hay lugar para poner nada entre paréntesis. Por eso la necesidad del Señor de desinstalarnos de todo aquello que impide que seamos ungidos hoy para ungir a los demás. La unción sella un hoy que se vuelve permanente, que se hace Iglesia, Asamblea. La unción sella una misión que necesita la persona toda, todos los días, para ir a todas partes a ungir a todos los hombres, con todo el corazón. Por eso, la unción es verdaderamente católica, en sentido cuantitativo y cualitativo.

Esta homilía cortita del Señor fue un acto de amor. No una bravuconada. Desinstalar al otro para que se abra a la unción, sólo una palabra de amor lo logra. Si algunos sacaron a relucir su odio es porque ya lo tenían dentro. La palabra amorosa de Jesús lo puso de manifiesto y en vez de consolidarse en esa actitud de odio bien podrían haberse arrepentido. Que Dios nos desinstale siempre es un acto de amor. Jesús le está diciendo a su pueblo que, en ese momento, está realizando un milagro más grande que los que realizó en Cafarnaún: está inaugurando el año santo, el año del Ungido que viene a ungir con su Espíritu, el tiempo de Gracia. Es tan fuerte la invitación que supera a sus paisanos y no saben qué hacer con Él. Ni siquiera lo pueden apedrear. Jesús instaura el Reino mostrándose soberano. Así, desinstalado de todo –incluso de la buena opinión de sus paisanos– comienza a predicar y a hacer real el Reino.

Esta primera homilía de Jesús, con la que Lucas lo hace inaugurar su misión en el ámbito del Templo, fue y sigue siendo dramáticamente desinstaladora. Jesús nos desinstala de toda otra actitud que no sea la de tener los ojos fijos en Él. "Todos en la sinagoga tenían los ojos fijos en Él", en Jesús, el Testigo Fiel. La Carta a los Hebreos expresa esto de manera ejemplar: "también nosotros, teniendo en torno nuestro tan gran nube de testigos, sacudamos todo lastre y el pecado que nos asedia, y corramos con fortaleza la prueba que se nos propone, fijos los ojos en Jesús, el que inicia y consuma la fe, el cual, en lugar del gozo que se le proponía, soportó la cruz sin miedo a la ignominia y está sentado a la diestra del trono de Dios" (Heb 12, 1-2).

Le pedimos, pues, estas gracias al Señor:

207

Que desinstalados del pecado corramos la prueba que se nos propone con los ojos fijos en Jesús. Así como Él se desinstaló del gozo que se le proponía para venir a buscarnos a nosotros, sus hijos pródigos, sus ovejitas perdidas.

Que el hoy de Jesús nos desinstale de todos los pasados en los que, a veces por dureza y a veces por comodidad, nos queremos refugiar, y de todos los futuros que, a veces por ambición y a veces por miedo, pretendemos controlar, y nos sitúe en el hoy del Amor de Dios. Ese amor que, como dice el Papa "es 'éxtasis', no en el sentido de arrebato momentáneo, sino como camino permanente, como un salir del yo cerrado en sí mismo hacia su liberación en la entrega de sí. Porque 'El que pretenda guardarse su vida, la perderá; y el que la pierda, la recobrará' (Lc 17, 33)" (DCE 6).

HOMILÍA, MISA CRISMAL, 2006

ENVIADOS PARA LLEVAR
ESA UNCIÓN CON FERVOR APOSTÓLICO
A TODAS LAS PERIFERIAS

Nuevamente jueves santo y misa crismal. Los sacerdotes de la Arquidiócesis nos juntamos y nos ponemos en medio del Pueblo sacerdotal de Dios, del cual hemos sido sacados y al que somos enviados. Apartados para ser consagrados por la unción, enviados para llevar esa unción con fervor apostólico hasta todas las periferias: allí donde la trascendencia del Dios siempre Mayor se toca con nuestros límites, con el límite abierto de cada corazón humano, con el límite doloroso de cualquier pobreza, con el límite necesitado de ternura de toda fragilidad.

Nuestros rostros sacerdotales desean configurarse como un único rostro, el de Jesús Sacerdote, para que nuestros pueblos en Él tengan vida. Esa vida cristiana que brota de la efusión del Espíritu que el Señor nos regaló en la Cruz, vida espiritual que se encarna en todas las dimensiones de la persona y de cada cultura, y las va transfigurando.

Hay un aspecto en el pasaje evangélico de hoy –el mismo de cada jueves santo– que llama la atención. Más que un detalle es algo que falta en el relato, pues la narración de la escena nos hace sentir que la gente de la Sinagoga de Nazareth se quedó como esperando algo más de Jesús...

Porque si Él verdaderamente estaba anunciando que era el Ungido del Padre, que sobre su cabeza reposaba el Espíritu, la expectativa lógica era que aconteciera alguna efusión especial del Espíritu. Se tendría que haber dado algo como lo que sucedió después en Pentecostés. Al menos un pequeño Pentecostés, como el del Bautismo en el Jordán. Pero no. Jesús se sentó y se quedó un rato quieto y en silencio. Se puso a disposición, diríamos; simplemente agregó: «Hoy se ha cumplido este pasaje de la Escritura que acaban de oír».

Ante ellos tenían al Ungido, ahora era cuestión de que comenzaran a usufructuar su gracia. Sabemos lo que pasó a continuación. Como siempre, hubo gente a la que no le bastó este anuncio solemne y claro del Señor. Querían más. Algo distinto. Y, desde ese momento y a lo largo de sus vidas, seguirían exigiendo siempre otros signos al Señor.

Ya el anciano Simeón le había profetizado a nuestra Señora que estaba con san José, que su Hijo sería una bandera discutida, que su simple presencia haría que se dividieran los corazones. Menciono a Simeón porque Lucas utiliza para con él la misma frase: "Estaba en él el Espíritu Santo" (Lc 2, 25). La reacción de alegría y de profunda fe del anciano Simeón al ver al Ungido que entraba en el Templo en brazos de su madre y de su padre –como uno más del pueblo de Dios–, debería haber sido la reacción definitiva de los paisanos de Jesús al verlo entrar en su sinagoga, como un joven Rabbí, sin nada espectacular. Es más, esa reacción de fe y de alegría fue la primera reacción espontánea de la Asamblea ante la Palabra del Señor. Lucas hace notar que "todos daban testimonio de Él y estaban admirados de las palabras llenas de gracia que salían de su boca" (v. 22). Luego, enseguida, la contra-reacción del mal espíritu va más allá, y su desmesura manifiesta que no se trata de un simple rechazo al Maestro que tienen delante sino rechazo al Espíritu que habita en cada uno de ellos y que un rato antes les había suscitado admiración y fe en su interior. Rechazan al Espíritu Santo dentro de sí mismos y dan lugar al propio o al mal espíritu. Simeón, en cambio, es modelo de los que reconocen la moción interior del Espíritu, de los que saltan de alegría al estar en presencia del Ungido, sin necesidad de signos ni de efusiones especiales.

El Señorío de Jesús al leer a Isaías debería haberles bastado a sus vecinos. Si uno posee en su interior al Espíritu y lo escucha, sabe reconocer el Señorío cuando está ante él. De allí viene la alegría del Señor cada vez que la fe de los más sencillos lo reconoce como el Ungido con solo pasar cerca de ellos. Al ser reconocido en su humilde "velamiento", se activaban los dones del Espíritu, del cual estaba lleno Jesús, y salían sus gracias y misericordias para derramarse como un manantial de bondad, sobre aquellos que confiadamente se lo pedían.

Esta escena que reiteradamente escuchamos cada jueves santo es una invitación de la Iglesia a sus sacerdotes a "fijar los ojos en Jesús". Pero no con la mirada de aquella asamblea reaccionaria, que en el fondo quería "espectáculo", signos y más signos, sino con los ojos de la Asamblea de la que nos habla la Carta a los Hebreos: "Por tanto, también nosotros, teniendo en torno nuestro tan gran nube de testigos, sacudamos todo lastre y el pecado que nos asedia, y corramos con fortaleza la prueba que se nos propone, fijos los ojos en Jesús, el que inicia y consuma la fe, el cual, en lugar del gozo que se le proponía, soportó la cruz sin miedo a la ignominia y está sentado a la diestra del trono de Dios... Fíjense en aquel que soportó tal contradicción de parte de los pecadores, para que no desfallezcan faltos de ánimo" (Heb 12, 1-3).

Fijar los ojos en Jesús teniendo en torno nuestro tan gran nube de testigos. La nube de testigos junto a la cual queremos mirar al Señor es el santo pueblo fiel de Dios, que mira con fe a Jesús Sacerdote y sabe verlo en nosotros, que participamos de la unción del Señor. La Iglesia nos invita a mirar nuestro sacerdocio como lo mira el pueblo sencillo y creyente. La invitación es a poner el corazón en este misterio de la unción del Señor del cual participamos por el sacerdocio: "En cuanto a ustedes, están ungidos por el Santo y todos ustedes lo saben", nos dice Juan (1 Jn 2, 20). Y, a la vez, poner el corazón aquí, en medio de la Asamblea santa. Aquí, en medio de nuestro pueblo fiel, nuestra conciencia sacerdotal recupera la memoria de la unción, aquí se "reaviva en nosotros el don de Dios", que recibimos por la imposición de las manos, aquí sentimos nuestra pertenencia y se vuelven netos los rasgos de nuestra identidad sacerdotal.

Sabemos que somos ungidos: lo sabemos más todavía si con humildad miramos a Jesús y nos dejamos mirar por los ojos sabios de nuestro pueblo. Esos ojos pedigüeños de nuestro pueblo fiel que no permiten que nuestra conciencia se aísle en ninguna forma sectaria de auto-unción elitista o eticista sin bondad. Esos ojos agradecidos de nuestro pueblo fiel que nos premian con su reconocimiento cada vez que lo servimos con cariño y generosidad y no permiten que pongamos nuestra mirada en ningún escalafón ni en veleidad mundana. Esos ojos sufridos de nuestro pueblo fiel que nos alientan al trabajo, a una vida de laboriosidad, y alimentan nuestro fervor apostólico rescatándonos de toda pereza burguesa, ese "aceite malo" que unge en la parálisis del narcisismo y la comodidad. Esos ojos pacientes de nuestro pueblo fiel que tantas veces nos suplican que lo ayudemos a curar sus divisiones, ésas que destruyen amistades y familias, y –en ese pedido de unidad– nos hacen sentir que también son fruto del "aceite malo" los desgarros entre nosotros, el espíritu quejumbroso, la murmuración y las críticas que desfraternizan. Esos ojos piadosos de nuestro pueblo fiel que miran y adoran a Jesús Sacramentado, que contemplan la imagen de la Virgen como refugiándose en su maternidad protectora, esos ojos piadosos nos están suplicando que nuestro corazón sacerdotal sea orante y adorador.

Es que cuando nos dejamos ungir por la mirada de nuestro pueblo y nos ponemos a ungirlo con dedicación, revive la primera unción sacerdotal que hemos recibido por la imposición de las manos y participamos de la belleza de ese óleo de alegría con que fue ungido el Hijo predilecto: "Te ungió, ¡oh Dios!, tu Dios con óleo de alegría con preferencia a tus compañeros" (Heb 1, 9). Esta alegría nos resguarda de la mundanidad espiritual, nos protege de todo encandilamiento falso y de cualquier gozo pasajero que nos aleja de los gozos humildes y sobrios de quienes tienen corazón de pobre.

Contemplando el Señorío sin efusiones de Jesús en medio de esta escena que nos regala el evangelio del jueves santo y sintiendo sobre nosotros la mirada de nuestro pueblo fiel, recuperamos la memoria de nuestra primera unción, aquel día en que nos impusieron las manos sobre nuestro "primer amor". También pedimos al Padre y a María, madre de los sacerdotes, la gracia de participar en plenitud de esa unción que llevó al Señor a pasar silenciosamente, en medio de su pueblo, "haciendo el bien", como dice Pedro: "Dios a Jesús de Nazaret lo ungió con el Espíritu Santo y con poder..., Él pasó haciendo el bien y curando a todos los oprimidos por el Diablo, porque Dios estaba con Él" (Hch 10, 38).

HOMILÍA, MISA CRISMAL, 2007

"¿POR QUÉ BUSCAN ENTRE LOS MUERTOS AL QUE ESTÁ VIVO? NO ESTÁ AQUÍ, HA RESUCITADO"

Lc 24, 5-6

El Ángel les quita el miedo a las mujeres: "No teman"

Hace un rato, en el atrio del templo, proclamábamos que Jesucristo era ayer, es hoy y será siempre mientras marcábamos en el Cirio Pascual, figura de Cristo Resucitado, la fecha de este año. Este gesto que la Iglesia viene repitiendo desde siglos es el anuncio contundente, a lo largo de la historia, de lo que pasó aquella mañana de domingo en el cementerio de Jerusalén: El que existía antes que Abraham naciese, el que quiso hacerse prójimo en el camino con nosotros, el Buen Samaritano que nos recoge apaleados por la vida y por nuestra lábil libertad, el que murió y fue sepultado y su sepulcro sellado; Ése ha resucitado y vive para siempre.

Se trata del anuncio a aquellas mujeres sorprendidas por la piedra corrida y el Ángel sentado en el sitio donde había estado el muerto. Un anuncio que, desde ese momento, se fue trasmitiendo cuerpo a cuerpo a través de la historia de los hombres. Un anuncio que proclama con valentía que, desde ahora, en medio de toda muerte, hay un germen de resurrección. El comienzo de esta liturgia, a oscuras, no es otra cosa que símbolo de tinieblas y muerte; en cambio, la luz es Cristo, chispa de esperanza en medio de las situaciones y los corazones, aun los sumidos en la mayor oscuridad.

El Ángel les quita el miedo a las mujeres: "No teman". Se trata de ese miedo instintivo a toda esperanza de felicidad y vida, ese miedo a que no sea verdad lo que estoy viendo o lo que me dicen, el miedo a la alegría que nos es regalada por un derroche de gratuidad. Y, después de la tranquilizadora advertencia del "no teman", el envío: "Vayan ahora a decir a sus discípulos y a Pedro que Él irá antes que Ustedes a Galilea; allí lo verán, como Él se los había dicho".

Es el Señor que siempre nos precede, el Señor que nos espera. El Apóstol Juan, cuando quiso explicar en qué consistía el amor, tuvo que recurrir a esa experiencia de sentirse precedido, sentirse esperado: "El amor no consiste en que nosotros hayamos amado a Dios, sino en que Él nos amó primero" (1 Jn 4, 10). Si bien en nuestra vida, de una u otra manera, buscamos a Dios, la verdad más honda es que somos buscados por Él, somos esperados por Él. Como la flor del almendro que mencionan los Profetas porque es la primera en florecer, así el Señor: Él espera primero, Él nos "primerea" en el amor.

Hace siglos que nuestro Dios se nos adelanta en el amor. Hace 2000 años que Jesús "nos precede" y nos espera en Galilea, esa Galilea del primer encuentro, esa Galilea que cada uno de nosotros tiene en alguna parte del corazón. El sentirnos precedidos y esperados acelera el ritmo de nuestro caminar para hacer más pronto el encuentro. El mismo Dios, que "nos amó primero", también es el Buen Samaritano que se hace prójimo y nos dice –como al final de esa parábola– "Anda y procede tú de la misma manera". Así de sencillo, hacer lo que Él hizo: "primereá" a tus hermanos en el amor, no esperes ser amado amá primero. Da el primer paso. Esos pasos que nos harán salir de la somnolencia (ese no haber podido velar con Él) o de cualquier quietismo sofisticado. Paso de reconciliación, paso de amor. Da el primer paso en tu familia, da el primer paso en esta ciudad; hacete prójimo de los que viven al margen de lo necesario para subsitir: cada día son más. Imitemos a nuestro Dios que nos precede y ama primero, haciendo gestos de "projimidad" hacia nuestros hermanos que sufren soledad, indigencia, pérdida de trabajo, explotación, falta de techo, desprecio por ser migrantes, enfermedad, aislamiento en los geriátricos. Da el primer paso y llevá, con tu propia vida, el anuncio: Él ha resucitado. Entonces pondrás, en medio de tanta muerte, una chispa de resurrección, la que Él quiere que tú lleves. Entonces tu profesión de fe será creíble.

En esta noche de Pascua le pido a nuestra Madre que nos ayude a entender cómo es eso de "primerear" en el amor. A Ella, que estuvo en vela sostenida por la esperanza, le pido que nos ayude a no tener miedo para anunciar, con la palabra y las actitudes de "projimidad" hacia los más indigentes, que Él está vivo en medio de nosotros. Y que, como buena madre, nos conduzca de la mano a la adoración silenciosa de ese Dios que nos precede en el amor. Que así sea.

HOMILÍA, VIGILIA PASCUAL, 2000

"No está aquí, ha resucitado"

El camino andado durante esta noche, a través de siglos de promesas nacidas del corazón salvador de Dios, culmina en un reproche y un anuncio: "¿Por qué buscan entre los muertos al que está vivo? No está aquí, ha resucitado" (Lc 5, 5-6). Reproche que despierta del error y del engaño, anuncio que reencauza la vida de estas mujeres. Como lo indica el Evangelio se trata de un momento de desconcierto y temor de estas mujeres que, con mucho amor a Jesús, van tempranito a ungir su cuerpo muerto. Desconcierto y temor que ya se había apoderado de ellas cuando "encontraron removida la piedra del sepulcro y entraron, pero no hallaron el cuerpo del Señor Jesús".

En el marco de este desconcierto y temor reciben, de ángeles con vestiduras deslumbrantes, el anuncio de que la historia ha llegado a su plenitud, de que Jesús ha resucitado. Ellos las hacen volver sobre sí mismas, entrar en su corazón: "Recuerden lo que Él les decía ...", que era necesario que el Hijo del Hombre fuera entregado, crucificado y que resucitaría al tercer día. "Y las mujeres recordaron sus palabras"

(Lc 24, 8). La memoria de las palabras de Jesús les ilumina el acontecimiento, su corazón se dilata: alegría, admiración, ganas de correr y anunciarlo, y estos sentimientos son tan fuertes que a los discípulos les parece un delirio.

Esta noche nosotros recibimos el anuncio: ¡Cristo ha resucitado! ¡El Señor vive! Y también para nosotros tiene validez el reproche: "¿Por qué buscan entre los muertos al que está vivo?" Puede existir, dentro nuestro, una suerte de impulso que nos lleva a clausurar la historia en la tristeza y el fracaso, a cerrar la puerta de la esperanza, a preferir creer que la piedra está fija y nadie la mueve. Es verdad que hay momentos existenciales en los que parece que el amanecer viene sólo para iluminar sepulcros, y nuestra vida queda aprisionada allí, nuestra búsqueda es "entre los muertos", entre las cosas muertas, incapaces de dar vida, esperanza. Aquí nos golpea aquel reproche: "¿Por qué buscan entre los muertos al que está vivo?". Tanto en nuestra vida personal como en la sociedad en que vivimos, algunas veces los fracasos se suman unos a otros y –enfermizamente– nos vamos acostumbrando a vivir entre los sepulcros como aquel poseído de Gerasa. Más aún: podemos llegar a creer que ésa es la ley de la vida quedándonos solamente el destino de añorar lo que pudo haber sido y no fue, y entretenernos alienándonos en desahogos que nos quitan la memoria de la promesa de Dios. Cuando esto nos sucede, entonces estamos enfermos. Cuando le sucede esto a nuestra sociedad, se convierte en una sociedad enferma.

Hoy, también para nosotros, en esta Pascua de Buenos Aires, se dirige el reproche: "No busquen entre los muertos al que está vivo". ¡Recuerden! El reproche nos despierta la memoria, nos acerca la fuerza de la promesa. Estamos viviendo una situación en la que necesitamos de mucha memoria. Recordar, traer a nuestro corazón la gran reserva espiritual de nuestro pueblo, la que le fue anunciada en los momentos de evangelización y que selló en su corazón sencillo la Verdad de que Jesús está vivo. Traer a la memoria la hermandad que Él nos ganó con su sangre, la vigencia de los Diez Mandamientos, la valentía de saber que el pecado es mal negocio, pues el demonio es mal pagador, que los pactos de impunidad siempre son provisorios, y que nadie se ríe de Dios.

A nosotros se nos recuerda que no es solución la de los sumos sacerdotes y ancianos de aquel entonces que sobornaron a los soldados para que adulteraran la verdad y "les dieron una gran cantidad de dinero" (Mt 28, 12) con la consigna de que dijeran que los discípulos habían robado el cuerpo. A nosotros se nos recuerda que no caminamos solos en la historia, que somos familia de Dios y se nos pide que miremos a nuestro alrededor y, con la misma inquietud de espíritu con que las mujeres buscaban a Jesús, lo busquemos en el rostro de tantos hermanos nuestros que viven en el margen de la indigencia, de la soledad, de la desesperanza: según cómo los tratemos seremos juzgados.

En esta noche santa pido a los ángeles que nos hagan oír los reproches que despierten nuestra memoria de pueblo fiel. Y, en medio del desconcierto y temor, se nos regale la alegría de la esperanza, ésa que rompe tumbas y se lanza al anuncio, ésa que desgasta la vida engendrando vida para los demás, ésa que no defrauda, ésa que a veces parece delirio pero que todos los días nos hace volver sobre nosotros mismos como a Pedro "lleno de admiración por lo que había sucedido". En esta noche santa le pido a la Virgen Madre que nos saque de la resignación quietista de los cementerios y nos diga al oído, despacito, como sólo las mamás saben hacerlo: Jesús resucitó, está vivo; animáte, adoralo, y hacé por tus hermanos lo que Él hizo por vos. Así sea.

HOMILÍA, VIGILIA PASCUAL, 2001

Nos cambia a todos
el sentido de la historia

El Evangelio nos narra el camino de estas mujeres hacia el sepulcro. Ellas sabían que Jesús estaba muerto y caminaban en la certeza de este hecho.

Se produce lo inesperado; la piedra removida, el Ángel que les dice: "No teman, ha resucitado". El hecho se transforma en acontecimiento; un acontecimiento que les cambia el sentido de la vida. Nos cambia a todos el sentido de la historia. Vayan a Galilea y allí lo verán, les dice. Ellas regresan y en el camino encuentran a Jesús y Él también les da la misma consigna: "No teman, avisen a mis hermanos que vayan a Galilea y ahí me verán".

Parece que todo ha cambiado de dirección. En vez de ir al sepulcro, han de volver sobre sus pasos, volver a la Galilea del primer encuentro con Jesús, la Galilea de la primera admiración, del estupor que les hizo exclamar: "hemos hallado al Mesías". Había pasado tiempo desde aquel momento. El tiempo desgasta. La memoria de aquel primer encuentro se había casi perdido. Caminando por la historia siempre corremos el riesgo de perder la memoria y Él les señala el camino: vuelvan a la memoria del primer encuentro; vuelvan a la memoria del primer amor.

El acontecimiento de la Resurrección de Jesucristo nos invita a todos nosotros a volver sobre nuestros pasos; hacia el primer llamado, el primer encuentro, para contemplarlo, ahora ya con la esperanza que da la certeza de la victoria, la certeza de haber ganado. Volver a aquel primer encuentro, revivir lo que fue aquello, pero con la convicción de que ese camino recorrido no fue en vano. Fue un camino de cruz, pero de victoria.

Y esta noche no puedo dejar de pensar en nuestro pueblo que hoy, triste, se encuentra frente a una piedra sellada, que habla de muerte, de corrupción y derrota. En esta noche también se nos recuerda que no todo está terminado; que hay esperanza, que la muerte, la corrupción y la derrota, no prometen nada. Y esta noche se nos habla de esperanza, de promesa, y se nos invita a volver sobre nuestros pasos, a reencontrarnos con el camino que nos fraguó como Nación.

Hoy se pide que cada uno de nosotros, a la luz del acontecimiento de Jesucristo miremos nuestra historia, nos reencontremos con ella, y pidamos perdón si es necesario. Se nos pide reparar, se nos pide trabajar en esperanza para que la Resurrección de Cristo sea realidad en cada una de nuestras vidas, en nuestra Patria toda. ¡Volver sobre nuestros pasos!

Y cuando hablo de camino, de camino andado, no puedo dejar de mencionar a aquellos que más anduvieron en el camino de la vida: a mis queridos ancianos, sabiduría de nuestro pueblo. A ellos les digo: "No teman". Sabemos que están sufriendo mucho. Sabemos que el egoísmo, la ambición, el robo y la corrupción les han quitado sus derechos y los han puesto al límite de sus fuerzas. Pero también sabemos que ustedes pueden ayudarnos a volver sobre nuestros pasos como Nación, para recuperar lo que sembraron. A ustedes les decimos de manera especial: "Cristo ha resucitado". Allí está nuestra esperanza. Tómennos de la mano y ayúdennos a volver a la Galilea del primer amor.

En esta noche, en que un hecho se transforma en acontecimiento, veamos la fuerza que tiene la Resurrección de Jesucristo, que es capaz de cambiar las cosas desde dentro, cambiarnos el corazón. Cambiarnos la Patria. Ahí está nuestra esperanza. No la pongamos en promesas que, a la larga, muchas de ellas son ídolos. ¡Cuántas cosas hemos escuchado que nos prometieron..! ¡Cuántas cosas..! No nos dejemos engañar. No está el Señor en esas promesas.

Ha resucitado. Vuelvan sobre sus pasos, vayan a la Galilea del primer amor. Como pueblo volvamos sobre nuestros pasos tomados de la mano de nuestros ancianos, que son nuestra sabiduría y allí lo encontraremos de nuevo y podremos renacer como Nación. Y esto se lo pido de una manera especial a Aquella que nunca perdió la fe, que nunca olvidó el primer amor, que no necesitó volver sobre sus pasos, porque su camino siempre estaba vivo en su corazón. Que María nos proteja en este camino de volver a lo que nos dio fundamento. Que así sea.

Homilía, Vigilia Pascual, 2002

La parálisis nos enferma el alma

María Magdalena, María la madre de Santiago y Salomé, al amanecer, se ponen en camino. Esta noche también nosotros hemos caminado, siguiendo el andar del Pueblo de Dios, por los senderos de la elección, la promesa y la alianza. El camino de estas mujeres se inserta en este largo andar de siglos... y también el nuestro. Porque ser elegidos y ser portadores de la alianza entraña siempre ponernos en marcha. La alianza que Dios hace con su pueblo y con cada uno de nosotros es precisamente para que caminemos hacia una promesa, hacia un encuentro. Este camino es vida.

Como contraste allí está la piedra. Inmóvil y sellada por la conspiración de los corruptos; un verdadero obstáculo para el encuentro. Estas mujeres caminaban vacilando entre la ilusión y la traba; iban al sepulcro para cumplir una obra de misericordia, pero la amenaza de la piedra las hacía dudar. Las movía el amor pero las paralizaba la duda. También como ellas nosotros sentimos el impulso de caminar, el deseo de hacer grandes obras. Llevamos dentro del corazón una promesa y la certeza de la fidelidad de Dios, pero la duda es piedra, los sellos de la corrupción son ataduras, y muchas veces cedemos a la tentación de quedarnos paralizados, sin esperanza.

La parálisis nos enferma el alma, nos arrebata la memoria y nos quita la alegría. Nos hace olvidar que hemos sido elegidos, que somos portadores de promesas, que estamos marcados por una alianza divina. La parálisis nos priva de la sorpresa del encuentro, nos impide abrirnos a la "Buena Noticia". Y hoy necesitamos volver a escuchar esta Buena Noticia: "No está aquí. Ha resucitado". Necesitamos de ese encuentro que destroza las piedras, rompe los sellos y nos abre un nuevo camino, el de la esperanza.

El mundo necesita ese encuentro, este mundo que "se ha convertido en un cementerio". Nuestra Patria lo necesita. Necesita del anuncio que levanta, de la esperanza que impulsa a caminar, de los gestos de misericordia, como el de estas mujeres que iban a ungir. Necesitamos que nuestra fragilidad sea ungida por la esperanza; y que esa esperanza nos mueva a proclamar el anuncio y a ungir solidariamente la fragilidad de nuestros hermanos.

Lo peor que nos puede pasar es que optemos por la piedra y la corrupción de los sellos, por el desaliento, por el permanecer quedos sin sentirnos elegidos, sin promesa, sin alianza. Lo peor que nos puede pasar es que nuestro corazón quede cerrado al estupor del anuncio vivificante que nos impele a seguir caminando.

Esta es la noche del anuncio, gritémoslo con toda nuestra existencia: ¡Jesucristo, nuestra esperanza, ha resucitado! Proclamemos que es más fuerte que el peso de la piedra y la seguridad provisoria que ofrece la corrupción de los sellos. En esta noche, María gozaba ya de la presencia de su Hijo. A su cuidado encomendamos nuestro deseo de caminar impulsados por el estupor del encuentro con Jesucristo resucitado.

HOMILÍA, VIGILIA PASCUAL, 2003

El recuerdo las resitúa
en la realidad

El camino del pueblo de Dios se detiene esta noche frente a un sepulcro, un sepulcro vacío. El cuerpo de Jesús, el Hijo de la promesa, ya no estaba allí; solamente se veían las sábanas que lo envolvieron. La marcha de todo un pueblo se detiene hoy como otrora lo había hecho ante la roca en el desierto (Éx 17, 6) o a orillas del mar la noche de la Pascua, cuando los israelitas "se llenaron de pánico e invocaron a gritos al Señor" (Éx 14, 10) y furiosos increpaban a Moisés: "¿No había tumbas en Egipto para que nos trajeras a morir en el desierto?" (Éx 14, 11). Esta noche no es el pánico sino el desconcierto (Lc 24, 4) y el temor (v.5) de estas mujeres ante lo incomprensible: el Hijo de la promesa no estaba allí. Cuando vuelven y cuentan todo a los Apóstoles (v.10) "a ellos les pareció que deliraban y no les creyeron" (v.11). Desconcierto, temor y apariencia de delirio: sentimientos que son un sepulcro y allí se detiene la marcha durante siglos de todo un pueblo. El desconcierto desorienta, el temor paraliza, la apariencia de delirio sugiere fantasías.

Las mujeres "no se atreven a levantar la vista del suelo" (v.5). Desconcierto y temor que clausuran toda mirada al cielo; desconcierto y temor sin horizonte, que tuerce la esperanza. Reaccionan sorprendidas frente al reproche: "¿Por qué buscan entre los muertos al que está vivo?" (v.5) pero se sorprenden más aún con la palabra profética "Recuerden" (v.6) y "las mujeres recordaron" (v.8) y en su corazón se reflejó entonces lo que sucedía fuera: los primeros albores del día hacen estallar las tinieblas de la duda, del temor y el desconcierto... y corren y anuncian lo que escucharon: "No está aquí, ha resucitado" (v.6).

El recuerdo las resitúa en la realidad. Recuperan la memoria y la conciencia de ser pueblo elegido, recuerdan las promesas, se reafirman en la alianza y se sienten nuevamente elegidas. Entonces nace en el corazón ese ímpetu fuerte, que es del Espíritu Santo, para ir a evangelizar, a anunciar la gran noticia. Toda la historia de la salvación vuelve a ponerse en marcha. Vuelve a repetirse el milagro de aquella noche en el Mar Rojo. "...y el Señor dijo a Moisés: ¿Por qué me invocas con esos gritos? Ordena a los israelitas que reanuden la marcha" (Éx 14,15). Y el pueblo siguió su camino con el correr de las mujeres que habían recordado las promesas del Señor.

A todos nos ha sucedido alguna vez como personas y como pueblo, encontrarnos detenidos en el camino, sin saber qué pasos dar. En esos momentos parece que las fronteras de la vida se cierran, dudamos de las promesas y un positivismo craso se levanta como clave interpretativa de la situación. Entonces señorea en nuestra conciencia el desconcierto y el temor; la realidad se nos impone clausurada, sin esperanza, y tenemos ganas de volver sobre nuestros pasos hacia la misma esclavitud de la que habíamos salido y hasta llegamos a reprochar al Señor que nos puso en camino de libertad: "Ya te lo decíamos cuando estábamos en Egipto: ¡Déjanos tranquilos! Queremos servir a los egipcios, porque más vale estar al servicio de ellos que morir en el desierto" (Éx 14, 12) En estas situaciones, como a orillas del Mar Rojo o frente al sepulcro la respuesta llega: "No teman" (Éx 14, 13), "Recuerden" (Lc 24, 6).

Recuerden la promesa pero, sobre todo, recuerden la propia historia. Recuerden las maravillas que el Señor nos ha hecho a lo largo de la vida. "Presta atención y ten cuidado para no olvidar las cosas que has visto con tus propios ojos, ni dejar que se aparten de tu corazón un solo instante" (Dt 4, 9); cuando estés satisfecho "no olvides al Señor que te hizo salir de Egipto, de un lugar de esclavitud" (Dt 6, 12); "acuérdate del largo camino que el Señor, tu Dios, te hizo recorrer por el desierto durante estos cuarenta años... la ropa que llevabas puesta no se gastó, ni tampoco se hincharon tus pies..." (Dt 8, 2-4). "No olvides al Señor que te hizo salir de Egipto, de un lugar de esclavitud" (Dt 6, 12); "recuerden los primeros tiempos" (Heb 10, 32); "acuérdate de Jesucristo, que resucitó de entre los muertos" (2 Tim 2, 8). Así nos exhorta la Palabra de Dios para que continuamente releamos nuestra historia de salvación a fin de poder seguir hacia adelante. La memoria del camino andado por la gracia de Dios es fortaleza y fundamento de esperanza para continuar caminando. No dejemos que la memoria de nuestra salvación se atrofie por el desconcierto y el temor que nos pueda sobrevenir ante cualquier sepulcro que pretenda adueñarse de nuestra esperanza. Dejemos siempre lugar a la Palabra del Señor, como las mujeres en el sepulcro: "Recuerden". En los momentos de mayor oscuridad y parálisis urge recuperar esta dimensión Dteronómica de la existencia.

En esta noche santa quiero pedirle a la Santísima Virgen que nos conceda la gracia de la memoria de todas las maravillas que el Señor hizo en nuestras vidas, y que esa memoria nos sacuda, nos impulse a seguir caminando en nuestra vida cristiana, en el anuncio de que no hay que buscar entre los muertos al que está vivo, en el anuncio de que Jesús, el Hijo de la promesa, es el Cordero Pascual y ha resucitado. Que Ella nos enseñe a decirnos pausadamente, con la certeza de quien se sabe conducido a lo largo de toda la vida, lo que ella misma seguramente se repetía esa madrugada mientras esperaba a su Hijo: "Yo sé que mi Redentor vive" (Job 19, 25).

HOMILÍA, VIGILIA PASCUAL, 2004

¡Verdaderamente,
éste era Hijo de Dios!

"Inmediatamente el velo del Templo se rasgó en dos, de arriba a abajo, la tierra tembló, las rocas se partieron y las tumbas se abrieron... El Centurión y los hombres que custodiaban a Jesús, al ver el terremoto y todo lo que pasaba, se llenaron de miedo y dijeron: ¡Verdaderamente, éste era Hijo de Dios". (Mt 27, 51-54). Así, con un terremoto y una espectacular conmoción de tierra y cielo se termina la vida de Jesús. Él, "clamando una y otra vez con voz potente, entregó su espíritu" (Mt 27, 50). Luego el entierro provisorio porque apremiaba el tiempo, después el silencio del sábado... ese silencio que penetra cuerpo y alma, que se mete por las hendiduras dolorosas del corazón.

Ahora, "pasado el sábado", otro terremoto encuentra a María Magdalena y a la otra María camino del sepulcro; "de pronto se produjo un gran temblor de tierra: El Ángel del Señor bajó del cielo, hizo rodar la piedra y se sentó sobre ella. Su aspecto era como el de un relámpago y sus vestiduras eran blancas como la nieve. Al verlo, los guardias temblaron de espanto y quedaron como muertos" (Mt 28, 1-4).

Dos terremotos, dos conmociones de la tierra, del cielo y del corazón. Mucho miedo e incertidumbre. El primer terremoto tenía algo de grito de muerte, el alarido del infierno triunfante en un espasmo victorioso de utilería. Quedaba la tímida confesión de fe de los soldados, el dolor de quienes amaban a Jesús y una tibia esperanza... una suerte de rescoldo escondido allá en el fondo del alma. Rescoldo que alimenta la paciencia y el gesto amoroso de volver al sepulcro "pasado el sábado" para ungir el cuerpo del Señor. Y aquí, el segundo terremoto. Movimiento aterrador pero gesto de triunfo. Las mujeres se asustan y el Ángel dice una palabra clave del Evangelio: "No teman, no tengan miedo."

"No temas" le había dicho el Ángel a María en el Anuncio de la Encarnación del Verbo. "No teman", no tengan miedo, les repitió tantas veces Jesús a los discípulos. Es palabra que abre espacio en el alma. Es palabra que da seguridad y engendra esperanza. Y enseguida repite Jesús al encontrarse con las mujeres cerca del sepulcro: "No teman", soy yo.

Con un "no tengan miedo" Jesús destruye la tramoya del primer terremoto. Aquél era un grito nacido del triunfalismo de la soberbia. El "no teman" de Jesús, en cambio, es el anuncio manso del verdadero triunfo, ése que se transmitirá de voz en voz, de fe en fe, a través de los siglos. Y, durante ese día, el "no tengan miedo" será el saludo del Señor resucitado cada vez que se encuentre con sus discípulos. Así, con ese suave y enérgico saludo, les va devolviendo la fe en la promesa hecha, los va consolando. En el "no teman" de Jesús se cumple lo profetizado por Isaías: "Sí, el Señor consuela a Sion, consuela todas sus ruinas: Hace su desierto semejante a un Edén, y su estepa, a un jardín del Señor. Allí habrá gozo y alegría, acción de gracias y resonar de canciones" (51, 3). El Señor resucitado consuela y fortalece.

Hoy, en esta noche de triunfo verdadero, manso y sereno, el Señor nos vuelve a decir a nosotros, a todo el pueblo fiel: "No tengan miedo, yo estoy aquí. Estuve muerto y ahora vivo". Lo viene repitiendo desde hace veinte siglos en cada momento de terremoto triunfalista cuando, en su Iglesia, se repite su Pasión, se "completa" lo que falta a la Pasión. Lo dice en el silencio de cada corazón dolorido, angustiado, desorientado; lo dice en las coyunturas históricas de confusión cuando el poder del mal se adueña de los pueblos y construye estructuras de pecado. Lo dice en las arenas de todos los Coliseos de la Historia. Lo dice en cada llaga humana... Lo dice en cada muerte personal e histórica. "No tengas miedo, soy yo. Estoy aquí." Nos acerca su triunfo definitivo cada vez que la muerte pretende cantar victoria.

En esta noche Santa quisiera que todos hiciéramos silencio en nuestro corazón y, en medio de los terremotos personales, culturales, sociales; en medio de esos terremotos fabricados por la tramoya de la autosuficiencia y la petulancia, del orgullo y la soberbia; en medio de los terremotos del pecado de cada uno de nosotros; en medio de todo eso nos animemos a escuchar la voz del Señor Jesús, el que estaba muerto y ahora está vivo, que nos dice: "No tengas miedo, soy yo". Y, acompañados por nuestra Madre, la de la ternura y la fortaleza, nos dejemos consolar, fortalecer y acariciar el alma por esa voz de triunfador que, sonriendo y con mansedumbre, nos repite incansablemente: "No tengas miedo, soy yo."

Homilía, Vigilia Pascual, 2005

Ellas querían ungir el cuerpo de Jesús

El camino de estas mujeres en la mañana del domingo condensa el camino que, ininterrumpidamente, realizó el pueblo de Dios desde el momento en que Abram comenzó su itinerario "sin saber a dónde iba" (Heb 11, 8; Gen 12, 1). ¡Cuántas veces, durante estos siglos, la promesa se diluía en la cotidianeidad de la vida, en las dificultades, en las guerras, en exilios, deportaciones y esclavitud...! Sin embargo el pueblo siguió llevando en sí, tantas veces sin saberlo, el germen de esa victoria prometida. Durante esta noche hemos recorrido someramente aquel camino para reavivar nuestra memoria y, ahora con las mujeres, andamos este trecho de soledad y dolor, de servicio piadoso al Muerto. Ya escuchamos que ellas querían ungir el cuerpo de Jesús y que eran conscientes de la gran dificultad que podría frustrar su intento: la piedra. "Era una piedra muy grande" dice el Evangelio (Mc 16, 4). Y entre lo que querían hacer y la dificultad de la piedra se repite el sino de Abram: van, pero sin saber bien dónde, sin saber si podrán lograr su cometido.

Luego, lo imprevisto. La preocupación sobre la piedra se desvanece al ver que había sido corrida. La dificultad se vuelve puerta de entrada, la duda aflora en horizonte prometedor... la sorpresa engendra esperanza. La vetustez de la promesa explota en esa juventud que anuncia lo nuevo: "Ustedes buscan a Jesús de Nazareth, el Crucificado. Ha resucitado. No está aquí" (Mc 16, 6). Lo que era muro e impedimento se transforma en nuevo acceso a otra certeza y a otra esperanza que las pone nuevamente en camino: "Vayan ahora a decir a sus discípulos y a Pedro que Él irá antes que Ustedes a Galilea; allí lo verán, como Él se lo había dicho" (Mc 16, 7).

Y así comienza un nuevo camino, en continuidad con el anterior pero nuevo. "Vayan", como a Abraham... y también con una promesa "allí lo verán". Escuchamos recién que estas señoras distaban bastante de estar tranquilas: "salieron corriendo (...) porque estaban temblando y fuera de sí y (...) tenían miedo" (Mc 16, 8). Sienten en sí el estupor que produce todo encuentro con el Señor quien, de esta manera, se va acercando a ellas para manifestárseles plenamente.

Dije recién que nosotros, esta noche, hemos hecho memoria del camino grande de nuestro padre Abraham y también del camino chico de María Magdalena, María la madre de Santiago y Salomé. Y me pregunto: ¿qué tal mi camino? ¿Va en dirección de la promesa del encuentro con Jesús resucitado? ¿Se detiene y vuelve atrás ante la dificultad de la piedra?, de las tantas piedras de la vida. ¿O, como los peregrinos de Emaús, dispara hacia el lado contrario para no tener dificultades con el corazón atrapado? ¿O, como los otros discípulos, prefiero la parálisis, el enclaustramiento, la defensa ante cualquier anuncio, ante horizontes de esperanza? Mi camino, ¿apuesta a la esperanza?, ¿busca el encuentro? ¿Sabe del estupor que conmueve todo el ser cuando se deja conmover por el Señor que pasa y le abre el corazón? ¿Por qué camino anda hoy mi corazón?

Tres caminos vimos esta noche: el del pueblo elegido que comenzó con nuestro padre Abraham, dentro de él el de las mujeres que también, como Abraham, van en busca de lo que no saben, y el tercero: tu camino y mi camino. Los dos primeros sabemos cómo acabaron, en plenitud. Pero el tuyo y el mío ¿por dónde anda? ¿Camina?, ¿está quieto? ¿Se detiene y vuelve atrás ante la piedra? ¿O se dejó tocar por la noticia y sale corriendo de todo lo que es sepulcro y muerte, sale corriendo temblando y fuera de sí, con miedo porque sintió el escalofrío del anuncio y el estupor de la presencia? Ojalá tu corazón y el mío estén en esta última forma. Es la mejor manera de desearnos felices Pascuas.

HOMILÍA, VIGILIA PASCUAL, 2006

¿QUÉ PASABA POR EL CORAZÓN DE ÉSTAS MUJERES Y DE LOS DISCÍPULOS?

Este relato que acabamos de escuchar se repetía todos los domingos en las primeras comunidades cristianas. Los creyentes se recordaban mutuamente la historia de esa mañana de Pascua. Una mañana movida, con idas y venidas, con sentimientos encontrados. Una mañana estremecedora: "se conmovió la tierra" (Mt 28, 2) y se conmovieron los corazones con el desconcierto, el temor, la duda, la perplejidad. Las mujeres que fueron al sepulcro tuvieron miedo; los discípulos, zozobra. Dos de ellos, porque no querían más líos, se escaparon a Emaús. En medio de este bochinche interior y exterior, de idas y venidas, aparece Jesús, vivo, resucitado, y todo adquiere un aire de paz, de gozo y de alegría. El Señor "no está aquí, ha resucitado" (Lc 24, 6) le habían dicho los ángeles a las mujeres... y finalmente lo vieron.

¿Qué pasaba por el corazón de éstas mujeres y de los discípulos? Quisiera detenerme en un detalle que acabamos de escuchar: "Pedro, sin embargo, se levantó y corrió hacia el sepulcro y, al asomarse, no vio más que las sábanas. Entonces regresó lleno de admiración por lo que había sucedido" (Lc 24, 12). No se quedó en medio de los comentarios y las dudas; decidido, fue corriendo a ver lo que pasaba... y se admiró. Su corazón presintió y comenzó a saborear el estupor característico del encuentro con el Señor, ese sentimiento mezcla de admiración, gozo y adoración, que Dios nos regala cuando se acerca. Pedro se deja llevar por el anuncio y se abre a lo que todavía no entiende. Tenía las muchas otras posibilidades de situarse ante los hechos de esa mañana, pero elige el camino directo, objetivo: ir a ver. No se deja engañar por el microclima que se armó cuando llegaron las mujeres. Se anunciaba la Vida... y él corre hasta las periferias de la muerte, pero no se queda allí, encerrado en el ambiente sepulcral, sino que admirado, con estupor, regresa. Con su actitud cumplimenta la advertencia de los ángeles a las mujeres: "¿Por qué buscan entre los muertos al que está vivo?" No se deja aprisionar por la vaciedad del sepulcro.

"¿Por qué buscan entre los muertos al que está vivo?" En medio de todas las circunstancias y los sentimientos de esa mañana la frase marca un hito en la historia, se proyecta hacia la Iglesia de todos los tiempos y señala una división entre las personas: los que optan por el sepulcro, los que siguen buscando allí, y los que –como Pedro– abren el corazón a la vida en medio de la Vida. Y cuántas veces, en nuestro andar cotidiano, necesitamos que se nos sacuda y se nos diga "¿Por qué buscan entre los muertos al que está vivo?" ¡Cuántas veces necesitamos que esta frase nos rescate del ámbito de la desesperanza y de la muerte!

Necesitamos que se nos grite esto cada vez que, recluídos en cualquier forma de egoísmo, pretendemos saciarnos con el agua estancada de la autosatisfacción. Necesitamos que se nos grite esto cuando, seducidos por el poder terrenal que se nos ofrece claudicando de los valores humanos y cristianos, nos embriagamos con el vino de la idolatría de nosotros mismos que sólo puede prometernos un futuro sepulcral. Necesitamos que se nos grite esto en los momentos en que ponemos nuestra esperanza en las vanidades mundanas, en el dinero, en la fama y nos vestimos con el fatuo resplandor del orgullo. Necesitamos que se nos grite esto hoy, en medio de nuestro pueblo y de nuestra cultura para que nos abramos al Único que da vida, al Único que puede provocar en nosotros el estupor esperanzado del encuentro, al Único que no distorsiona realidades, que no vende mentiras sino que regala verdades. ¿Cuántas veces tenemos necesidad de que la ternura maternal de María nos susurre, como preparando el camino, esta frase victoriosa y de profunda estrategia cristiana: Hijo, ¡no busques entre los muertos al que está vivo!

Hoy noche de Pascua, necesitamos que se nos anuncie fuertemente esta palabra y que nuestro corazón débil y pecador se abra a la admiración y al estupor del encuentro y podamos escuchar de los labios de Él la reconfortante palabra: "No temas, soy yo".

HOMILÍA, VIGILIA PASCUAL, 2007

"DENLES DE COMER USTEDES MISMOS"

Lc 9, 13

ACORDARSE DEL PADRE
NO ES UN RECUERDO MÁS

¡Pueblo de Dios, no te olvides de tu Padre! Esta palabra, que es mandato y ruego, resuena hoy aquí de una manera especial. Recuerda Israel... recuerda quién eres y de dónde fuiste sacado. Moisés le habla así a su pueblo. Lo acabamos de escuchar: "Acuérdate del Señor, tu Dios, que te alimentó en el desierto con un maná que no conocían tus padres" (Dt 8). El maná, ese poquito de "pan" que quedó guardado en el Arca de la Alianza junto a las tablas de la Ley, condensaba para el pueblo de Dios la memoria de la bondad de Dios: un Dios Padre, compañero de camino, que cuida a su pueblo, que lo hace caminar en su presencia y lo alienta con sus promesas... Y las promesas se cumplieron en Jesús. En Jesús todas las promesas del Padre se volvieron realidad, una realidad tan viva, cercana y tangible como el pan.

Hoy, en la fiesta del Corpus, volvemos a sentir el antiguo ruego, ¡Acuérdate!, esta vez en labios de Jesús: ¡Recuerda que mi carne es el alimento de vida eterna que te da mi Padre! Yo vivo por el Padre, y el que me come vivirá por mí.

Acordarse del Padre no es un recuerdo más. Uno no se acuerda de su padre sin celebrar y agradecer; e inmediatamente, el recuerdo nos hace buscar algún gesto concreto que le haga llegar nuestro cariño: una visita, un llamado, un abrazo, una carta. Con nuestro Padre del cielo ese gesto de cariño, que hace que nuestra memoria sea memoria viva, es comulgar. Jesús lo enseñó así en la última cena: "Hagan esto en memoria mía" (1 Cor 11, 24); "el que me recibe a mí recibe al Padre que me envió" (Mt 10, 40). Y, desde aquella noche, la Eucaristía es el memorial de nuestra fe.

La Eucaristía es don del Padre. Jesús quiere que lo entendamos así: "Es mi Padre el que les da el verdadero pan del cielo" (Jn 6, 32). Este pan ya no es más alimento provisorio como el maná; el Cuerpo de Cristo es el alimento definitivo, eficaz para dar vida y vida eterna. En la Eucaristía tenemos el testimonio de cómo es el amor del Padre: un amor cercano, incondicional; un amor que está disponible en todo momento, "comestible", puro don; apto para toda persona humilde y hambrienta que necesita renovar sus fuerzas.

En la fiesta del *Corpus* celebramos este don tan grande y, siguiendo la enseñanza de Jesús, toda nuestra acción de gracias va hacia el Padre suyo y Padre nuestro. Jesús quiere que le agradezcamos al Padre este alimento: para Él la gloria y la alabanza. Para Él el agradecimiento. Con esto no le quitamos nada a Jesús porque Él no es otra cosa sino Hijo, no se siente sino como puro don del Padre. Y nos incluye a nosotros en su acción de gracias y en su ofrecimiento: "El Padre me ha enviado y Yo vivo por el Padre, y el que me come, del mismo modo vivirá por mí" (Jn 6, 57).

Jesús, el hijo de María, en la Eucaristía es el recuerdo vivo del Padre.

¡Acuérdate de tu Padre, Pueblo fiel de Dios!

Recuerda a tu Padre para recobrar cada día tu dignidad, esa dignidad que hoy muchas veces no es valorada y por eso te hacen andar desterrado en medio de tu propia tierra. Recuerda a tu Padre para vivir agradecido; el que alimenta a los gorriones también te alimenta a ti con la carne de su Hijo amado. Recuerda a tu Padre para sentirte cuidado: con la certeza de que nadie podrá arrebatarte de sus manos como Jesús lo ha prometido. Recuerda a tu Padre para sentirte hermano de tus hermanos, solidario, compañero, buen amigo. Recuerda a tu Padre y florecerán los mejores valores de tu corazón: Él te ha enseñado a trabajar por tus hijos y a saber festejar en familia. Él te hace juzgar con justicia y preocuparte por los más débiles; te hace asumir responsablemente tus compromisos. Recuerda a tu Padre que te ha dado a Jesús y te lo da cada día en la Eucaristía. Pueblo de Dios, pueblo de Buenos Aires, el recuerdo de tu Padre te ha hecho un pueblo humilde y esperanzado. Pueblo de Dios, pueblo de Buenos Aires, junto a María nuestra Madre de Luján, la que guardaba todas las cosas en su corazón, la Madre de la memoria, recuerda a tu Padre todos los días de tu vida.

Homilía, Corpus Christi, 1999

¿Dónde quieres que te preparemos la Eucaristía?

"¿Dónde quieres que vayamos a prepararte la cena de Pascua?" (Mt 26, 17) le preguntaron los discípulos a Jesús. Y el Evangelio nos revela que el Señor ya tenía todo preparado: sabía el recorrido del hombre con el cántaro de agua, sabía del dueño de la casa con una sala grande arreglada con almohadones en el piso de arriba... Y conocía, sobre todo, el amor con que sus amigos iban a recibir su Cuerpo y su Sangre; ese Cuerpo y esa Sangre que Él deseaba tan ardientemente entregarnos como nueva Alianza.

Reunidos en esta fiesta del Cuerpo y de la Sangre de Cristo le volvemos a preguntar a Jesús como lo hicieron aquellos discípulos: Señor, ¿dónde querés que preparemos la Eucaristía? ¿Dónde querés que la recibamos con amor adorándote como Dios vivo? Y Él vuelve a decirnos: "Vayan a la ciudad ..." Salgan a encontrarse con los que llevan cántaros de agua para dar de beber a los demás. Esos que son como la Samaritana quien, dejando el cántaro de agua corrió –hecha un cántaro ella misma, llena del agua del Espíritu– a la ciudad, a anunciar a la gente, a sus hermanos: "Vengan a ver a un hombre que me ha dicho todo lo que he hecho. ¿No será el Mesías?" El Señor prepara la Eucaristía con los que se animan a ser hombres-cántaro, los que se dejan llenar el corazón con el agua viva del Espíritu y se dejan conducir por Él.

Salgan a encontrarse con los que preparan salas grandes para los demás. Salas como la que preparó aquel Rey de la parábola para el banquete de bodas de su Hijo. Esa sala que "se llenó" de pueblo porque los primeros invitados se habían excusado y no querían participar de la fiesta. El Señor prepara la Eucaristía para su pueblo con los que se animan a abrir su corazón a los demás, con los que tienen un corazón de padre, un corazón como una sala grande en la que todos son invitados a compartir el pan.

Si leemos con sencillez podemos descubrir, en estos dos hombres desconocidos del Evangelio, un signo de la presencia misteriosa del Espíritu y del Padre colaborando con Jesús en hacer la Eucaristía. Así sucede en cada Misa, cuando pedimos al Padre que congregue a su pueblo sin cesar con la fuerza del Espíritu, que santifique por el mismo Espíritu nuestras ofrendas y las acepte, convertidas en el Cuerpo y Sangre de su Hijo, como sacrificio vivo y santo.

Hoy a nosotros se nos pide que nos hagamos como aquellas personas: hombres y mujeres-cántaro, que señalan caminos, que crean vínculos, porque tienen el corazón lleno del agua viva del Espíritu y muestran el sentido de la vida con gestos más que con palabras. Se nos pide que nos hagamos hombres y mujeres que preparan la mesa para el Señor y para sus hermanos, hombres y mujeres que crean encuentro con sus gestos de "projimidad" y de acogida. A todos se nos pide que nuestros pasos marquen senderos de esperanza, pero de modo especial a aquéllos que están pasando momentos de oscuridad. A los que más sufren, a los que caminan sin ver, les digo: Ustedes, para quienes ese cántaro quizá se ha convertido en una pesada cruz, también ustedes tienen algo que dar. Recuerden que fue en la Cruz donde el Señor, traspasado, se nos entregó como fuente de agua viva.

Y si se nos pide a todos, jóvenes y ancianos, niños y padres, que nos hagamos hombres y mujeres que crean encuentro, se les pide especialmente a aquéllos que más están sufriendo esa enorme inequidad arraigada entre nosotros (como dice nuestro Documento *Jesús, Señor de la Historia*). A los que más sufren, a los que se sienten excluidos del banquete de este mundo les digo: Ustedes levanten la mirada, mantengan el corazón abierto a la solidaridad, esa solidaridad que nadie debe robar del corazón de nuestro pueblo fiel, porque es su reserva, su tesoro, porque es esa sabiduría que nuestro pueblo aprende de niño en la escuela de amor que es la Eucaristía: escuela de amor a Dios y de amor al prójimo.

Cuando nos pongamos de rodillas en el momento de la consagración, mientras adoramos a Jesús diciendo "Señor mío y Dios mío", pidámosle a la Virgen, a Ella que sabe de cántaros vacíos, que le diga a Jesús como en Caná: "No tienen vino". Pidámosle que ruegue por nosotros, ahora, para que hagamos lo que Jesús nos diga. Ruega por nosotros, Madre, para que seamos servidores y servidoras fieles, para que llenemos hasta el borde nuestros cántaros; así el Señor convertirá el agua en el vino de su Sangre que nos purifica y alegra el corazón con la esperanza.

Mientras adoramos a Jesús, pidámosle a María, a Ella que puso a disposición del Espíritu la sala grande de su corazón para que el Verbo se hiciera carne y habitara entre nosotros, que ruegue por nosotros, ahora, para que se ensanche nuestro corazón y se vuelva un poquito más parecido al de Ella: que es lugar de encuentro entre hermanos y de "projimidad" entre nosotros y con Dios nuestro Señor.

Homilía, Corpus Christi, 2000

"TODOS COMIERON HASTA SACIARSE"

La Buena Noticia de la multiplicación de los panes es uno de esos hechos que ha quedado grabado para siempre en la memoria de la Iglesia. Nunca nos cansaremos de escuchar maravillados lo que aconteció aquella tarde, la narración de ese "gesto inédito" de Jesús. Fue una fiesta; una fiesta humilde, una fiesta de fe. Humilde porque sólo había panes y peces, pero tan sobreabundantes que despertaban el asombro, la fe, el gusto de compartir la misma mesa y sentirse hermanados en ese pan... No podemos imaginarnos a la gente de otro modo que partiendo sorprendidos el pan y compartiéndolo llenos de alegría con sus vecinos.

El recuerdo de la multiplicación de los panes (junto con el de las Bodas de Caná) nos ha quedado en el corazón como el evangelio de la desproporción. Lo que salió de las manos del Señor que bendecían fue un derroche de pan: los cinco panes se convirtieron en cinco mil. La desproporción fue más allá de todo cálculo humano, ese cálculo "realista", casi matemático, que llevaba a los discípulos a decir con escepticismo: a no ser que vayamos a comprar para dar de comer a todo este gentío. Hubo sobreabundancia: todos comieron hasta saciarse. Y hasta derroche: recogieron las sobras, doce canastas. Un derroche en el que no se perdió nada, tan diferente de los derroches escandalosos a los que nos acostumbran algunos ricos y famosos.

El mensaje del Evangelio es claro, diáfano, cálido y contundente: donde está Jesús desaparecen las proporciones humanas. Y, paradójicamente, la desproporción de Dios es más humana (más realista, más simple, más verdadera, más realizable) que nuestros cálculos. La desproporción de Dios es realista y realizable porque mira la calidez del pan que invita a ser repartido y no la frialdad del dinero que busca la soledad de los depósitos.

El milagro de los panes no tiene nada de solución mágica. En medio de él está el mismo Jesús con las manos en la masa. Un Jesús que se reparte y se entrega a sí mismo en cada pan; un Jesús que ensancha su mesa, la que compartía con sus amigos, y le hace sitio a todo el pueblo; un Jesús que es todopoderoso con el pan y los peces. ¡Qué lindo es mirar los signos humildes, las cosas pequeñas con que trabaja Jesús: el agua, el vino, el pan y los pescaditos! Con estas cosas humildes es omnipotente el Señor. Sus manos se hallan a gusto bendiciendo y partiendo el pan. Me animaría a decir que el Señor se desborda sólo en aquellos gestos que puede hacer con sus manos: bendecir, sanar, acariciar, repartir, dar la mano y levantar, lavar los pies, mostrar las llagas, dejarse llagar... El Señor no tiene excesos verbales ni gestos ampulosos. Jesús quiere ser todopoderoso partiendo el pan con sus manos.

El gesto del Señor es un "gesto inédito" porque su mejor milagro lo gasta en algo tan pasajero como un almuerzo de panes y peces. Jesús apuesta a la contundencia de lo elemental y de lo cotidiano. El gesto de Jesús es un "gesto inédito" porque es un gesto de todopoderoso que utiliza la mediación del servicio humilde de sus propias manos junto con las manos de todos. El milagro de los panes fue un milagro realizado eclesialmente por todos los que iban compartiendo su pan.

De este milagro de la desproporción, una linda imagen para llevarnos hoy en el corazón es la de las manos. La fiesta del Corpus es la fiesta de las manos: de las manos del Señor y de nuestras manos. De esas "santas y venerables manos" de Jesús, manos llagadas, que continúan bendiciendo y repartiendo el pan de la Eucaristía. Y de esas manos nuestras, necesitadas y pecadoras, que se extienden humildes y abiertas para recibir con fe el cuerpo de Cristo.

Que el pan divino transforme nuestras manos vacías en manos llenas, con esa medida "apretada, sacudida y desbordante" que promete el Señor al que es generoso con sus talentos. Que el dulce peso de la Eucaristía deje su marca de amor en nuestras manos para que, ungidas por Cristo, se conviertan en manos que acogen y contienen a los más débiles. Que el calor del pan consagrado nos queme en las manos con el deseo eficaz de compartir un don tan grande con los que tienen hambre de pan, de justicia y de Dios. Que la ternura de la comunión con ese Jesús que se pone sin reservas en nuestras manos en un verdadero "gesto inédito", nos abra los ojos del corazón a la esperanza para sentir presente al Dios que está "todos los días con nosotros" y nos acompaña en el camino.

Le pido a María, que profetizó la multiplicación de los panes en el Magníficat cuando anunció al Dios que "despliega la fuerza de su brazo…, colma de bienes a los hambrientos y despide a los ricos con las manos vacías", interceda ante su Hijo para que una vez más mire con amor a nuestro pueblo que necesita realizar un "gesto inédito". Que Ella le pida a Jesús, puesto en medio de nosotros, que otra vez nos vaya dando con sus manos el pan de la Eucaristía para entrar en comunión con Él y para aprender a compartir como hermanos. Entonces nuestras manos palparán la desproporción de Dios y se animarán a amasar ese "gesto inédito" que nos inspire la generosidad y nos saque de la desesperanza.

HOMILÍA, CORPUS CHRISTI, 2001

"ACUÉRDATE DE TODO EL CAMINO QUE EL SEÑOR TU DIOS TE HA HECHO ANDAR"

En la fiesta del Corpus hacemos memoria de todo el tiempo pascual, que se concentra en la fiesta de la Carne y la Sangre del Señor. La carne del Señor es nuestra carne resucitada y llevada a lo más alto del cielo. Un gran creyente decía "el Cielo es la sagrada intimidad del Dios santo". Pues bien, en la fiesta del *Corpus* festejamos el lugar físico donde esa intimidad sagrada del Dios santo se nos abre y se nos brinda cada día: la Eucaristía.

En estos tiempos tan difíciles de nuestra Patria en los que la bajeza moral parece achatarlo todo, nos hace bien alzar los ojos a la Eucaristía y acordarnos de cuál es la esperanza a la que hemos sido llamados. Estamos invitados a vivir en comunión con Jesús: "El que come mi carne y bebe mi sangre habita en mí y yo en él" (Jn 6, 56). El Señor nos lo mandó cuando dijo, en la última cena: "Hagan esto en memoria mía" (1Cor 11, 24).

Con las palabras de Moisés que escuchamos en la primera lectura, hacemos memoria: miramos atrás recordando todo lo que el Señor hizo con nosotros. En esta plaza que debiera ser tierra prometida como espacio simbólico de la Nación, y que a veces se convierte en campo de batalla y en lugar desierto, las palabras de Moisés al pueblo resuenan en nuestros oídos con dramático realismo. "Acuérdate de todo el camino que el Señor tu Dios te ha hecho andar durante estos cuarenta años en el desierto para humillarte y probarte y conocer lo que había en tu corazón" (Dt 8, 2).

Moisés interpreta la historia de su pueblo, esos cuarenta años de aparente fracaso, desde la mirada salvífica del Señor. No hay décadas perdidas a los ojos de Dios.

Allí en el desierto, en el preciso momento en que el pueblo no puede encontrar nada, salvo sus límites, el Señor les regala un alimento especial: el maná, figura y adelanto de la Eucaristía. Ese pancito del cielo tiene sus características particulares: sólo dura por el día; hay que compartirlo con los demás, porque si sobra ya no sirve; cada uno junta solamente lo que necesita para su familia. El maná le enseña al Pueblo a vivir "del pan nuestro de cada día".

En el Evangelio, Jesús nos revela que Él es el maná, Él es el "pan bajado del cielo". Él es el Pan que da Vida, una vida para siempre: "Mi carne es verdadera comida" (Jn 6, 55). Muchos discípulos lo abandonaron aquel día, porque estas palabras les sonaron muy duras. Querían algo más concreto, una explicación mejor de cómo se puede vivir con lo que Jesús nos dice, con lo que Jesús nos da. En cambio Pedro y los apóstoles se jugaron por el Señor: "A quién iremos. Sólo tú tienes palabras de vida eterna" (Jn 6, 68). También nosotros, como pueblo, estamos en una situación parecida: una situación de desierto, una situación que nos exige decisiones en las que nos va la vida. Frente al Pan vivo, como pueblo fiel de Dios, dejemos que el Señor nos diga: pueblo mío, acuérdate con qué pan te alimenta nuestro Padre del Cielo y cómo son los panes falsos con que te ilusionaste y te llevaron a esta situación.

Acuérdate que el Pan del Cielo es un pan vivo, que te habla de siembra y de cosecha, porque es pan de una vida que tiene que morir para alimentar. Acuérdate que el Pan del Cielo es un pan para cada día porque tu futuro está en las manos del Padre Bueno y no solamente en la de los hombres. Acuérdate que el Pan del Cielo es un pan solidario que no sirve para ser acaparado sino para ser compartido y celebrado en familia. Acuérdate que el Pan del Cielo es pan de vida eterna y no pan perecedero. Acuérdate que el Pan del Cielo se parte para que abras los ojos de la fe y no seas incrédulo. Acuérdate que el Pan del Cielo te hace compañero de Jesús y te sienta a la mesa del Padre de la que no está excluido ninguno de tus hermanos. Acuérdate que el Pan del Cielo te hace vivir en intimidad con tu Dios y fraternalmente con tus hermanos. Acuérdate que el Pan del Cielo, para que lo pudieras comer, se partió en la Cruz y se repartió generosamente para salvación de todos. Acuérdate que el Pan del Cielo se multiplica cuando te ocupas de repartirlo. Acuérdate que el Pan del Cielo, te lo bendice, te lo parte con sus manos llagadas por amor y te lo sirve el mismo Señor resucitado. ¡Acuérdate! ¡Acuérdate! ¡No lo olvides nunca!

Esta memoria en torno al Pan nos abre al Espíritu, nos fortalece, nos da esperanza. Que esta esperanza inquebrantable de sentarnos un día a la mesa del banquete celestial nos libre de querer sentarnos al banquete de los suficientes y orgullosos, esos que no dejan ni las migas para alimento de los más pobres. Que el vivir en la intimidad sagrada del Dios santo nos libre de las internas políticas que desgajan nuestra Patria. Que saciados con el humilde pan de cada día nos curemos de la ambición financiera. Que el trabajo cotidiano por el pan que da vida eterna nos despierte del ensueño vanidoso de la riqueza y la fama. Que el gusto del pan compartido nos sacuda del tono murmurador y quejoso de los medios. Que la Eucaristía celebrada con amor nos defienda de toda mundanidad espiritual.

Le pedimos a la Virgen estas gracias de memoria. Nuestra Señora es el modelo del alma cristiana y eclesial que "conserva todas estas cosas meditándolas en su corazón". A ella le rogamos que nos recuerde siempre dónde está el pan que nos da vida y el vino que alegra nuestro corazón. Que no deje de decirnos con su voz materna: "Hagan todo lo que Jesús les diga". Que grabe en nuestro corazón las palabras de su Hijo: "Hagan esto en memoria mía".

Homilía, Corpus Christi, 2002

"Partió el pan y se lo dio"

El relato de la última cena siempre es conmovedor. Y más cuando lo escuchamos en la fiesta solemne del *Corpus Christi*. Reunidos en esta plaza de Mayo, frente a nuestra catedral, convocados de todas las parroquias, en familia, como Pueblo de Dios, las palabras de Jesús, los gestos del Señor, nos tocan profundamente el corazón: "Mientras estaban comiendo, Jesús tomó el pan, lo bendijo, lo partió y se lo dio diciendo: tomen, esto es mi cuerpo" (Mt 26, 26).

El Señor acaba de confiarse a los suyos, de abrirles su corazón diciendo que uno lo va a entregar. Uno que toma el pan en su mismo plato. Pero en vez de seguir hablando de la traición, Jesús se concentra en la Alianza que desea hacer con nosotros. Me gustaría que nos detuviéramos un momento en esta imagen de Jesús dando el pan que acaba de bendecir y que va partiendo en pedacitos. Es una imagen de fragilidad. Fragilidad amorosa y compartida.

El Jueves Santo, los sacerdotes pedíamos la gracia de "cuidar la fragilidad de nuestro pueblo", haciendo una ofrenda santa con nuestra propia fragilidad. El 25 de Mayo pedíamos para todos, como Nación, la gracia de "ponernos la patria al hombro" siguiendo los pasos de Jesús Buen Samaritano, que carga sobre sus hombros nuestras fragilidades. Hoy el Evangelio nos regala una imagen más honda: la de la fragilidad no como herida, no como debilidad que tiene que cargar el más fuerte, sino de la fragilidad necesaria para que haya vida, de la fragilidad amorosa de la Eucaristía.

"Frágil" es "lo que con facilidad se hace pedazos". Y la imagen evangélica que contemplamos es la del Señor que "se hace pedacitos"... de pan y se entrega. En el pan partido -frágil- se esconde el secreto de la vida. De la vida de cada persona, de cada familia y de la patria entera.

¡Qué curioso! La fragmentación es el peligro que advertimos como el más grande para nuestra vida social y también para nuestra vida interior. En cambio en Jesús, este fragmentarse bajo forma de pan tierno es su gesto más vital, más unificante: ¡para darse entero tiene que partirse! En la Eucaristía, la fragilidad es fortaleza. Fortaleza del amor que se hace débil para poder ser recibido. Fortaleza del amor que se parte para alimentar y dar vida. Fortaleza del amor que se fragmenta para compartirse solidariamente. ¡Jesús partiendo el pan con sus manos! ¡Jesús dándose en la Eucaristía!

En esta fragilidad amorosa del Señor hay una buena noticia, un mensaje de esperanza para nosotros. La entrega generosa y total que deseaba hacer Jesús para salvarnos quedó resguardada en la Eucaristía contra todos los intentos de manipulación por parte de los hombres: de Judas, de los sumos sacerdotes y ancianos, del poder romano y también de todas las tergiversaciones que se intenten hacer a lo largo de la historia.

En la cena, con el lavado de los pies y con la Eucaristía, quedó claro el mensaje de Alianza: Jesús no quiere ser otra cosa que Pan de Vida para los hombres. Para el que no vivió esta Alianza, las escenas de la pasión le podrían hacer pensar que la sangre del Señor quedó desperdiciada, que su cuerpo, colgado en la cruz, quedó arruinado, como un despojo inútil. En cambio para los que comulgan con Él, este Jesús traspasado y desangrado, está más entero y vivo que nunca. Ya hay esperanza de resurrección en la última cena.

El gesto de Jesús de partir el pan –frágil y tierno–, se convirtió en la señal para reconocer al resucitado: "Lo reconocieron al partir el pan" (Lc 24, 31). También para nosotros éste es el signo para creer en Jesús resucitado.

"Éste es el sacramento de nuestra fe", decimos después de la consagración y mostramos la fragilidad del pan, Cuerpo de Cristo, partido y separado de la Sangre del Señor que contiene el cáliz. Éste es el signo para que creamos que el Señor se dio por nosotros.

Y al incorporarlo con fe nos da vida, nos une en intimidad con Él y con el Padre, nos unifica interiormente, nos hace un solo cuerpo con los demás en la Iglesia.

Al contemplar la Eucaristía creemos. Ésa es la fuerza que tiene la fragilidad del pan, sacramento de nuestra fe, hasta que el Señor vuelva.

Volvemos ahora la mirada hacia la fragilidad de nuestro pueblo. Con Jesús, nuestra fragilidad adquiere un sentido nuevo. Es verdad que la fragilidad hace sufrir diversas tentaciones: la tentación de vivir a merced de humores cambiantes, la tentación de ilusionarnos con cualquier promesa de soluciones que mejoren un poquito nomás las cosas, la tentación de quedar aislados y fragmentados cada uno en su propia debilidad. Es verdad –no podemos negarlo– que la fragilidad incita a los violentos a despojar a los más débiles.

Pero es verdad también, y más honda, que la fragilidad de nuestro pueblo es un fruto de su mansedumbre, de su deseo de paz, de esa constancia -que a veces parece ingenua- de renovar una y otra vez las esperanzas. Es una fragilidad evangelizada, en la que hay mucho de la mansedumbre y de la confianza de ese Jesús que nos fue anunciado aquí en nuestra Patria hace más de 500 años y que ha compartido nuestra historia. Por eso, con Jesús, queremos ser un pueblo que toma el pan con las manos, que lo bendice, lo parte y lo comparte. Al Señor que se hace pedazos para darse entero a cada uno le pedimos que nos reconstituya como personas, como Iglesia y como sociedad.

Contra la fragmentación que proviene del egoísmo, le pedimos la gracia de la fragilidad amorosa que proviene de la entrega.

Contra la fragmentación que nos vuelve miedosos y agresivos, le pedimos la gracia de ser como el pan que se parte para que alcance. Y no sólo para que alcance sino por la alegría de compartirlo y de intercambiarlo.

Contra la fragmentación de estar cada uno aislado y sumido en sus propios intereses, le pedimos la gracia de estar enteros, cada uno en su puesto, luchando por lo de todos, por el bien común.

Contra la fragmentación que brota del escepticismo y de la desconfianza, le pedimos al Señor la gracia de la fe y de la esperanza, que nos lleva a gastarnos y desgastarnos confiando en Él y en nuestros hermanos.

Que nuestra Madre y Señora, la Virgen Santísima, que convivió con la fragilidad de Jesús, que la cuidó en el Niño, y la sostuvo al bajar a su Hijo de la Cruz, nos enseñe el secreto de mirar con fe toda fragilidad humana y de cuidarla con caridad, porque de allí, por la presencia real de Jesús en la Eucaristía, brota la auténtica esperanza.

HOMILÍA, CORPUS CHRISTI, 2003

"Habló a la multitud acerca del Reino de Dios"

En este pasaje del Evangelio resuena con especial insistencia una palabra, cargada de matices para nosotros: "la multitud", comienza diciendo que el Señor "habló a la multitud acerca del Reino de Dios".

Después de haberse escabullido de los que querían apedrearlo, el Señor se ha ido a hablarle al pueblo sencillo. Muchas veces el Evangelio nos muestra a Jesús en medio de la gente: lo seguía una "gran muchedumbre del pueblo" y el Señor les hablaba largamente, los curaba, los acogía, iba eligiendo de entre ellos a sus apóstoles, a quienes enviaba a su vez, para estar en medio de esa multitud.

Quisiera detenerme hoy a contemplar con ustedes esa relación tan especial de Jesús con la multitud. La gente lo sigue y lo escucha porque siente que habla de manera distinta, con la autoridad que da el ser auténtico y coherente, el no tener dobles mensajes ni dobles intenciones. Hay alegría y regocijo cuando escuchan al Maestro. La gente bendice a Dios cuando Jesús habla porque su discurso los incluye a todos, los personaliza y los hace pueblo de Dios. ¿Se han fijado que sólo los escribas y los fariseos, a quienes Jesús tilda de hipócritas, preguntan siempre "¿a quién le dices esto?" "¿Lo dices por nosotros?" "¡Mira que al decir esto también nos ofendes a nosotros!" La gente no hace esa pregunta; es más, quiere, desea, que la Palabra sea para ellos. Sabe que es una palabra que hace bien, que al que dice "esto es para mí", esa palabra lo sana, lo mejora, lo limpia... Es curioso, mientras algunos desprecian que el Señor hable en parábolas, la gente se bebe sus parábolas y las transmite de boca en boca; recibe todo: el contenido y el estilo de Jesús. Estaba sedienta de esa Palabra nueva, sedienta de Evangelio, sedienta de la Palabra de Dios.

Siguiendo al Señor aquella tarde, la multitud se interna con él en campo abierto, sin fijarse ni en la hora ni en la distancia. Surge la preocupación de los discípulos: "Despide a la multitud", a lo que Jesús retruca inmediatamente con su: "Denles ustedes de comer".

En ese momento, en el momento de comer, la multitud deja de ser anónima y se convierte para el cálculo de los discípulos en "alrededor de cinco veces mil hombres". Jesús les dice: "Hagan que se sienten en grupos de hasta cincuenta personas". En realidad el Señor utiliza una expresión como si dijéramos "en mesas" de cincuenta personas. (*Klisias* es el lecho donde un grupo se recuesta para comer). Mesas de cincuenta invitados, en medio de los cuales se pone la comida, de la que todos se van sirviendo.

Esta mesa es ya una imagen del Reino. Jesús la usa de nuevo en la parábola de los servidores vigilantes que esperan a que su Señor vuelva de las Bodas. A los que encuentra velando, Jesús dice que "él mismo se ceñirá y los hará reclinarse a la mesa y, pasando de uno a otro, los servirá".

Comienza a obrar aquí la fuerza inclusiva de la Eucaristía, que convierte a la multitud en grupos de comunidades, cuya medida la da el poder compartir el pan.

Y hay todavía una tercera mención de la multitud. Cuando está así organizada, en esa medida humana tan familiar, que transforma a un grupo en comunidad de compañeros, entonces sí el Señor toma los cinco pancitos y los dos peces, alzando los ojos al cielo los bendice, los parte y los va dando a los discípulos para que los sirvan a la multitud.

Esa multitud es ya una multitud transformada, personalizada, familiarizada. Esa comunidad es el ámbito en que acontece la bendición y el milagro. En esa comunidad todo alcanza para todos, y sobra: "comieron hasta saciarse y juntando lo que había sobrado de los fragmentos, se llenaron doce canastos".

Una vez más Jesús en medio de nosotros-multitud nos insta: organícense en comunidades a la medida del pan. Organícense así como hacen en sus centros de jubilados, en los comedores de las escuelas, en los hogares de tránsito, en las fiestas de barrio, en las cooperativas de trabajo, en Cáritas, en las parroquias.

Que la medida la vaya dando "el que se pueda compartir el pan".

Organícense de modo que ni haga falta contar a los niños o a los ancianos, porque están incluidos ya allí donde comen los que sostienen el hogar.

Tristemente, las estadísticas actuales hablan en forma separada de los niños y los ancianos, porque también hablan de "individuos desocupados". Los números del Señor son distintos: Él apunta a la comunidad y a la solidaridad, Él ve "mesas de cincuenta", grupos de familiares y amigos, como los que se juntan en las fiestas, en las celebraciones religiosas... de allí parte el Señor para organizar su comunidad, su Iglesia. De allí debemos partir para organizar la parroquia, el barrio y la patria.

Sólo Jesús nos ve así. Sólo su pan vivo tiene la fuerza para cohesionar de tal manera a la multitud. Sólo la fuerza de su muerte en Cruz para hacerse pan es capaz de convertir a las multitudes en Comunidades. Y le pedimos:

Señor, ¡danos siempre de ese Pan!

Queremos ser comunidad que comparte el pan que bendecís y repartís.

Queremos ser comunidad que se organiza a tu estilo, para permitirte que nos sirvas y nos transformes.

No queremos comer solos nuestro pan: ni el de la fe, ni el del trabajo.

No queremos "despedir" a las multitudes que, cuando se convocan, te buscan y te desean, aun sin saberlo muchas veces.

No queremos aceptar resignados las estadísticas que ya dan por descartados a tantos hermanos nuestros.

Queremos seguirte, recibirte y compartirte cada uno "en su mesa de cincuenta".

Queremos ser comunidades que viven de esta fuerza que da la Eucaristía, para anunciar con nuestra vida más que con palabras, esa verdad del Evangelio que es trascendente porque habla de un más allá del individualismo, de un Reino que ya está en medio de nosotros cuando nos juntamos a compartir el pan en tu nombre, Señor.

A nuestra Madre, María, que se da cuenta cuando falta el vino, ese vino que es la alegría y la esperanza que convoca "mesas de cincuenta", ese vino que es de fiesta y que da sentido a todo el resto del trabajo y del esfuerzo, le pedimos que nos haga sentir y vivir en la comunidad del Pan Vivo y del Vino Nuevo que su Hijo nos regaló y que hoy adoramos y celebramos con fervor.

HOMILÍA, CORPUS CHRISTI, 2004

"Hay un solo pan"

En las lecturas de esta Fiesta, hay dos frases que quisiera compartir con ustedes. Una es de San Pablo, y nos habla de unión, de unión entre mucha gente, de la unión de una Iglesia que es Asamblea grande. Dice así:

"Hay un solo pan, y todos nosotros, aunque somos muchos, formamos un solo Cuerpo, porque participamos de ese único pan" (1 Cor 10, 17).

La otra frase abre y cierra el Evangelio de hoy. Es de Jesús, y nos habla de un pan que camina, que baja del cielo, que da vida a un pueblo caminante y que se le ofrece para que dé vida a todo el mundo. Es un pan que sale al encuentro de todos, un pan misionero. Dice así:

"Éste es el pan bajado del cielo; no como el que comieron sus padres y murieron. El que coma de este pan vivirá eternamente, y el pan que yo daré es mi carne para la Vida del mundo".

Y, al oír estos textos, pienso en nuestra Asamblea Arquidiocesana. Hoy somos gente caminando en Asamblea, cada uno en su estado de vida, con su carisma personal. Padres de familia, sacerdotes, religiosas, catequistas... caminando en Asamblea. Niños, ancianos, jóvenes, papás y mamás... caminando en Asamblea. Pueblo fiel de Dios caminando en Asamblea, en procesión, en torno al Cuerpo de Cristo, Pan de Vida. Como el pueblo de Israel al salir de Egipto, caminando en Asamblea hacia la tierra prometida, que para nosotros es el Cielo del que baja, caminando a nuestro encuentro en cada Eucaristía, Aquél que es Pan para la vida del mundo.

La convocatoria a la Asamblea Diocesana nos interpeló a todos."¿Qué significa, cómo se prepara, por qué ahora...?" Surgieron preguntas, propuestas, diagnósticos, planes... Al ver y repasar en oración todas las reacciones me venía a la memoria una manera de proceder de Juan Pablo II. Cuando le presentaban un problema o se planteaba un desafío preguntaba dos cosas: la primera, ¿qué pasaje del Evangelio ilumina este desafío?; la segunda: ¿a quién podemos convocar y preparar para afrontarlo o resolverlo?

La respuesta a la última pregunta es clara: El Señor nos convoca a todos. ¿A quién podemos convocar y preparar para afrontar los desafíos de la Arquidiócesis? A todos, a la Iglesia en Asamblea.

Y como pasaje del Evangelio que puede iluminar este desafío me venía al corazón el final del Evangelio de san Juan, aquella noche cuando Pedro dijo:

" 'Voy a pescar' y los otros le contestaron 'También nosotros vamos contigo'. Fueron y subieron a la barca, pero aquella noche no pescaron nada".

Sin embargo, algo pescaron en medio de su fatiga y esterilidad. Aquel pequeño grupo, aquella primera Iglesia –todavía barquita– que salió a "navegar mar adentro en Asamblea", atrajo al Señor. Pescaron a Jesús, podríamos decir. En realidad era a Él a quien habían salido a buscar. O mejor dicho, habían salido a esperar que los viniera a buscar, como otras veces. Y Pedro, cuando lo ve, se tira al agua con audacia, con coraje.

Caminar en Asamblea, como el pueblo de Israel en el desierto, navegar en Asamblea, como los primeros discípulos del Resucitado, es un exponernos juntos para que el Señor nos mire, nos busque y se nos manifieste.

Caminar en Asamblea como hicieron José y María, es hacer juntos la apasionante experiencia del discernir con otros, para dejar que sea Dios quien escriba la historia.

Caminar en Asamblea como hicieron los caminantes de Emaús es entrar en el "Tiempo de Dios", de modo que su presencia compañera nos permita ahondar en nuestra identidad y tomar conciencia de nuestra misión.

Caminar en Asamblea es ponernos en ocasión de dialogar por el camino, como lo hacían los discípulos mientras seguían a Jesús, dejando que luego, al compartir el pan, Él los ayudará superar desencuentros y crecer en santidad comunitaria y misionera.

Caminar en Asamblea es salir al encuentro de la gente, cuidar las fragilidades, confiando en la promesa de Jesús que dará eficacia a la Palabra y a los gestos con los que damos testimonio de su amor.

Cuando una Iglesia particular se reúne y persevera en oración, en compañía de María, el Espíritu se siente nuevamente llamado y viene en nuestra ayuda. Nos ponemos en camino, entonces, para atraer la mirada de nuestro Dios.

Queremos atraer sobre nosotros la mirada providente de nuestro Padre del Cielo, que a nosotros, hijos pródigos, nos ve de lejos, apenas nos hemos levantado y puesto en camino de retorno a Él que tiene preparado el Banquete de la Eucaristía, el Banquete del Pan de la Misericordia, capaz de alegrarnos más allá de toda expectativa humana.

Queremos atraer sobre nosotros la mirada compañera de Jesús, el Hijo amado, que también se lanza mar adentro y viene a nuestro encuentro en nuestras fragilidades y en las dificultades de la vida cuando ve que, por amor a Él, hemos quedado expuestos, y necesitamos que nos dé una mano porque en la fe nos hemos lanzado al agua y solos no podemos. Para los amigos predilectos que se lanzan al mar, juntos y con audacia apostólica, el Señor tiene preparado en la orilla, el desayuno de la Eucaristía, el Banquete del Pan del Camino que se comparte fraternalmente, en silencio adorante, entre misión y misión, capaz de restaurar las fuerzas más allá de toda expectativa.

Queremos atraer sobre nosotros la mirada del Espíritu que hace arder los corazones, atraído por una Iglesia que lo espera reunida.

El Espíritu es el que nos convierte en verdadera Asamblea y nos pone en camino para salir a anunciar el Evangelio a todos los pueblos.

El Espíritu es el que marca el ritmo de la vida de la Iglesia. Y lo marca eucarísticamente: marca el tiempo en el que la Asamblea se reúne a esperarlo, y a los que se mantienen juntos los consolida con el Pan de la misericordia que pacifica y guarda la unidad.

Él es el que marca el tiempo en que la Asamblea se pone en camino impulsada por su soplo viviente; y a los que se animan a salir a misionar el Espíritu los acompaña y les va sirviendo a sus tiempos el Pan de la caridad gratuita, que alimenta inusitadamente la vida de la Asamblea, multiplicando los panes y reanimando a los que siguen al Señor.

Cuando, con coraje apostólico, caminamos en Asamblea, el Señor camina con nosotros. Y entonces es Él quien escribe la historia. Ponerse en Asamblea es dejar que sea Dios quien escriba la historia, que sea Dios quien protagonice la lucha, que sea Dios quien haga nuevas todas las cosas. Y que haga todo esto con nosotros: con los signos que hacemos con nuestras manos, con las huellas que dejan nuestros pasos... Él escribe la historia. Y sabe escribir derecho aún con renglones torcidos.

A María, la mujer Eucarística, la primera que salió a caminar, con Jesús en sus entrañas, en torno a la cual se reunió la primera Asamblea a la espera de Pentecostés, le pedimos que venga con nosotros a caminar y que nos mantenga unidos en la oración para que, a través nuestro, el Señor pueda llegar a dar vida a todo el mundo, como es su deseo.

Homilía, Corpus Christi, 2005

El Señor camina junto a nosotros

Coronando el tiempo de Pascua celebramos juntos esta fiesta grande del *Corpus*. El Señor camina junto a nosotros por las calles de Buenos Aires y pone a su Iglesia en la ruta de la Eucaristía cotidiana que hace crecer en nuestros corazones la Esperanza, el anhelo, de la Eucaristía definitiva.

El Evangelio nos pinta con trazos vívidos las circunstancias simples y sorprendentes con las que el Señor quiso rodear los preparativos de la última cena. A partir de aquella noche santa toda nuestra vida gira en torno a las palabras del amor incondicional de Jesús: "Tomen, coman, esto es mi cuerpo". ¡El Cuerpo y la Sangre del Señor... sacrificio para nosotros!

Junto a los discípulos y a Jesús el Evangelio de hoy nos invita a recorrer dos caminos: uno que lleva a la Eucaristía y otro que parte de ella. El que lleva a la Eucaristía es camino de Encuentro. El que parte de ella es camino de Esperanza.

El camino que lleva a la Eucaristía comenzó aquel día con una pregunta: "¿Dónde quieres que vayamos a prepararte la comida pascual?" (Mt 26, 17). Los discípulos le preguntan al Señor y Él los envía por la ciudad siguiendo al hombre del cántaro que encontrarán como por casualidad. Es un camino que parece incierto y, sin embargo, es seguro. El Señor los envía a seguir a un desconocido entre la multitud de la gran ciudad... pero tiene todo previsto y planeado. El Maestro sabe hasta el último detalle cómo está arreglado ese piso alto de la hospedería en el que va a entregarse como Pan para la vida del mundo.

Ellos partieron, obedientes en la fe. Quizá cruzando alguna mirada de complicidad al iniciar esta especie de juego de búsqueda del tesoro que les hace el Señor. El Evangelio nos dice que "encontraron todo como Jesús había dicho". El Señor tenía estas cosas de hacer recorrer un camino incierto para el enviado pero ya previsto por Él, de manera que al final se juntaran la experiencia obediencial del discípulo con la sabiduría del Maestro. Lo hizo con Pedro, cuando lo mandó a pescar un pez y sacar de su vientre la moneda para pagar el impuesto. Lo hizo con los discípulos al ordenarles tirar la red a la derecha o contar cuántos panes y peces tenían a mano... "Lo hacía para probarlos porque Él ya sabía lo que iba a hacer", nos dice Juan (Jn 6,6).

Como conmemoramos en la noche de Pascua, algo nuevo ha sucedido en el andar de la humanidad desde el día aquel en que Abram comenzó a caminar en la fe "sin saber a donde iba". Obedeció y fue justificado. También a nosotros nos pasa lo mismo cuando caminamos siguiendo sus instrucciones como los discípulos. Cuando nos dejamos "conducir espiritualmente" por el Señor, los caminos nos llevan a la Eucaristía, al Pan del encuentro, de la verdad y la vida.

Luego de darles la Eucaristía, el Señor habla de un nuevo camino, un camino que está en continuidad con el anterior pero es de largo aliento porque apunta al cielo. Es el camino hacia el banquete celestial que tendrá lugar en la Casa del Padre, ese Banquete en el que el mismo Jesús nos sentará a la mesa y nos servirá. Y para señalar que estamos en camino hacia el Reino, el Señor utiliza una imagen: dice que "no beberá más del fruto de la vid hasta que beba el vino nuevo en el Reino de Dios". Se abre así un tiempo intermedio, el tiempo de la Iglesia que peregrina hacia el Cielo a donde la precedió su Buen Pastor. Camino de esperanza, camino hacia lo que no vemos pero de lo cual tenemos las primicias en la Eucaristía. Comulgando nos sentimos seguros de que el Señor está y nos espera.

Dos caminos, pues, y en ambos es protagonista el Pan. El camino cotidiano, por entre las cosas de todos los días, en medio de la ciudad, que termina en la Eucaristía fraterna, en la misa. Y el camino largo de toda la vida, de la historia entera, que también terminará en la Comunión con el Señor, en el Banquete del cielo, en la Casa del Padre. La Eucaristía es el aliento y la recompensa en ambos caminos.

La Eucaristía cotidiana es el Pan de vida que restaura las fuerzas y pacifica el corazón, el Pan del único sacrificio, el Pan del encuentro. Pero a su vez es Pan de la esperanza, el Pan partido que abre los ojos para ver con estupor al Resucitado que nos estuvo acompañando de incógnito durante todo el día, durante la vida entera. Pan que enciende el fervor del corazón y hace salir corriendo a la misión en la comunidad grande; Pan ancla que tironea el corazón hacia el cielo y despierta en los hijos pródigos el hambre del Dios más grande, el deseo de la casa paterna.

La certeza de este Pan de vida la tenemos clara. Por eso, amamos la Eucaristía y la adoramos. Por eso, le damos la primera comunión a nuestros hijos. Las dificultades están en el camino. En lo cotidiano, una dificultad puede ser la del desencuentro: que no encontremos al hombre del cántaro –ese cántaro de agua viva, imagen del Espíritu Santo que nos guía– y nos perdamos por las calles de la ciudad, entre las mil circunstancias cambiantes que trae la vida. Y entonces, el día no termina en la Eucaristía que el Señor nos tiene preparada, sino que por falta de tiempo, por distracción o problemas, el día se termina porque se terminó, rendidos de cansancio, sin referencia a Dios. Si no hay encuentro con Jesús la vida se nos vuelve inconsistente, va perdiendo sentido. El Señor tiene dispuesta una Eucaristía –un encuentro– cada día, para nosotros, para nuestra familia, para la Iglesia entera. Y nuestro corazón tiene que aprender a adherirse a esta Eucaristía cotidiana –sintetizada en la misa dominical– de modo tal que cada día quede "salvado", bendecido, convertido en ofrenda agradable, puesto en manos del Padre, como Jesús con su carga de amor y de cruz.

La dificultad del camino largo, el que nos lleva al Reino definitivo, puede ser la desesperanza, cuando "la promesa se diluye en la cotidianeidad de la vida". Y se nos enfría el fervor de la esperanza, esa brasa que vuelve cálidos nuestros gestos cotidianos. Sin ella, también podemos caminar, pero nos vamos volviendo fríos, indiferentes, ensimismados, distantes, excluidores.

Nos dará fuerzas saborear por el camino el Pan de la esperanza grande, de la esperanza de un Banquete final, de un encuentro con un Padre que nos espera con su abrazo, nos transforma el corazón y la mirada y llena de otro sentido nuestra vida. Cuando Pablo nos dice que tenemos que rezar en todo momento nos está hablando de esta oración: de saborear el Pan de la esperanza en todo momento. La tentación puede ser la contraria, de masticar las uvas agrias y las amarguras de la vida, en vez del Pan de Dios; ese Pan que María "rumiaba" en su corazón, mirando a su Hijo y la historia de salvación con el gusto de la esperanza.

Ella es el gran aliento que el Señor nos da para el camino. Caminando con ella nuestro pueblo saborea el Pan de la esperanza, en torno a ella nuestro pueblo come con gusto el Pan del encuentro, la Eucaristía, Cristo vivo.

Por eso, a María le pedimos hoy estas dos gracias: la de comer cada día con nuestros hermanos el Pan del encuentro en la Eucaristía, y la de caminar por la vida gustando siempre este Pan de la esperanza grande, el Pan del cielo. Que ella que le dio su carne al Verbo Eterno para que Él pudiera dárnosla a nosotros como alimento de vida eterna, nos despierte el amor por la Eucaristía, por el Cuerpo de Cristo, Pan de Vida.

Homilía, Corpus Christi, 2006

"Los partió y se los dio a los discípulos"

La liturgia hoy nos habla de bendición. Jesús, tomando los cinco panes y los dos peces, (que le había ofrecido aquel niño quizá vendedor ambulante) alzó la mirada al cielo, pronunció la bendición sobre ellos, los partió y se los dio a los discípulos para que se los sirvieran a la gente. Esta bendición, esta palabra buena tuvo un efecto multiplicador: el pan bendito alcanzó para todos. Tiempo después, en la primera Eucaristía, la misma bendición del Señor sobre el pan y el vino tendría un efecto transformador. Desde aquella noche, el pan y el vino consagrados son el Cuerpo y la Sangre de Cristo, Pan de vida y Cáliz de bendición que compartimos (Cfr. 1 Cor 10, 16).

El Antiguo Testamento nos cuenta que la bendición de Dios viene de lejos: Melquisedec bendijo a Abraham, compartiendo el pan y el vino. La escena de Melquisedec bendiciendo a Abraham es muy linda; nos recuerda que en Abraham serían "bendecidas todas las naciones. Todos los que viven de la fe son bendecidos con Abraham el creyente" (Gal 3, 8-9). Esta bendición la compartimos con todos los creyentes, con todas las personas de fe y con toda la gente de buena voluntad, que cree en Dios (a quien no vemos) y cree en el prójimo (a quien sí vemos) y lo demuestra con actitudes de oración, de apertura al misterio de lo trascendente y con obras de respeto, de justicia, de paz, de solidaridad y de diálogo. La bendición en Abraham nos une a la inmensa mayoría de la humanidad y nos divide de los pocos que, en vez de bendecir, maldicen con palabras y con gestos de violencia, de exclusión, de injusticia y de mentira.

Bendecir se compone de dos palabras: "bien" y "decir", decir bien a otro. La bendición es tanto Palabra como Don. Es decir "bien" dando de verdad; las dos cosas juntas. La bendición no es "palabras lindas". Es una palabra que se dice con amor, a veces imponiendo las manos sobre la cabeza, signando la frente con la cruz, dando un bien. La bendición transforma las cosas y nos abre los ojos al sentido profundo que tienen: cuando uno bendice el pan se da cuenta de que no es sólo un producto de consumo, es el fruto del trabajo que se comparte con cariño de familia, tanto en la mesa de la cocina o en el comedor, como en la mesa del altar cuando se convierte en el Cuerpo de Cristo.

La bendición es palabra llena de buenos deseos para el otro y también para adelante y para atrás: palabra llena de buenos deseos para el futuro y de agradecimiento por lo recibido y compartido. Por eso, bendice el que da, para que el Don le llegue al otro multiplicado y transfigurado por ese buen deseo que llena de amor lo que se dona. Por eso bendice el que recibe, expresando su agradecimiento por el Don recibido y compartido. Palabra y Don van juntas. Se pueden decir macanas y dar cosas truchas pero, cuando nos animamos a poner una bendición de por medio, el Espíritu se adueña de las situaciones y les da su sello de autenticidad. Por ello es tan lindo el gesto de bendecir. Nuestro pueblo fiel ama las bendiciones. Las bendiciones grandes y duraderas como la del Bautismo y la de los anillos matrimoniales... y las bendiciones "pequeñas" si se las puede llamar así, para el agua, el rosario, las imágenes y las estampitas.

Bendecir es algo que nos está haciendo falta en nuestra vida como comunidad. Decirnos bien las cosas buenas que nos damos. El no decirnos bien las cosas en público es quizás uno de nuestros defectos. Porque en ámbitos más personales o de amistad y de familia, solemos tener buen diálogo. En cambio nos cuesta el diálogo público: el decirnos bien las cosas institucionalmente, delante de todos, para bien de todos.

También nos hace falta decirnos bien las cosas que nos dieron nuestros mayores: bendecir nuestro pasado, no maldecirlo. Lo que fue pecado e injusticia también necesita ser bendecido con el perdón, el arrepentimiento y la reparación. Y lo que fue bueno, necesita ser bendecido con el reconocimiento y la acción de gracias que sabe valorar la vida que se nos dio, la tierra que recibimos. Bendecir el pasado es hablar bien de Dios, de nuestros padres y de nuestros abuelos. Agradecer lo que nos dieron aun con sus imperfecciones y pecados es ser bien nacidos. Pero es mucho lo recibido. El que maldice para atrás es porque seguramente está planeando sacar una ventaja en el presente o en el futuro, una ventaja que no será bendición para otros.

Nos hace falta también bendecir el presente, hablar bien unos de otros. No para adularnos, sino buscando lo que construye, lo que une, lo bueno que compartimos y que supera las distintas perspectivas y es bien común.

Nos hace falta bendecir el futuro, bendecirlo con gestos de trabajo cuyo fruto no será para nosotros, sino para nuestros hijos. Eso fue lo que hizo nuestro padre Abraham que supo saludar las promesas desde lejos y se alegró pensando en el día de Jesús, el Bendito que centraría en sí todas las bendiciones antiguas y se convertiría en la fuente de todas las bendiciones nuevas.

Miremos a la Virgen María. Es Madre y dice bien las cosas tanto a su Hijo como a nosotros, sus otros hijos, su pueblo fiel. A Jesús le dice bien nuestras necesidades, que no tenemos vino, como en Caná; a nosotros nos dice bien que hagamos todo lo que Jesús nos diga. Y así, por sus labios bendecidores, crece nuestra unión con Jesús y el Señor hace milagros con las cosas, transforma el agua en vino y multiplica el pan. Le rogamos hoy a nuestra Señora que esté presente en esta Eucaristía del *Corpus*, ayudando en ese diálogo bendito entre Jesús y su pueblo para que entremos en comunión y en él tengamos Vida. Y que esta comunión con Él y esta Vida que Él nos da nos impulse a abrir el corazón para heredar la bendición de Dios, nuestro Padre, y para poder –a su vez– bendecirnos mutuamente como hermanos.

Homilía, Corpus Christi, 2007

"Vé a anunciar el Reino de Dios"

Lc 9, 60

ENCUENTRO DE POLÍTICOS
Y LEGISLADORES DE AMÉRICA LATINA

Jesucristo Vivo está aquí, en medio de nosotros al celebrar la Eucaristía. Es el mismo Señor de la Vida que multiplicó los panes (Mt 14, 17-21), que obligó a sus discípulos a subir a la barca (*id.* 22), que subió a la montaña para orar a solas (*id.* 23). Él mismo Señor que –a la madrugada– fue hacia los discípulos caminando sobre el mar (id.25), como escuchamos recién en el Evangelio. Ante su señorío inclinamos nuestro corazón creyente y lo adoramos. Nos unimos a Él en esta acción de gracias al comenzar los trabajos de este Encuentro centrado en el tema: *Familia y Vida a los 50 años de la Declaración Universal de los Derechos Humanos.* Él es el Señor de toda Vida; Él es el Testigo fiel (Apoc 1, 5) que permanece en su fidelidad porque no puede renegar de sí mismo (2 Tim 2, 13). Vino para dar vida y darla en abundancia; es el "Dios con nosotros", compañero de camino que –en las encrucijadas de la historia, de la pequeña y de la gran historia– se hace presente. Por eso, el Espíritu nos mueve a confesarlo como lo hicieron los discípulos en la barca al calmarse la tormenta: "Verdaderamente tú eres el Hijo de Dios" (Mt 14, 33).

¡Las pequeñas y grandes tormentas! El tema de nuestro encuentro señala una de las más grandes de la historia. El Santo Padre nos advierte que "parece perfilarse un modelo de sociedad en el que dominan los poderosos, marginando e incluso eliminando a los débiles. Pienso ahora en los niños no nacidos, víctimas indefensas del aborto; en los ancianos y enfermos incurables, objeto a veces de la eutanasia; y en tantos otros seres humanos marginados por el consumismo y el materialismo..." (*Ecclesia In America*, 63). "Semejante modelo de sociedad se caracteriza por la cultura de la muerte y, por tanto, contrasta con el mensaje evangélico. Ante esta desoladora realidad, la Comunidad eclesial trata de comprometerse cada vez más en defender la cultura de la vida" (*ibid.*). La defensa de esta cultura de la vida ha de darse en todas las áreas pero no podemos dejar de advertir que sus bases más sólidas arraigan en la familia, fundamento de la vida humana. Y hoy "son muchas las insidias que amenazan la solidez de la institución familiar... siendo –a la vez– desafíos para los cristianos" (*Eccl. in Am.*, 46).

Estamos como Pedro aquella noche en el lago: por una parte la presencia del Señor nos anima a asumir y enfrentar el oleaje de estos desafíos; por otra parte, el ambiente de autosuficiencia y petulancia, soberbia pura, que va creando esta cultura de la muerte nos amenaza, y tenemos miedo de hundirnos en medio de la tormenta. El Señor está allí: lo creemos con la certeza que nos da la fuerza del Espíritu Santo. Y, desafiando a este Señor, está el grito apagado de tantos niños por nacer: ese genocidio cotidiano, silencioso y protegido; también está allí el reclamo del moribundo abandonado que pide una caricia de ternura que no sabe dar esta cultura de muerte; y también está allí esa multitud de familias hechas jirones por las propuestas del consumismo y del materialismo. En medio de esta antinomia y en la presencia de Jesucristo glorioso, hoy, unidos como Pueblo fiel de Dios, clamamos como Pedro cuando comenzó a hundirse: "Señor, sálvame" (Mt 14, 30), y alargamos nuestra mano para aferrarnos al Único que puede dar verdadero sentido a nuestro andar en medio del oleaje.

Le pedimos a nuestra Madre, la Madre de toda vida y de toda ternura, que nos enseñe este camino para construir la cultura de la vida, así como se lo enseñó a los primeros discípulos cuando comenzaron las persecuciones. Y a nuestro Padre Dios, humildemente, le rogamos que mire a esta sociedad tan preñada de muerte y, haciendo nuestra la frase de Moisés, le decimos: "Te ruego, Señor, que la cures" (Num 12, 13).

AGOSTO DE 1999

"Lo humano como clave
del quehacer político-social"

Este es un ámbito de encuentro, de diálogo. Un ámbito sin exclusiones. Un ámbito donde estamos todos los que somos responsables, de una u otra manera, en la ayuda a nuestro pueblo desde la actividad social, y la actividad política.

Hubo cosas que dijeron ustedes que me impresionaron y las quiero retomar a manera de conclusión, muy brevemente.

La persona del político. Uno más de la ciudadanía que tiene la responsabilidad de no desvirtuar la política y, en ese sentido, hoy más que nunca se nos pide el compromiso de rehabilitar la política. Porque a la hora de "bajar cabezas" se tira contra un político y eso se universaliza a la política, y la política es una de las formas más altas de la caridad, porque apunta al bien común.

La vocación política es una vocación –acá tuerzo la palabra, pero para indicar lo noble–, casi sagrada, porque es ayudar al crecimiento del bien común.

Se habló de política de trasversalidad. Urge, es el método. No de atomizaciones. Yo diría que no hay trasversalidad si no hay diálogo. Si no hay confrontación de ideas buscando el bien común, nos paralizamos. Este es un buen camino para reorientar la política y eso en una línea de creatividad.

Remarco que la política no es solamente para gerenciar crisis. Eso puede ser verdad momentaneamente, para salir de una crisis. Pero no reducirse a gerenciar crisis; como si dejéramos: "Bueno, ya tranquilizamos el ambiente, ahora descansemos".

Creatividad, fecundidad. Esa frase: "la política no es para gerenciar crisis" grabémosla bien en el corazón. A veces tenemos que apagar un incendio, pero la vocación del político no es ser bombero. La política es para crear, para fecundar.

En este estado, uniendo lo político con lo social, quiero marcar un problema que me está preocupando y que puede ser una tentación frente a la crisis social: que el gerenciamiento lleve al Estado a declinar su responsabilidad en la promoción y la asistencia social. Es antihumano privatizar la promoción social y la asistencia social. En este punto, el Estado tiene que asumir el rol de animador, integrador, responsable, auditor, delegador, pero no puede declinar esa responsabilidad que le es dada por vocación propia: cuidar el bien común del pueblo.

Dije que éste era un ámbito de diálogo y de participación humana. Y es distinto cuando uno se encuentra a través de un escrito, de un artículo, o de una distancia o de una mala confrontación, que cuando se encuentra en un clima distendido, sabiendo que pensamos distinto, tenemos puntos de vista diferentes pero participamos distendidamente, humanamente, en búsqueda del bien común.

Lo humano como clave en el quehacer político-social, donde la persona humana –todo hombre y toda mujer– es el centro de la preocupación, el fin de la acción y, además, el sujeto de la acción. Es decir, vamos a crear ese hecho humano si nos integramos, no como profesionales solamente sino como hombre y como mujer. O sea, "poner la carne al asador".

Y, lo humano -ése es el valor-, frente al antivalor. El antivalor hoy día, a mi juicio, es la mercadería humana, o sea, el mercantilismo de personas. El hombre y la mujer se convierten en una mercadería más de los proyectos que nos vienen de otro lado, que se instalan en la sociedad y que de alguna manera van contra nuestra dignidad humana. Ese es el antivalor. La persona humana como mercadería en el sistema político-económico-social.

Y respecto a este valor, lo humano, y su antivalor, la mercadería humana, señalo las dos puntas de la vida como preocupación personal:

Los niños hoy corren el riesgo, por mala alimentación, por mala educación o insuficiente, de no ser aptos para integrarse plenamente en la sociedad. Se puede llegar a crear una casta de *minus-habentes*. Un chico que no tiene las proteínas suficientes los dos primeros años de su vida va a entrar en la categoría de la oligofrenia. De eso nos tenemos que hacer cargo.

La niñez hoy tan alevosamente postergada y despreciada. Nos rasgamos las vestiduras cuando leímos, hace poco, en los diarios sobre el barco de los chicos esclavos. Eso no sólo sucede allá, eso sucede cada vez que no hay una política de niñez que salve a la persona humana, el centro de la persona como valor. Marco eso como gran preocupación.

Y la otra punta de la vida: los adultos mayores, los ancianos. Con estas dos puntas de la vida no se puede experimentar, no se debe experimentar. Hay que hacer crecer en los niños la vida para que puedan dar su aporte rico, grande y pleno a la sociedad. Y en los ancianos hay que hacer crecer la sabiduría que han acumulado a lo largo de la vida.

Eso es lo que se me ocurre decirles y les agradezco nuevamente la participación.

JORNADAS ARQUIDIOCESANAS DE PASTORAL SOCIAL, DICIEMBRE DE 2001

COMUNICADOR, ¿QUIÉN ES TU PRÓJIMO?

Al encarar la reflexión del tema que me fue propuesto no puedo, como cristiano, dejar de referirme inicialmente al Evangelio. No sólo porque la pregunta ¿quién es tu prójimo? está inspirada en la parábola del buen samaritano, sino –y fundamentalmente– porque el Evangelio del Señor es precisamente comunicar una Buena Noticia.

El evangelio como buena noticia

"Vayan por todo el mundo y anuncien el Evangelio". "Enseñen a todos los hombres a cumplir lo que les he mandado": la ley de la caridad. El Evangelio es una Buena Noticia que tenemos la misión de anunciar a todos y "desde los tejados". Y si ahondamos más, constatamos que los criterios más profundamente humanos del anuncio, también para los nuevos medios de comunicación, son los del Evangelio. Por este motivo abordo el tema desde esta perspectiva. Por otra parte, el desafío que presentan los MCS, con sus tecnologías, su alcance global, su omnipresencia y su influencia en la sociedad y la cultura, son una invitación al diálogo y a la "inculturación del evangelio" en ellos, a la vez que se abre una "evangelización de los medios".

El poder de los MCS y de los comunicadores

La profesión de comunicadores y la tecnología de los MCS permiten hoy llegar muy lejos y muy adentro del corazón humano, allí donde se toman las decisiones importantes. Esto se debe a la poderosa potencialidad de la imagen para penetrar, conmover, mover, motivar y afectar nuestra conducta. La imagen nos mueve, motiva nuestras opciones y decisiones. Organiza interiormente la estructura de significado y sentido de la existencia, la imagen va generando las fuerzas operativas que nos mueven. A semejanza de la Palabra creadora de Dios, los comunicadores con la sola palabra pueden recrear o crear una imagen de la realidad. Y la tecnología actual globaliza y hace simultáneo este poder de la palabra.

Por eso, es tan fascinante y poderosa la acción y la influencia de los MCS en la sociedad y en la cultura. Pueden ayudar a crecer o a desorientar. Pueden recrear las cosas, informándonos sobre la realidad para ayudarnos en el discernimiento de nuestras opciones y decisiones, o pueden crear por el contrario simulaciones virtuales, ilusiones, fantasías y ficciones que también nos mueven a opciones de vida. Esto explica en parte porqué son tan grandes las inversiones en el desarrollo de la tecnología para los MCS y para la producción de imágenes. Los MCS son hoy instrumentos principales en la creación de la Cultura. Gracias a los Medios, los comunicadores llegan a enormes audiencias. Me gusta categorizar este poder que tienen los Medios con el concepto de "projimidad". Su fuerza radica en la capacidad de acercarse y de influir en la vida de las personas con un mismo lenguaje globalizado y simultáneo. La categoría de "projimidad" entraña una tensión bipolar: acercarse–alejarse y –en su interioridad– también está tensionada por el modo: acercarse bien y acercarse mal. En el ejercicio de los Medios hay una manera de aproximarse bien y otra de aproximarse mal.

La parábola del buen samaritano

Teniendo en cuenta esto entramos de lleno en nuestro tema con la pregunta: "¿Comunicador, ¿quién es tu prójimo?" que nos sitúa en el ámbito de la parábola del buen samaritano. La pregunta que nos hacemos es la que aquel escriba (comunicador) le hizo a Jesús: "¿Y quién es mi prójimo?". Como diciendo: el mandamiento de amar es claro para todos, el problema se da en lo concreto, ¿quién es el que tengo que amar? ¿Cómo se da la "projimidad" en el uso de los MCS? ¿Cada prójimo individualmente, la totalidad de los hombres, los grupos...? ¿Puede darse simultáneamente un mensaje evangélico que no sólo sea altamente personalizado sino también "global" ? ¿Cómo se ama a través de los MCS?

La imagen del hombre apaleado al costado del camino

Aunque la imagen del hombre apaleado por los ladrones que quedó tirado al costado del camino, es una imagen que apunta al proceder evangélico –ético y moral– es lícito trasponer lo que se dice del bien, al terreno de la verdad y

de la belleza. Más aún, bien, verdad y belleza son inseparables cuando nos comunicamos: inseparables por presencia
o también por ausencia, y –en este último caso– el bien no
será bien, la verdad no será verdad ni la belleza será belleza.
Actualmente, hay una "mayoría invisible" de excluidos, que
están al costado del camino, apaleados y robados, ante los
cuales pasan los medios de comunicación. Los muestran,
les dan mensajes, los hacen hablar... Entra en juego aquí la
"projimidad", el modo de aproximarse. El modo de hacerlo
determinará el respeto por la dignidad humana.

Aproximarse bien, aproximarse mal desde el punto de vista estético

Así como a nivel ético, aproximarse bien es aproximarse para ayudar y no para lastimar; y a nivel de la verdad,
aproximarse bien implica transmitir información veraz; a
nivel estético, aproximarse bien es comunicar la integridad
de una realidad, de manera armónica y con claridad. Aproximarse mal, en cambio, es aproximarse con una estética desintegradora, que escamotea algunos aspectos del problema
o que los manipula creando desarmonía y que oscurece la
realidad, la afea y la denigra.

Aproximarse mal: con una estética desintegradora

Cuando las imágenes y las informaciones tienen como único
objetivo inducir al consumo o manipular a la gente para aprovecharse de ella, estamos ante un asalto, ante una golpiza. Es
la sensación que se tiene muchas veces ante el bombardeo de
imágenes seductoras y de imágenes desesperanzadoras. Sentirse bombardeado, invadido, conmocionado, impotente para
hacer algo positivo... son sentimientos equivalentes a los que
se tiene en un asalto, en un acto de violencia, en un secuestro.

Y precisamente detrás de una estética desintegradora que
instala la desesperanza de poder descubrir la verdad y de
poder hacer el bien en común, es necesario saber discernir y

poder desenmascarar la existencia de intereses políticos y económicos de algunos sectores que no apuntan al bien común.

Esta estética desintegradora opera en nosotros de la misma manera que la "ley" y la "liturgia" en el corazón de los que pasaron de largo ante el herido –el levita y el sacerdote–. Ellos no vieron la realidad de un prójimo herido, sino la "pseudo realidad" de un "ajeno", de un "extraño" ante quien conviene pasar de largo. En aquella época lo que los alejó eran sus "ideas" de la ley y del servicio cultual. También hoy se corre el riesgo de que algunos medios instalen una "ley" y una "liturgia" que nos hagan pasar de largo ante el prójimo concreto para buscar y servir otros intereses.

Aproximarse bien: comunicar la belleza de la caridad en la verdad

Aproximarse bien, implica comunicar la belleza de la caridad en la verdad. Cuando la verdad es dolorosa y el bien difícil de realizar, la belleza está en ese amor que comparte el dolor, con respeto y de manera digna. Contra todo sensacionalismo, hay una manera digna de mostrar el dolor que rescata los valores y las reservas espirituales de un pueblo, y ayuda a superar el mal a fuerza de bien, a trabajar hermanados en la voluntad de superación, en la solidaridad, en esa "projimidad" que nos engrandece abiertos a la verdad y al bien. Por el contrario, "el enfrentamiento y la descalificación como sistema, incluso mediante el uso irresponsable de los medios de comunicación, se oponen a la convivencia plural y madura" como hemos dicho los obispos argentinos.

Comunicar lo que se ha contemplado

Los primeros anunciadores de la Buena Noticia de Jesucristo anunciaron en términos de contemplación y testimonio: "Lo que hemos visto y oído, lo que hemos tocado con nuestras manos, eso les comunicamos para que ustedes tengan vida". Frente a la infinidad de imágenes que pueblan el mundo, sólo el ejercicio austero de la contemplación del Rostro de Cristo nos permite espejar con realismo nuestra condición herida por el pecado en los ojos misericordiosos de Jesús, y descubrir en el Rostro del Señor el rostro de nuestros hermanos para hacernos más prójimos. Sólo el ejercicio austero de la contemplación del Rostro de Cristo nos permite descubrir el mismo Rostro del Señor en el otro para hacernos prójimos. Jesús es el Rostro visible del Dios invisible, y los excluidos y marginados de hoy son el rostro visible de Jesús. La contemplación es la que permite unir la paradoja de hacer visibles los rostros invisibles.

Aproximarse bien también implica dar siempre testimonio. Contra la neutralidad aparente de los medios, sólo el que comunica jugando su propia ética y dando testimonio de la verdad es confiable para aproximarnos bien a la realidad. El testimonio personal del comunicador está en la base misma de su confiabilidad.

Comunicar con sentido de trascendencia

"Los medios de comunicación social pueblan actualmente el mundo de imágenes que no son ventanas al Otro". Aproximarse bien es mostrar siempre esa imagen abierta al Otro, a la trascendencia, a la esperanza, como nos muestran las imágenes de la Virgen y de las catedrales. Aproximarse bien es todo lo contrario de la propuesta frívola de algunos medios que transmiten una caricatura del hombre. Es mostrar y resaltar su dignidad, la grandeza de su vocación, la belleza del amor que comparte el dolor, el sentido del sacrificio y la alegría de los logros.

Los medios pueden ser, lamentablemente, espejo de la sociedad en sus aspectos peores, o en los frívolos y narcisistas. Pero también pueden ser ventana abierta por donde fluye sencilla y animadamente la belleza del amor hermoso de Dios en la maravilla de sus obras, en la aceptación de su Misericordia y en la solidaridad y justicia con el prójimo.

Comunicar la belleza del amor
que comparte la alegría y el dolor

Las imágenes de la parábola del aceite y el vino con que el buen samaritano comunica su amor al herido son dos imágenes muy decidoras para un comunicador. Lo que hay que comunicar debe ser aceite perfumado para el dolor y vino sabroso para la alegría. La belleza del amor es alegre, sin frivolidad. Pensemos en la belleza de una madre Teresa o de un don Zatti, cuya luminosidad no proviene de ningún maquillaje ni de ningún efecto especial, sino de ese resplandor que tiene la caridad cuando se desgasta cuidando a los más necesitados, ungiéndolos con ese aceite perfumado de su ternura. Sólo el samaritano goza la belleza de la caridad y el compromiso de amar y ser amado gratuitamente. Una experiencia que empieza por el conmovérsele las entrañas, por el enternecérsele el corazón; por hacerse sensible a la belleza y hermosura de Dios en el hombre (La gloria de Dios es el hombre viviente); a la belleza y el gozo de la paz y la comunión del hombre con Dios en el servicio humilde al herido anónimo, desconocido... en los márgenes de la ciudad, del Mercado, de la sociedad... en la intemperie del camino... Se trata de una belleza distinta. Es la belleza del Amor.

En el Jesús roto de la cruz, que no tiene apariencia ni presencia a los ojos del mundo y de las cámaras de TV, resplandece la belleza del amor hermoso de Dios que da su vida por nosotros. Es la belleza de la caridad, la belleza de los santos. Cuando pensamos en alguien como la madre Teresa de Calcuta nuestro corazón se llena de una belleza que no proviene de los rasgos físicos o de la estatura de esta mujer, sino del resplandor hermoso de la caridad con los pobres y desheredados que la acompaña.

Del mismo modo, hay una hermosura distinta en el trabajador que vuelve a su casa sucio y desarreglado, pero con la alegría de haber ganado el pan de sus hijos. Hay una belleza extraordinaria en la comunión de la familia junto a la mesa y el pan compartido con generosidad, aunque la mesa sea muy pobre. Hay hermosura en la esposa desarreglada y casi anciana, que permanece cuidando a su esposo enfermo más allá de sus fuerzas y de su propia salud. Aunque haya pasado la primavera del noviazgo en la juventud, hay una hermosura extraordinaria en la fidelidad de las parejas que se aman en el otoño de la vida, esos viejitos que caminan tomados de la mano. Hay hermosura, más allá de la apariencia o de la estética de moda, en cada hombre y en cada mujer que viven con amor su vocación personal, en el servicio desinteresado por la comunidad, por la patria; en el trabajo generoso por la felicidad de la familia... comprometidos en el arduo trabajo anónimo y desinteresado de restaurar la amistad social... Hay belleza en la creación, en la infinita ternura y misericordia de Dios, en la ofrenda de la vida en el servicio por amor. Descubrir, mostrar y resaltar esta belleza es poner los cimientos de una cultura de la solidaridad y de la amistad social.

Comunicar con sentido del tiempo: con memoria y esperanza

El Papa nos habla de la cultura cristiana como aquella de las noticias dignas de recuerdo (Jornada Mundial de las Comunicaciones 2000). Refundar hoy los vínculos sociales y la amistad social implica, para el comunicador, rescatar del rescoldo de la reserva cultural y espiritual de nuestro pueblo, la belleza de la comunión, de la comunidad nacional, rescatar y comunicar la memoria y la belleza de nuestros héroes, de nuestros próceres y de nuestros santos.

Esta reserva cultural es el espacio de la cultura, de las artes. Espacio fecundo donde la comunidad contempla y narra su historia de familia, donde se reafirma el sentido de pertenencia a partir de los valores encarnados y acuñados en la memoria colectiva. Estos espacios comunitarios de ocio fecundo, cuasi sagrado, son ocupados hoy muchas veces por los MCS con entretenimientos que no siempre engendran verdadera alegría y gozo. La comunicación meramente puntual, carente de historia, no tiene sentido del tiempo y, consiguientemente, no es creadora de esperanza. En cambio, el comunicador –por propia vocación– es un testigo confiable y cualificado de la belleza del Amor hermoso que se hace prójimo, que se hace capaz de asumir y continuar una historia.

Conclusión: un doble desafío

Por un lado, el comunicador cristiano tiene el desafío de conocer, sentir y gustar la belleza del Amor hermoso de Dios, vivo en Jesucristo muerto y resucitado, en su Presencia y acción misericordiosa entre nosotros, por el ejercicio de la Contemplación... Este encuentro personal con Jesucristo es luz para discernir frente a la imagen vacía de cierta cosmetología tecnológica, la belleza de los valores.

La experiencia de la belleza del Amor hermoso de Dios, por el encuentro personal y comunitario con Jesucristo, es el motor de la creatividad cristiana para la comunicación de la Buena Noticia.

Por otra parte, el desafío de compartir esta belleza del Amor hermoso de Dios con una vocación tan específica, cuando la revolución de las comunicaciones y la información en plena transformación ponen a la Iglesia ante un camino decisivo como es cruzar estos nuevos umbrales culturales, que requieren nuevas energías e imaginación para proclamar el único Evangelio de Jesucristo, exige al comunicador cristiano mucha formación y verdadero profesionalismo para el uso competente de la tecnología y el lenguaje de los Medios.

El otro buen samaritano

San Maximiliano María Kolbe, mártir de la caridad, prisionero 16670 de Auschwitz, propuesto por Juan Pablo II, por el uso que hizo de los MCS, como patrono de los periodistas en todas las ramas de las comunicaciones sociales, supo aproximarse a los heridos del campo de concentración. Y allí donde también estaban los carceleros y verdugos despojando y golpeando, él se hizo prójimo como el mismo Jesús, ofreciendo su vida en servicio por amor, en lugar de Francisco Gajowniczek condenado a muerte... Él, como modelo de todos los comunicadores, nos hace ver que la manera más competente de comunicar el Evangelio de Jesucristo es la belleza del testimonio del compromiso con la verdad y la donación de la vida por amor.

Señor, que nos hagamos prójimos como el buen samaritano del Evangelio, que no es otro que vos mismo transfigurado por la belleza del Amor hermoso de Dios por nosotros; que se nos conmuevan las entrañas y se nos enternezca el corazón frente al hermano; que descubramos la belleza del Amor hermoso con el que somos salvados, para que comuniquemos con gozo la belleza del compromiso de amar al prójimo según el ejemplo de Maximiliano Kolbe.

Homilía, 3º Congreso de Comunicadores, octubre de 2002

Duc in altum, El Pensamiento social de Juan Pablo II

Duc in altum

Duc in altum! –"¡boga mar adentro!", "¡sin vacilaciones!", "¡a lo profundo!"–. La exhortación de Jesús a Pedro, que el mismo Juan Pablo II hace suya y nos la transmite con renovado ardor apostólico, nos anima a adentrarnos hoy en su vasto pensamiento social. Juan Pablo II es ciertamente el pontífice que más ha escrito sobre la *cuestión social*:

tres encíclicas, innumerables discursos y homilías y la alusión constante a lo social en todos sus documentos nos sorprenden, no sólo por la vastedad sino por la amplitud de horizontes, el coraje y la profundidad con que el Papa asume toda la Doctrina Social de la Iglesia y la repropone de modo renovado y fervoroso. Meternos "mar adentro" en su pensamiento tiene algo de las travesías que hacía el Señor con sus discípulos, aleccionándolos en medio de la rica y misteriosa realidad del lago de Genesareth, símbolo del mundo y de la historia. En el molde acotado de *Laboren Excercens* o de *Sollicitudo rei socialis* late toda la Doctrina Social de la Iglesia en un molde universal y concreto, iluminado por el Evangelio. Y se huele en el aire de mar la promesa de una pesca abundante. Desde el comienzo de su pontificado, el Papa obrero nos invita a entrar allí donde la vida social del hombre se juega a fuerza de remos, a fuerza de echar las redes una vez más: en el mundo del trabajo y de la solidaridad.

Duc in altum: con amplitud de horizontes

Comprometerse con la "cuestión social" es entrar de lleno en la "cuestión planetaria".

Comienzo con unas palabras de Juan Pablo II en *Novo Milenio Ineunte* (2001):

Es notorio el esfuerzo que el Magisterio eclesial ha realizado, sobre todo en el siglo XX, para interpretar la realidad social a la luz del Evangelio y ofrecer de modo cada vez más puntual y orgánico su propia contribución a la solución de la cuestión social, que ha llegado a ser ya una cuestión planetaria (NMI 52).

Para el Papa, "esta vertiente ético-social" debe proponerse "como una dimensión imprescindible del testimonio cristiano". Juan Pablo tiene el coraje de rechazar como "tentación" una "espiritualidad oculta e individualista". Su propuesta es una espiritualidad de comunión, una espiritualidad que tiene en cuenta la dimensión social del hombre. La otra, individualista y oculta, "poco tiene que ver con las exigencias de la caridad, con la lógica de la Encarnación y con la tensión escatológica del cristianismo". Es verdad que la esperanza del cielo nos hace conscientes "del carácter relativo de la historia". Pero esto "no nos exime en ningún modo del deber de construirla". Es muy actual a este respecto la enseñanza del Concilio Vaticano II: "El mensaje cristiano, no aparta a los hombres de la tarea de la construcción del mundo, ni los impulsa a despreocuparse del bien de sus semejantes, sino que los obliga más a llevar a cabo esto como un deber".

Duc in altum, en la voz del Papa, es exhortación que nos consuela y fortalece para remar mar adentro del nuevo milenio y, con la luz del Evangelio, iluminar la "cuestión social" que ha llegado a ser una cuestión planetaria.

Duc in altum es invitación a comprometernos con la tarea de la construcción del mundo e impulso a preocuparnos por el bien común de nuestro semejantes como un deber que brota del Evangelio mismo.

Los hitos principales de la Doctrina Social en el siglo XX

El esfuerzo del magisterio por interpretar la realidad social a la luz del Evangelio, del que habla el Papa, lo ha tenido a él mismo como principal protagonista.

En *Tertio Millenio Adveniente* (1994) Juan Pablo II nos recuerda los hitos principales del pensamiento social de los pontífices y del suyo propio:

Los Papas a lo largo del siglo, siguiendo las huellas de León XIII, han tratado sistemáticamente los temas de la Doctrina Social Católica, considerando las características de un sistema justo en el campo de las relaciones entre trabajo y capital. Basta pensar en la encíclica Quadragesimo anno de Pío XI, en las numerosas intervenciones de Pío XII, en la Mater et Magistra y en la Pacem in terris de Juan XXIII, en la Populorum progressio y en la carta apostólica Octogesima adveniens de Pablo VI. Sobre este tema yo mismo he vuelto repetidamente: he dedicado la encíclica Laborem exercens de modo particular a la importancia del trabajo humano, mientras que con la Centesimus annus he intentado reafirmar la validez de la doctrina de la Rerum novarum después de cien años. Además, anteriormente con la encíclica Sollicitudo rei socialis había propuesto de nuevo en forma sistemática toda la Doctrina Social de la Iglesia desde la perspectiva del enfrentamiento entre los dos bloques Este-Oeste y del peligro de una guerra nuclear. Los dos elementos de la Doctrina Social de la Iglesia –la tutela de la dignidad y de los derechos de la persona en el ámbito de una justa relación entre trabajo y capital, y la promoción de la paz– se encontraron en este texto y se fusionaron (TMA 22).

Una espiritualidad del trabajo

Teniendo en cuenta los dos elementos de la Doctrina Social de la Iglesia que señala el Papa –"la tutela de la dignidad y de los derechos de la persona en el ámbito de una justa relación entre trabajo y capital, y la promoción de la paz"– en esta breve exposición nos centraremos en la cuestión del trabajo. Y lo haremos desde la perspectiva de la "espiritualidad del trabajo".

Explico el porqué de esta opción. En Novo Millennio Ineunte, esa espiritualidad nueva, solidaria, de comunión, que menciona el Papa, tiene una concreción llamativa en lo que él califica como "una espiritualidad del trabajo":

Gran impacto tuvo el encuentro de los trabajadores, desarrollado el 1 de mayo dentro de la tradicional fecha de la fiesta del trabajo. A ellos les pedí que vivieran la espiritualidad del trabajo, a imitación de san José y de Jesús mismo.

Su jubileo me ofreció, además, la ocasión para lanzar una fuerte llamada a remediar los desequilibrios económicos y sociales existentes en el mundo del trabajo, y a gestionar con decisión los procesos de la globalización económica en función de la solidaridad y del respeto debido a cada persona humana (NMI 10).

Explícitamente, el Papa unía el trabajo exhortando a esa Espiritualidad de Comunión, que quiere ser el paradigma de la Iglesia del nuevo milenio. Las características de esta espiritualidad están bellamente señaladas:

Espiritualidad de la Comunión significa una mirada del corazón sobre todo hacia el misterio de la Trinidad que habita en nosotros, y cuya luz ha de ser reconocida también en el rostro de los hermanos que están a nuestro lado (NMI 43).

Seguidamente, el Papa especifica tres ámbitos en los que nos tenemos que "capacitar" para la comunión a la luz de esta presencia de Dios en el rostro de cada hombre. Las caracterizaríamos así:

Capacitarnos en el sentido de pertenencia a un cuerpo

Espiritualidad de la Comunión significa, además, capacidad de sentir al hermano de fe en la unidad profunda del Cuerpo místico y, por tanto, como «uno que me pertenece», para saber compartir sus alegrías y sus sufrimientos, para intuir sus deseos y atender a sus necesidades, para ofrecerle una verdadera y profunda amistad (NMI 43).

Capacitarnos en una visión que valora orgánicamente

Espiritualidad de la Comunión es también capacidad de ver ante todo lo que hay de positivo en el otro, para acogerlo y valorarlo como regalo de Dios: un "don para mí", además de ser un don para el hermano que lo ha recibido directamente (NMI 43).

Capacitarnos en dar espacio al otro y no en dominar espacios

En fin, *Espiritualidad de la Comunión es saber «dar espacio» al hermano, llevando mutuamente la carga de los otros (cf. Ga 6,2) y rechazando las tentaciones egoístas que continuamente nos asechan y engendran competitividad, ganas de hacer carrera, desconfianza y envidias* (NMI 43).

Pensamos que esta Espiritualidad de Comunión, de múltiples resonancias en cada ámbito concreto de la vida eclesial, tiene un sabor especial si la aplicamos a esa espiritualidad del trabajo que el Papa invitaba a cultivar a los obreros. Notemos, dicho sea de paso, que comunión y trabajo son las dos únicas realidades que en el documento connotan a la espiritualidad.

Duc in altum:
con el coraje de entrar en el tema de fondo
El trabajo, clave de la cuestión social

Veamos porqué.

Preguntémonos: ¿cuál es la concepción de Juan Pablo II sobre el trabajo humano?

Todos sabemos que *Redemptor Hominis*, su primera encíclica (1979), fue programática. El Papa pensaba que había que partir del hombre, de ese hombre cuyo sentido profundo y final sólo se encuentra en Jesucristo, Redentor del hombre. Dos años después, en 1981, Juan Pablo II publicó *Laborem Excercens*. Otra encíclica programática que Juan Pablo II dedicó "al hombre" en el vasto contexto de esa realidad que es el trabajo:

Deseo dedicar este documento precisamente al trabajo humano, y más aún deseo dedicarlo al hombre en el vasto contexto de esa realidad que es el trabajo. En efecto, si como he dicho en la Encíclica Redemptor Hominis, *publicada al principio de mi servicio en la sede romana de San Pedro, el hombre "es el camino primero y fundamental de la Iglesia", y ello precisamente a causa del insondable misterio de la Redención en Cristo, entonces hay que volver sin cesar a este camino y proseguirlo siempre nuevamente en sus varios aspectos en los que se revela toda la riqueza y a la vez toda la fatiga de la existencia humana sobre la tierra (LE 1).*

Destacamos pues, en primer lugar, esta visión del Papa que nos habla de una espiritualidad que "comienza y se mete mar adentro" por el camino del hombre. De un hombre, bueno es subrayarlo, sumergido en el misterio de Jesucristo Redentor, pero no de un hombre sólo en su dimensión vertical, sino de un hombre contextuado en la realidad y en la historia desde el punto de vista del trabajo.

¿De dónde esta importancia del trabajo? ¿No se destacan más otros valores como el de la solidaridad y el de la paz que supone la justicia...?

Oigamos lo que piensa el Papa del trabajo en relación a la cuestión social:

Si en el presente documento volvemos de nuevo sobre este problema (el de "la cuestión social") –sin querer por lo demás tocar todos los argumentos que a él se refieren– no es para recoger y repetir lo que ya se encuentra en las enseñanzas de la Iglesia, sino más bien para poner de relieve –quizá más de lo que se ha hecho hasta ahora– que el trabajo humano es una clave, quizá la clave esencial, de toda la cuestión social, si tratamos de verla verdaderamente desde el punto de vista del bien del hombre. Y si la solución, o mejor, la solución gradual de la cuestión social, que se presenta de nuevo constantemente y se hace cada vez más compleja, debe buscarse en la dirección de "hacer la vida humana más humana", entonces la clave, que es el trabajo humano, adquiere una importancia fundamental y decisiva (LE 3), (Catecismo de la Iglesia Católica, n. 2427).

Hace apenas dos años, con ocasión del XX aniversario de *Laborem Excercens*, Juan Pablo II ratificó esta intuición del comienzo de su pontificado:

Mientras exista el hombre, existirá el gesto libre de auténtica participación en la creación que es el trabajo. Es uno de los componentes esenciales para la realización de la vocación del hombre, que se manifiesta y se descubre siempre como el que está llamado por Dios a "dominar la tierra". Ni aunque lo quiera, puede dejar de ser "un sujeto que decide de sí mismo" (LE, 6). A él Dios le ha confiado esta suprema y comprometedora libertad. Desde esta perspectiva, hoy más que ayer, podemos repetir que "el trabajo es una clave, quizá la clave esencial, de toda la cuestión social" (Mensaje del Santo Padre Juan Pablo II a la Conferencia Internacional "El Trabajo, Clave de la Cuestión Social" en el XX Aniversario de la Laborem Excercens; 14 de Setiembre de 2001).

Esta repetición la hace el Papa desde la perspectiva de la esencia misma del hombre, esencia de la que brota la misión de "dominar la tierra" y que implica la "libre decisión de ser colaborador de su Creador. Subyace aquí la profecía de Romano Guardini, cuando en su libro sobre El Poder señalaba el motivo fundamental del cambio de paradigma que se venía operando de manera creciente en nuestro mundo moderno. Guardini decía que el rasgo más abarcador y decisivo de nuestra civilización actual era que el poder se estaba convirtiendo, de manera creciente, en algo anónimo. De allí provienen, como de una raíz, todos los peligros y las injusticias que sufrimos actualmente. Y el antídoto que proponía Guardini no era otro sino el hacerse responsable cada uno y de manera solidaria del poder. En este preciso punto se sitúa la visión de Juan Pablo II sobre el trabajo humano como el lugar donde el hombre se decide líbremente por la utilización del poder como servicio y colaboración en la obra creadora de Dios para el bien de sus hermanos.

El hombre que trabaja, libre, creativa, participativa y solidariamente

El trabajo es el lugar donde todos los principios de la Doctrina Social de la Iglesia y de la sociedad adquieren concreción real. Juan Pablo II siempre ha reafirmado que el primer punto de la Doctrina Social, de donde derivan todos los demás, es que: el orden social tiene por centro al hombre... Al hombre que trabaja, nos animamos a agregar; al hombre que trabaja, libre, creativa, participativa y solidariamente.

En este hombre que trabaja se centran y se vinculan los demás principios de manera concreta.

Por el trabajo se hace real el principio de la "destinación universal de los bienes".

Por el trabajo se torna real "la legitimidad de la propiedad privada, como condición indispensable de autonomía personal y familiar".

En la valoración del trabajo –de todos los trabajos– como la fuente de donde surgen todos los bienes que permiten la vida de la sociedad, radica la concepción de los deberes y derechos que debe regular el Estado y se clarifica el propio papel del Estado como promotor y tutor del bien común.

El trabajo: lugar donde se operan gradualmente todas las transformaciones sociales

Esta perspectiva anclada en el hombre que trabaja, echa por tierra todas las concepciones fatalistas y mecanicistas a la hora de juzgar cómo y dónde se operan las grandes transformaciones sociales.

Sería un grave error creer que las transformaciones actuales acaecen de modo determinista. El factor decisivo, dicho de otro modo, "el árbitro" de esta compleja fase de cambio, es una vez más el hombre, que debe seguir siendo el verdadero protagonista de su trabajo. Puede y debe hacerse cargo de modo creativo y responsable de las actuales transformaciones, para que contribuyan al crecimiento de la persona, de la familia, de la sociedad en la que vive y de la entera familia humana (cf. *Laborem Exercens*, 10).

Visión personalista y orgánica de la dimensión social del trabajo

Diez años después de su primera Encíclica social, en *Centesimus Annus* (1991), volvía a situar el Papa al hombre que trabaja en el centro de la vida económico-social:

Con el propósito de esclarecer el conflicto que se había creado entre capital y trabajo, León XIII defendía los derechos fundamentales de los trabajadores. De ahí que la clave de lectura del texto leoniano sea la dignidad del trabajador en cuanto tal y, por esto mismo, la dignidad del trabajo, definido como «la actividad ordenada a proveer a las necesidades de la vida, y en concreto a su conservación» (CA 6).

El Pontífice califica el trabajo como personal, ya que la fuerza activa es inherente a la persona y totalmente propia de quien la desarrolla y en cuyo beneficio ha sido dada. El trabajo pertenece, por tanto, a la vocación de toda persona; es más, el hombre se expresa y se realiza mediante su actividad laboral. Al mismo tiempo, el trabajo tiene una dimensión social, por su íntima relación bien sea con la familia, bien sea con el bien común, porque se puede afirmar con verdad que el trabajo de los obreros es el que produce la riqueza de los Estados. Todo esto ha quedado recogido y desarrollado en mi encíclica *Laborem Exercens* 15 (CA 6). Este número 15 de *Laborem Excercens* es clave en una visión orgánica de la dignidad del trabajo desde la perspectiva del argumento personalista.

La relación entre trabajo y capital

En la relación necesaria que se da entre trabajo y capital, el trabajo tiene prioridad, puesto que el hombre "desea que los frutos del trabajo estén a su servicio y al de los demás" y también desea ser corresponsable y coartífice del trabajo que realiza. Desea que se lo "tome en consideración en el proceso mismo de la producción, desea sentir que está trabajando "en algo propio" .

Esta conciencia se extingue en él dentro del sistema de una excesiva centralización burocrática, donde el trabajador se siente engranaje de un mecanismo movido desde arriba; se siente por una u otra razón un simple instrumento de producción, más que un verdadero sujeto de trabajo dotado de iniciativa propia. Las enseñanzas de la Iglesia han expresado siempre la convicción firme y profunda de que el trabajo humano no mira únicamente a la economía, sino que implica además y sobre todo, los valores personales (LE 15).

La relación entre trabajo y propiedad privada

Desde esta perspectiva de los valores personales, Juan Pablo II se sitúa en el núcleo de la discusión entre propiedad privada o socialización de los medios de producción y dice que lo importante, en cualquiera de los dos sistemas que se adopten a nivel macro-estructural, es que el hombre que trabaja, tenga conciencia de estar trabajando "en algo propio".

El mismo sistema económico y el proceso de producción redundan en provecho propio, cuando estos valores personales son plenamente respetados. Según el pensamiento de Santo Tomás de Aquino, es primordialmente esta razón la que atestigua en favor de la propiedad privada de los mismos medios de producción. Si admitimos que algunos ponen fundados reparos al principio de la propiedad privada –y en nuestro tiempo somos incluso testigos de la introducción del sistema de la propiedad "socializada"– el argumento personalista sin embargo no pierde su fuerza, ni a nivel de principios ni a nivel práctico. Para ser racional y fructuosa, toda socialización de los medios de producción debe tomar en consideración este argumento. Hay que hacer todo lo posible para que el hombre, incluso dentro de este sistema, pueda conservar la conciencia de trabajar en "algo propio". En caso contrario, en todo el proceso económico surgen necesariamente daños incalculables; daños no sólo económicos, sino ante todo daños para el hombre (LE 15).

El salario digno

Dentro de esta visión de "trabajar en algo propio", la cuestión del salario digno es clave:

Esta consideración no tiene un significado puramente descriptivo; no es un tratado breve de economía o de política. Se trata de poner en evidencia el aspecto deontológico y moral. El problema-clave de la ética social es el de la justa remuneración por el trabajo realizado. No existe en el contexto actual otro modo mejor para cumplir la justicia en las relaciones trabajador-empresario que el constituido precisamente por la remuneración del trabajo. Independientemente del hecho de que este trabajo se lleve a efecto dentro del sistema de la propiedad privada de los medios de producción o en un sistema en que esta propiedad haya sufrido una especie de "socialización", la relación entre el empresario (principalmente directo) y el trabajador se resuelve en base al salario: es decir, mediante la justa remuneración del trabajo realizado" (LE 19).

En este punto concentra el Papa toda su visión del hombre que trabaja. El salario digno se convierte en el punto clave para verificar la justicia o injusticia de todo sistema socio-económico, ya que es lo que vuelve real el principio del "uso común de los bienes".

Hay que subrayar también que la justicia de un sistema socio-económico y, en todo caso, su justo funcionamiento merecen, en definitiva, ser valorados según el modo como se remunera justamente el trabajo humano dentro de tal sistema. Con respecto a esto volvemos de nuevo al primer principio de todo el ordenamiento ético-social: el principio del uso común de los bienes. En todo sistema que no tenga en cuenta las relaciones fundamentales existentes entre el capital y el trabajo, el salario, es decir, la remuneración del trabajo, sigue siendo una vía concreta, a través de la cual la gran mayoría de los hombres puede acceder a los bienes que están destinados al uso común: tanto los bienes de la naturaleza como los que son fruto de la pro-

ducción. Los unos y los otros se hacen accesibles al hombre del trabajo gracias al salario que recibe como remuneración por su trabajo. De aquí que, precisamente el salario justo se convierta en todo caso en la verificación concreta de la justicia de todo el sistema socio-económico y, de todos modos, de su justo funcionamiento. No es esta la única verificación, pero es particularmente importante y es en cierto sentido la verificación-clave (LE 19).

Crear estructuras que tutelen la dignidad del trabajo

Dado que en torno al trabajo dignamente remunerado se juega la participación real de todo hombre en la destinación universal de los bienes, el Papa exhorta a las instituciones a "crear estructuras que tutelen la dignidad del trabajo":

Ante estos problemas, hay que imaginar y construir nuevas formas de solidaridad, teniendo en cuenta la interdependencia que une entre sí a los hombres del trabajo. Aunque el cambio actual es profundo, deberá ser más intenso aún el esfuerzo de la inteligencia y de la voluntad para tutelar la dignidad del trabajo, reforzando, en los diversos niveles, las instituciones afectadas. Es grande la responsabilidad de los Gobiernos, pero no menos importante es la de las organizaciones encargadas de tutelar los intereses colectivos de los trabajadores y de los empresarios. Todos están llamados no sólo a promover estos intereses de forma honrada y por el camino del diálogo, sino también a renovar sus mismas funciones, su estructura, su naturaleza y sus modalidades de acción. Como escribí en la encíclica Centesimus Annus, estas organizaciones pueden y deben convertirse en "lugares donde se expresa la personalidad de los trabajadores" (CA. 15) (Mensaje del Santo Padre Juan Pablo II a la Conferencia Internacional El Trabajo, Clave de la Cuestión Social, en el XX Aniversario de la Laborem Excercens; 14 de Setiembre de 2001).

Esta tarea de crear estructuras que tutelen la dignidad del trabajo comporta una doble exigencia. Para los pensadores e investigadores de distintas disciplinas, el desafío está en "pensar con rigor científico y con sabiduría" el tema del trabajo, de manera que ayuden a comprender el cambio que se está dando en el mundo del trabajo y a señalar ocasiones y riesgos. Y para todos los cristianos, el desafío radica en hacer "una opción preferencial de amor" por los más pobres, por los "excluidos del trabajo":

Hoy, vista la dimensión mundial que ha adquirido la cuestión social, este amor preferencial, con las decisiones que nos inspira, no puede dejar de abarcar a las inmensas muchedumbres de hambrientos, mendigos, sin techo, sin cuidados médicos y, sobre todo, sin esperanza de un futuro mejor: no se puede olvidar la existencia de esta realidad. Ignorarla significaría parecernos al "rico Epulón" que fingió no conocer al mendigo Lázaro, postrado a su puerta (cf. Lc 16, 19-31) (SRS 42).

Uniendo, en una mirada, espiritualidad de comunión y espiritualidad de trabajo podemos afirmar que:

Lo común de toda espiritualidad de comunión, desde el punto de vista del sujeto, es esa mirada del corazón. Una mirada cordial es una mirada integradora. Frente a la concepción que reduce el trabajo a un mero empleo, que tiene por fin la producción de bienes que sólo sirven para algunos, la mirada espiritual considera al trabajo como expresión de todas las dimensiones del hombre: desde la más básica, que hace al "realizarse de la persona" hasta la más alta, que lo considera "servicio" de amor.

Desde el punto de vista objetivo, esa mirada cordial, que se dirige simultáneamente "al misterio de la Trinidad y al misterio de cada rostro humano", nos hace valorar el carácter vinculante del trabajo, nos lleva a ver a todo hombre como "alguien que me pertenece" y realza el esfuerzo propio de cada uno como un "don para todos". En torno a estos valores se teje una sociedad humana sin exclusiones de ninguna clase. Al mismo tiempo, el trabajo abre por sí mismo esos "espacios de participación" de que habla el Papa, y los convierte en espacios de una participación real, concreta, digna.

Duc in altum: hacia la profundidad teológica de la dignidad del trabajo

La dignidad sobreeminente del trabajo de Jesucristo

El trabajo hace a la dignidad del hombre, vinculando su dimensión personal y su dimensión social, pero no sólo esto, sino que tiene una dignidad sobreeminente cuya razón última radica en Jesucristo. Así lo expresa el Papa en *Christifidelis Laici*:

Con el trabajo, el hombre provee ordinariamente a la propia vida y a la de sus familiares; se une a sus hermanos los hombres y les hace un servicio; puede practicar la verdadera caridad y cooperar con la propia actividad al perfeccionamiento de la creación divina. No sólo esto. Sabemos que, con la oblación de su trabajo a Dios, los hombres se asocian a la propia obra redentora de Jesucristo, quien dio al trabajo una dignidad sobreeminente, trabajando con sus propias manos en Nazaret (CL 43).

Si valoramos en su justa medida lo que significa que el Señor nos redimió con toda su vida –acciones, palabras y gestos, alegrías y padecimientos… – sus largos años de trabajo silencioso y cotidiano en el pequeño mundo de Nazareth deben pesar en nuestro ánimo con toda su magnitud. Si laten en silencio en el Evangelio es precisamente por eso: porque el valor de una espiritualidad del trabajo es de por sí silenciosa, humilde, contenida. "Dignidad sobreeminente del trabajo", así califica el Papa al trabajo de Jesús, hecho con sus propias manos.

Es que el trabajo hunde la raíz de su dignidad en la Trinidad misma: "Mi Padre trabaja y Yo también trabajo", dice el Señor. Es precisamente una imagen de trabajo la que destaca el Papa para que la guardemos en el corazón de manera de poder enfrentar los problemas que oscurecen el horizonte de nuestro tiempo:

Baste pensar en la urgencia de trabajar por la paz, de poner premisas sólidas de justicia y solidaridad en las relaciones entre los pueblos, de defender la vida humana desde su concepción hasta su término natural. Y ¿qué decir, además, de las tantas contradicciones de un mundo «globalizado», donde los más débiles, los más pequeños y los más pobres parecen tener muy poco que esperar?

En este mundo, dice el Papa, "es donde tiene que brillar la esperanza cristiana". ¿Y cuál es, pues, la imagen universal y concreta, que nos presenta como la más clara y eficaz de la esperanza cristiana? Es la imagen de Jesús, Maestro de comunión y servicio. Es significativo –dice el Papa- que el Evangelio de Juan, allí donde los Sinópticos narran la institución de la Eucaristía, propone, ilustrando así su sentido profundo, el relato del «lavatorio de los pies», en el cual Jesús se hace maestro de comunión y servicio (cf. Jn 13, 1-20). El Señor ha querido quedarse con nosotros en la Eucaristía, grabando en esta presencia sacrificial y convivial (en el servicio humilde del lavatorio de los pies, trabajo de esclavo) la promesa de una humanidad renovada por su amor (Ecclesia de Eucharistia...).

En la celebración de ese "trabajo" en el que, imitando al Redentor, la Iglesia "hace la Eucaristía", se condensa toda la tensión escatológica del cristianismo: el compromiso de transformar el mundo y toda la existencia para que se vuelva eucarística:

Anunciar la muerte del Señor «hasta que venga» (1 Cor 11, 26), comporta para los que participan en la Eucaristía el compromiso de transformar su vida, para que toda ella llegue a ser en cierto modo «eucarística». Precisamente este fruto de transfiguración de la existencia y el compromiso de transformar el mundo según el Evangelio, hacen resplandecer la tensión escatológica de la celebración eucarística y de toda la vida cristiana (Ecclesia de Eucharistía 20).

Quiero concluir estas reflexiones expresando al Santo Padre los sentimientos de gratitud de todos nosotros por toda esta rica doctrina acerca de la cuestión social tal como nos la propone: con amplitud de horizontes, con el coraje de entrar en el tema de fondo y apuntando hacia la profundidad teológica de la dignidad del trabajo. Santo Padre, muchas gracias.

Junio de 2003

Déjense reconciliar con Dios

En este clima tan hermoso del Congreso Eucarístico, ya en nuestro segundo día, la Parábola del Hijo Pródigo quiere hablarnos directamente al corazón.

Abramos, pues, nuestros corazones de par en par.

Que cada uno abra su corazón, mirando a la Virgen, sintiendo la presencia de Jesús en la Eucaristía que, silenciosamente, acompaña a la humanidad desde hace dos mil años.

Abramos el corazón de nuestra familia, cada uno de la suya, sintiendo latir el corazón de sus padres y hermanos, el de los esposos y el de los jóvenes, el de los niños y los abuelos.

Abramos el corazón como Pueblo fiel de Dios que peregrina en la Argentina bajo el manto de la Virgen, de María de Itatí...

Abramos el corazón y dejémonos reconciliar con nuestro Padre Dios.

Digamos con el hijo pródigo, que en un momento de gracia se dio cuenta de que la causa más honda de su situación de miseria estaba en haber apartado el corazón del de su Padre: ¡Me levantaré e iré a mi Padre!

Cada uno debe decirlo en su propio corazón. Y debe decirlo también en esa dimensión donde el propio corazón se sabe corazón común, responsable del de todos, solidario con el corazón de su pueblo. Desde allí cada uno puede decir: pueblo pródigo ¡levántate y vuelve al Padre! Es tiempo de que dejes de soñar con las bellotas de los cerdos. Nadie te las da. Gracias a Dios. Mejor así. Porque es hora de que vuelvas a anhelar el pan de los hijos.

Estás empobrecido, parte de tu herencia la has malgastado y parte te la han robado. Es verdad. Pero te queda lo más valioso: el rescoldo de tu dignidad siempre intacta y la llamita de tu esperanza, que se enciende de nuevo cada día. Te queda esa reserva espiritual que heredaste.

Mira que tu Padre no deja de ir, cada atardecer, a esperarte en la terraza... para ver si te ve volver.

Emprende el camino de regreso, fijos tus ojos en los de tu Padre, que te amplía el horizonte para que des todo lo que puedes dar.

Al ir tras dioses falsos, fuiste convirtiendo este suelo bendito en una tierra extranjera. Y hoy pareciera que se ha achicado tu horizonte, que se te encogió la esperanza.

Pero no es así. Si levantas la mirada, si recuerdas, si pegas la vuelta y te conviertes de corazón, la misma tierra que pisas se irá transformando nuevamente en Casa del Padre.

Esa Casa del Padre en la que se viven los valores de la humilde casa de José y María en Nazareth.

Casa del Padre que es hospedería donde se curan las heridas de los que cayeron en manos de los salteadores.

Casa del Padre donde se celebra el banquete de las bodas del Hijo y están invitados todos, sin exclusión de ninguno, salvo de los que no quieren participar.

Casa del Padre que, como nos asegura Jesús, tiene muchas moradas y en la que Él mismo se pone a servirnos, como hizo en la última cena.

¡Y permítete a ti mismo sentirte pueblo y familia!

Y dejemos también que el Padre nos diga, como al otro hijo que estaba contrariado: ¡Entra en la fiesta con tu hermano! Cada corazón debe escuchar esta invitación, con la que el Padre quiere convencer a su hijo mayor de que perdonar a su hermano es el camino que lleva a la vida.

Todos también llevamos dentro algo de ese hijo mayor. Dejemos que el Padre nos diga:

Es tiempo de que dejes de escuchar la queja amarga propia de un corazón que no valora lo que tiene, de un corazón que se compara mal.

Es hora de que te animes a compartir con tu hermano el pan de los hijos.

Deja de soñar con el cabrito propio, y escucha estas palabras de tu Padre:

¡Hijo, todo lo mío es tuyo!

¡Déjate reconciliar con Dios, contigo mismo y con tu hermano!

Pero de corazón.

La Eucaristía es el pan de reconciliación que va a parar a lo profundo del corazón de cada uno. Y reconcilia y alimenta ese lugar interior donde la persona es ella misma y más que ella misma, porque es morada de Dios, donde cada corazón es el corazón de toda su familia y de su pueblo entero.

Bastan unos pocos corazones así, que se dejen reconciliar a fondo, para que la reconciliación se contagie a todo un pueblo.

Corazones como el de san Roque González de Santa Cruz, que fundó estas tierras y sus ciudades en la cultura del trabajo y en el perdón a los mismos enemigos. ¡Corazón vulnerado al que el Señor revistió de incorruptibilidad!

Pueblo pródigo y rebelde; pueblo que sufriste en manos de salteadores; pueblo con una fuerte reserva espiritual: ¡Déjate reconciliar con Dios!

A nuestra Señora de Itatí le encomendamos esta reconciliación que transfigura el corazón de las personas y de los pueblos. Sus milagros más lindos han sido de presencia que retorna y de transfiguración que atrae con su gloria. Como decía Fray Luis de Gamarra en 1624: "... se produjo un extraordinario cambio en su rostro, y estaba tan linda y hermosa que jamás tal la había visto".

Esas transfiguraciones de nuestra Señora, que brotan de su corazón puro y amante son signo de predilección para con nuestro pueblo. Y son también anuncio: María de Itatí transfigurada nos transfigura. Nos dice la Palabra de Dios: "El que vive en Cristo es una nueva criatura. Lo antiguo ha desaparecido, un ser nuevo se ha hecho presente. Y todo esto procede de Dios, que nos reconcilió con Él por intermedio de Cristo y nos confió el misterio de la reconciliación".

Mirándola a ella comprendemos que: "Si el pecado es alejamiento y desencuentro, la reconciliación es acercamiento y reencuentro, superación de la enemistad y retorno a la comunión. Dios nos reconcilia en Cristo. Él es el principio y fin de una reconciliación filial, por la que el hombre arrepentido vuelve confiado a los brazos amorosos del Padre."

Ella te invita, pueblo de la Patria: ¡déjate reconciliar con Dios! Con ella le rogamos a Jesús y le pedimos, con las palabras de la oración. Que su Eucaristía ocupe el corazón del pueblo argentino e inspire sus proyectos y esperanzas.

Homilía, Congreso Eucarístico Nacional, septiembre de 2004

LA DULCE Y CONFORTADORA
ALEGRÍA DE PREDICAR

Transcurridos más de treinta años desde el Concilio, es necesario verificar, mientras reflexionamos sobre la Eucaristía dominical, de qué manera se proclama la Palabra de Dios, así como el crecimiento efectivo del conocimiento y del amor por la Sagrada Escritura en el Pueblo de Dios. Ambos aspectos, el de la celebración y el de la experiencia vivida están en íntima relación (Dies Domini 40).

Estas palabras de su Santidad son las que inspiran estas sencillas reflexiones acerca de la homilía dominical en América Latina. El Papa une estrechamente una pregunta, ¿cómo proclamamos la Palabra, cómo estamos predicando?, con un trabajo de reflexión: verificar el crecimiento real y efectivo del conocimiento y del amor por la Sagrada Escritura en el Pueblo de Dios. Ese amor que, junto con el conocimiento se traduce en "experiencia vivida", y complementa el aspecto "celebrativo" de la Eucaristía.

Nos hace bien unir estas cosas. Si queremos saber cómo estamos predicando debemos ir siempre a ver cómo está el conocimiento y el amor de nuestro pueblo creyente por la Palabra. Fue precisamente con la Palabra que nuestro Señor se ganó el corazón de la gente. Venían a escucharlo de todas partes (Mc 1, 45). Se quedaban maravillados bebiendo sus enseñanzas (Mc 6, 2). Sentían que les hablaba como quien tiene autoridad (Mc 1, 27). Fue con la Palabra que los apóstoles, a los que "Instituyó para que estuvieran con Él, y para enviarlos a predicar" (Mc 3, 14), atrajeron al seno de la Iglesia a todos los pueblos (Cfr. Mc 16, 15-20).

La homilía como siembra y cosecha

Pero, ¿qué significa "verificar"? Es claro que este conocimiento y este amor no se verifican con la mirada estadística de quien sólo cuenta cuántos asisten a la misa dominical o compran la Biblia... La verificación más bien debe provenir de una mirada de buen sembrador.

Una mirada de sembrador que sea mirada confiada, de largo aliento. El Sembrador no curiosea cada día el sembrado, él sabe que sea que duerma o vele, la semilla crece por sí misma.

Una mirada de sembrador que sea mirada esperanzada. El sembrador, cuando ve despuntar la cizaña en medio del trigo, no tiene reacciones quejosas ni alarmistas. Él se juega por la fecundidad de la semilla contra la tentación de apurar los tiempos.

Una mirada del sembrador que sea mirada amorosa, de esas que saben cómo es la fecundidad gratuita de la caridad: si bien la semilla parece desperdiciarse en muchos terrenos, donde da fruto lo da superabundantemente.

De esta mirada brotará una homilía que es, a la vez, siembra y cosecha. Tanto cuando prepara su prédica como cuando dialoga con su pueblo, el Espíritu pone en los labios del predicador palabras que cosechan y palabras que se siembran. Sintiendo y sopesando en su corazón cómo está el conocimiento y el amor del Pueblo por la Palabra, el predicador ora cosecha un valor que está maduro y muestra caminos para ponerlo en práctica, ora siembra un deseo, una esperanza de más, allí donde encuentra tierra buena, apta para que crezca la semilla.

La dulce y confortadora alegría de predicar

Como pastores, a cada uno de los que nos toca predicar en nuestras misas, nos hace bien renovar cada día, cada domingo, nuestro fervor al preparar la homilía, verificando en primer lugar si en nosotros mismos crece el conocimiento y el amor por la Palabra que predicamos. Como dice Pablo: Predicamos no buscando agradar a los hombres, sino a Dios que examina nuestros corazones (1 Tes 2, 4).

Si está vivo este amor por escuchar primero nosotros la Palabra que tenemos que predicar, al igual que nuestro amor por recibir como un fiel más la Eucaristía que nos toca consagrar, éste se transmitirá de una manera u otra al pueblo fiel de Dios. Pablo VI en la *Evangelii Nuntiandi* nos hablaba de "la dulce y confortadora alegría de evangelizar":

A través de los ministros del Evangelio, Dios quiere hacer germinar la semilla; y de nosotros depende el que esa semilla se convierta en árbol y produzca fruto. Conservemos, pues, el fervor espiritual. Conservemos la dulce y confortadora alegría de evangelizar, incluso cuando hay que sembrar entre lágrimas (*Evangelii Nuntiandi* 80). Esta reflexión apunta a aquella regla de toda buena homilía que dice que "es de la abundancia del corazón que habla la boca". Las lecturas del domingo resonarán con todo su esplendor en el corazón del pueblo si primero resonaron así en el corazón del Pastor.

"Hagan todo lo que Él les diga"

Para esto puede ayudar la imagen de nuestra Señora, que es la que mejor transmite al pueblo fiel la alegría de esa Palabra que primero la llenó de gozo a ella. Por eso, el Papa pone a nuestra Señora al final de su Carta Apostólica como modelo hacia donde mira el pueblo fiel, miembro del cual es el que predica:

Hacia la Virgen María miran los fieles que escuchan la Palabra proclamada en la asamblea dominical, aprendiendo de ella a conservarla y meditarla en el propio corazón (cf. Lc 2,19) (*Dies Domini* 86).

Podemos nosotros poner esta imagen también al comienzo de nuestra reflexión y decirnos que una buena homilía dominical debe tener el sabor de ese vino nuevo que renueva el corazón del predicador al mismo tiempo que el de los oyentes. Y en esto de vino nuevo, María es experta desde Caná. La gracia de decir al pueblo de Dios con María (con el tono materno de María) "Hagan todo lo que él les diga" es la gracia que debemos pedir en toda homilía. Este tono materno de nuestra Señora es el de la "Creyente en la Palabra" y el de la "Servidora de la Palabra".

El sacerdote debe ser el primer "creyente" de la Palabra, con la plena conciencia de que las palabras de su ministerio no son «suyas», sino de aquel que lo ha enviado. Él no es el dueño de esta Palabra: es su servidor. Él no es el único poseedor de esta Palabra: es deudor ante el pueblo de Dios. Precisamente porque evangeliza y para poder evangelizar, el sacerdote, como la Iglesia, debe crecer en la conciencia de su permanente necesidad de ser evangelizado" (Pastores dabo vobis 26).

La homilía como diálogo de Dios con su Pueblo

"No se ha de olvidar que la proclamación litúrgica de la Palabra de Dios, sobre todo en el contexto de la asamblea eucarística, no es tanto un momento de meditación y de catequesis, sino que es el diálogo de Dios con su pueblo, en el cual son proclamadas las maravillas de la salvación y propuestas siempre de nuevo las exigencias de la alianza" (Dies Domini 40-41).

Que la homilía no es tanto un momento de meditación y catequesis sino "el diálogo vivo entre Dios y su Pueblo" es una valoración de la prédica que proviene de su estar integrada en la Eucaristía. Supone la catequesis y está en continuidad con ella, pero la supera al ser el momento más alto del diálogo entre Dios y su pueblo, antes de la comunión sacramental. El Señor se complace de verdad en dialogar con su pueblo y a nosotros que predicamos nos toca hacerle sentir este gusto del Señor a nuestra gente.

La homilía es pues un retomar ese diálogo que ya está entablado entre el Señor y su pueblo. Por eso, el que predica debe tantear y sopesar el corazón de su comunidad para dialogar con ese corazón buscando dónde está vivo y ardiente el deseo de Dios, y también dónde ese diálogo, que comenzó siendo amoroso, fue "robado", "sofocado" o no pudo dar fruto.

En Puebla hay un párrafo hermoso en el que se nos ilumina quién es ese pueblo con el que el Señor se complace en dialogar. El pueblo de América Latina es un pueblo cuya alma "ha sido sellada por la fe de la Iglesia" (Puebla 445). Por eso es "infalible *in credendo*" en el sentido de GS, 12. Es un pueblo sabio, con "una sabiduría que es para el pueblo principio de discernimiento, un instinto evangélico por el que capta espontáneamente cuándo se sirve en la Iglesia al Evangelio y cuándo se lo vacía y asfixia con otros intereses" (Puebla 448, cfr. Juan Pablo II, Discurso Inaugural III 6).

Los obispos rescatan esta frase del Papa en el discurso inaugural y pienso que es clave para tomar conciencia del misterio de amor que reina entre Dios y su pueblo fiel, para saber con quién estamos hablando. Ese "instinto de la fe" que hace a nuestro pueblo infalible *in credendo*, debe ser el criterio cordial por el que se oriente nuestra predicación.

La religiosidad popular no solamente es objeto de evangelización sino que, en cuanto contiene encarnada la Palabra de Dios, es una forma activa con la cual el pueblo se evangeliza continuamente a sí mismo (Puebla 450).

¿Qué implica predicar a quien se evangeliza continuamente a sí mismo y es infalible *in credendo*? Dejando de lado toda discusión vana acerca de cuánto hay que "ilustrar" todavía al pueblo de Dios, pienso que la imagen de la madre con su hijo es la que mejor aclara lo que significa tener que enseñar al que ya sabe. La Iglesia es madre y predica al pueblo como una madre que le habla a su hijo, con esa confianza de que el hijo ya sabe que todo lo que se le enseñe será para bien, porque se sabe amado. Los padres saben guiarse por este sentido innato que tienen los hijos y que les da la medida de cuándo maltrataron un límite o dijeron algo inadecuado. Es el espíritu de amor que reina en una familia el que guía tanto a la madre como al hijo en sus diálogos donde se enseña y aprende, se valora y corrige. Así también en la homilía: este saberse en espíritu de familia es lo que guía al que habla y al que escucha. El Espíritu que inspiró los evangelios, inspira también cómo hay que predicarlos y cómo hay que escucharlos en cada Eucaristía.

Este ámbito materno-eclesial en el que se desarrolla el diálogo del Señor con su Pueblo debe favorecerse y cultivarse mediante la cercanía cordial del predicador, la calidez de nuestro tono de voz, la mansedumbre del estilo de nuestras frases, la alegría de nuestros gestos... Hasta lo aburrido que en ocasiones podemos resultar para algunos, si está presente este espíritu materno-eclesial, resulta fecundo a la larga, así como los "aburridos consejos de madre" dan fruto con el tiempo en el corazón de los hijos.

Cuando uno se admira de los recursos que tenía el Señor para dialogar con su pueblo, para transmitir la revelación íntegra a todos, para cautivar con enseñanzas tan elevadas y de tanta exigencia a gente común, creo que el secreto se esconde en este apelar Jesús al ámbito eclesial que establece el Espíritu entre los que adoran al Padre. La convicción de Jesús se expresa en ese: "No temas, pequeño rebaño, porque al Padre de ustedes le ha parecido bien darles el Reino" (Lc 12, 32). En este Espíritu Jesús predica. Por eso bendice lleno de gozo en el Espíritu al Padre que le atrae a los pequeños:

En aquel momento, se llenó de gozo Jesús en el Espíritu Santo, y dijo: "Yo te bendigo, Padre, Señor del cielo y de la tierra, porque has ocultado estas cosas a sabios e inteligentes, y se las has revelado a pequeños. Sí, Padre, pues tal ha sido tu beneplácito. Todo me ha sido entregado por mi Padre, y nadie conoce quién es el Hijo sino el Padre; y quién es el Padre sino el Hijo, y aquel a quien el Hijo se lo quiera revelar" (Lc 10, 21-22).

Más allá de los recursos, que en el Evangelio son infinitos en cantidad y calidad, el predicador tiene la hermosísima y difícil misión de aunar los corazones que se aman –los del Señor y los de su pueblo–, corazones que por el tiempo que dura la homilía hacen silencio y lo dejan hablar a él. Tanto el Señor como su pueblo se hablan de mil maneras directamente, sin intermediarios. Pero en la homilía quieren que alguien haga de mediador y exprese los sentimientos de ambos, de manera tal que después cada uno elija por dónde sigue su conversación. La Palabra es esencialmente mediadora y requiere no sólo de los dos que dialogan sino de un mediador que la represente como tal... Un mediador que, como Pablo, esté convencido de que "No nos predicamos a nosotros mismos, sino a Cristo Jesús como Señor, y a nosotros como siervos vuestros por Jesús" (2 Cor 4, 5).

Un diálogo es mucho más que la comunicación de una verdad. El diálogo se realiza por el gusto de hablar y por el bien concreto que se comunica entre los que se aman por medio de las palabras. Un bien que no consiste en cosas sino en las personas mismas que se dan mutuamente en el diálogo. Por eso, la prédica puramente moralística o exegética reduce esta comunicación entre corazones que ha de darse en la homilía y que tiene que tener un carácter cuasi sacramental, porque "la fe viene de la predicación, y la predicación, por la Palabra de Cristo" (Rom 10, 17).

"Las maravillas de la salvación y las exigencias de la alianza" en la homilía

Diálogo de Dios con su pueblo, en el cual son proclamadas las maravillas de la salvación y propuestas siempre de nuevo las exigencias de la alianza... (Dies Domini 41).

El diálogo es proclamación de las maravillas de la salvación, en las que resplandece la gloria del Señor y del hombre vivo. El diálogo entre Dios y su pueblo ajusta más la alianza entre ambos y estrecha el vínculo de la caridad. Por eso, es central que en la homilía, la verdad vaya de la mano de la belleza y del bien. No se trata para nada de verdades abstractas y frías y mucho menos si van de a puñados y en silogismos. La homilía requiere que, al proclamar cada verdad del Evangelio, sepamos descubrir y comunicar también la belleza de las imágenes que el Señor utilizaba para atraer la atención (las parábolas son un hermosísimo ejemplo) y, diría yo, la oportunidad –el kairós- que su amor descubría o creaba para estimular a la práctica del bien.

La memoria del pueblo fiel, como la de María, debe quedar rebosante de las maravillas de Dios y su corazón esperanzado en la práctica alegre y posible del amor que se le comunicó. Y esto es así porque toda Palabra en la Escritura es primero don antes que exigencia.

El depósito de la fe del pueblo fiel en la homilía

Esta síntesis de verdad, belleza y bien no es algo que haya que inventar: es propio de la Palabra encarnada, y allí donde esta Palabra ha sido acogida por un pueblo, incorporada en su cultura, esa síntesis es lo que llamamos "religiosidad popular".

La religiosidad del pueblo, en su núcleo, es un acervo de valores que responden con sabiduría cristiana a los grandes interrogantes de la existencia (Puebla 449).

En esta frase de Puebla encontramos la belleza como "admiración ante los grandes interrogantes de la existencia", admiración digo porque la respuesta suele estar encarnada en los ritos, el arte y las fiestas populares; la verdad la encontramos como "sabiduría cristiana" y el bien como "acervo de valores". El amor de Dios crea pueblo, siempre crea cultura porque es vinculante de manera estable y fiel y eso engendra modos de ver, de sentir y de crear comunes entre los hombres.

La prédica cristiana, por tanto, encuentra en este corazón cultural de nuestro pueblo una fuente de agua viva para lo que tiene que decir y para el cómo lo tiene que decir. Así como a todos nos gusta que se nos hable en nuestra lengua materna –y más si nos vemos obligados a usar otras– así también en la fe nos gusta que se nos hable en claves de "cultura materna". Por supuesto que para desde allí crecer, abrirnos y mejorar. Pero cuando se nos habla en lengua materna el corazón se dispone a escuchar mejor. Esta lengua es un tono que transmite "parresía", como el de la madre a sus hijos Macabeos, y también una síntesis ya lograda, una sapiencia en la que uno se siente en casa. Como dice Puebla:

La sapiencia popular católica tiene una capacidad de síntesis vital; así conlleva creadoramente lo divino y lo humano; Cristo y María, espíritu y cuerpo; comunión e institución; persona y comunidad; fe y patria, inteligencia y afecto. Esa sabiduría es un humanismo cristiano que afirma radicalmente la dignidad de toda persona como Hijo de Dios, establece una fraternidad fundamental, enseña a encontrar la naturaleza y a comprender el trabajo y proporciona las razones para la alegría y el humor, aun en medio de una vida muy dura (Puebla 448).

Las tensiones que menciona Puebla –lo divino y lo humano, espíritu y cuerpo, comunión e institución, persona y comunidad, fe y patria, inteligencia y afecto– son universales. La síntesis vital, el conllevar estas tensiones creativamente, eso que es indefinible en palabras, porque las requeriría todas, ese núcleo simbólico y viviente –que para nuestro pueblo se traduce en "nombres propios" como Guadalupe y Luján, en fe peregrinante, en gestos de bendición y de solidaridad, en ofrenda, en canto y en danza...– ese corazón en el cual, y gracias al cual, nuestro pueblo ama y cree, es el lugar teológico donde tiene que situarse vitalmente el predicador. Es decir, el desafío de una prédica inculturada está en evangelizar la síntesis, no ideas o valores sueltos. Donde está tu síntesis, podríamos parafrasear, allí está tu corazón. La diferencia entre iluminar el lugar de síntesis e iluminar ideas sueltas es la misma que hay entre el aburrimiento y el ardor del corazón.

No es fácil hablar de corazón al pueblo de Dios. No basta con ser bien intencionado. La gente aprecia y valora cuando un predicador se esfuerza por ser sincero, cuando baja la palabra a imágenes reales... Pero hablar de corazón implica tenerlo no solo ardiente, sino iluminado por la integridad de la revelación, por la Palabra y por el camino que esa palabra ha recorrido en el corazón de la Iglesia y de nuestro pueblo fiel a lo largo de su historia (la Tradición).

Al revalorizar los elementos positivos de la piedad popular, Puebla, en un texto riquísimo e inspirado (454) nos brinda un esbozo de síntesis en algo que es más que una mera enumeración. En cada "elemento" recogido del corazón de muchos pastores se nota ya una síntesis. Son "elementos" universales concretos, en los que la totalidad de la fe brilla encarnada en una figura propia de la religiosidad de nuestro pueblo latinoamericano. Al irlas leyendo acentuaré en algunas una breve sugerencia que podría inspirar nuestras homilías para que se alimenten de esta síntesis y la alimenten en el corazón de los que escuchan.

Dice Puebla:

Como elementos positivos de la piedad popular se pueden señalar:

La presencia trinitaria que se percibe en devociones y en iconografías;

Al Dios trino y uno nuestro pueblo lo vive como un Dios bautismal y bautizador. Un Dios en el que uno fue sumergido de niño y en el cual vivimos, nos movemos y existimos. El misterio de la Trinidad es más ambiente vital que circunda la fe de nuestro pueblo que blanco específico de discursos racionales. Más que nuestras palabras, lo que deben ser trinitarios en nuestras homilías son nuestros gestos, nuestras imágenes, el espacio de tiempo que le dedicamos a cada persona divina.

El sentido de la providencia de Dios Padre;

Aquí diríamos que iluminar y alimentar esta imagen del Padre como Providente implica predicar en esperanza. Nuestro Pueblo descansa y goza cuando le hablamos del Dios siempre más grande, del Dios que cuidó a nuestros padres, a nuestras abuelas y abuelos, del Dios que pastorea el porvenir de nuestros hijitos...

Nuestras homilías, si quieren ser fieles y fecundas, deberán sembrar y cosechar siempre esperanza.

Cristo, celebrado en su misterio de Encarnación (Navidad: el Niño), en su Crucifixión, en la Eucaristía y en la devoción al Sagrado Corazón;

Jesús está en el corazón de nuestro pueblo como el Niño del pesebre, como el muerto en una Cruz, como el pancito de la primera comunión de los chicos y como el Dios que tiene un buen Corazón. A veces, notando (con mentalidad cuantitativa) que "falta" una imagen del resucitado, se piensa que una segunda evangelización tiene que venir a "agregar" otra imagen, en el mejor de los casos, cuando no a reemplazar todas las anteriores por una más pura y completa. Más allá de toda pretensión apologética, vale más partir de la convicción de que la fe, si dio fruto, es porque se sembró íntegra, e ir a buscar en las imágenes que ya están en el corazón, qué nos dicen ellas mismas acerca de cómo integra todo lo nuevo, de cómo purificar y completar. Las cruces revestidas de gloria siguen hablando al corazón de nuestro pueblo más que los "pare de sufrir" de las sectas.

Amor a María: Ella y "sus misterios pertenecen a la identidad propia de estos pueblos y caracterizan su piedad popular" (Juan Pablo II, Homilía Zapopán, 2. AAS LXXI, p. 228), venerada como Madre Inmaculada de Dios y de los hombres, como Reina de nuestros distintos países y del continente entero;

En el centro del pasaje, Puebla pone el amor a María. María y sus misterios "pertenecen a la identidad propia de estos pueblos", dice el Papa. En ella traslada nuestro pueblo, de manera real, con un realismo latinoamericano que más que mágico es un realismo "lleno de gracia", todo lo que un discurso más racional echa de menos en cuanto a presencia de conceptos de resurrección y de Espíritu Santo. Todo lo "positivo, lo festivo, lo que es vida, belleza, alegría, fiesta... nuestro pueblo lo encarna en María. En las homilías para nuestro pueblo, María no debe ser sólo conclusión, sino, más explícitamente, una referencia de centro.

Centro porque es para nuestro pueblo "modelo de cómo hay que creer":

"María, que por la eterna voluntad del Altísimo se ha encontrado, puede decirse, en el centro mismo de aquellos «inescrutables caminos» y de los «insondables designios» de Dios, se conforma a ellos en la penumbra de la fe, aceptando plenamente y con corazón abierto todo lo que está dispuesto en el designio divino" (*Redemptoris Mater* 14).

Centro porque es para nuestro Pueblo "señal de esperanza segura":

María, Madre del Verbo encarnado, está situada en el centro mismo de aquella "enemistad", de aquella lucha que acompaña la historia de la humanidad en la tierra y la historia misma de la salvación. En este lugar, ella, que pertenece a los «humildes y pobres del Señor», lleva en sí, como ningún otro entre los seres humanos, aquella «gloria de la gracia» que el Padre «nos agració en el Amado», y esta gracia determina la extraordinaria grandeza y belleza de todo su ser. María permanece así ante Dios, y también ante la humanidad entera, como el signo inmutable e inviolable de la elección por parte de Dios, de la que habla la Carta paulina: «Nos ha elegido en Él (Cristo) antes de la fundación del mundo..., eligiéndonos de antemano para ser sus hijos adoptivos» (Ef 1, 4-5). Esta elec-

ción es más fuerte que toda experiencia del mal y del pecado, de toda aquella «enemistad» con la que ha sido marcada la historia del hombre. En esta historia, María sigue siendo una señal de esperanza segura" (Redemptoris Mater 11).

Centro porque es para nuestro pueblo lugar de misericordia:

María es la primera en participar de esta nueva revelación de Dios y, a través de ella, de esta nueva "autodonación" de Dios. Por esto proclama: «Ha hecho obras grandes por mí; su nombre es santo». En su arrebatamiento, María confiesa que se ha encontrado en el centro mismo de esta plenitud de Cristo. Es consciente de que en ella se realiza la promesa hecha a los padres y, ante todo, "en favor de Abraham y su descendencia por siempre"; que en ella, como madre de Cristo, converge toda la economía salvífica, en la que, "de generación en generación", se manifiesta aquel que, como Dios de la Alianza, se acuerda "de la misericordia" (Redemptoris Mater 36).

De todos los demás elementos, que podemos meditar como valiosas síntesis –cada uno de ellos– a tener en cuenta a la hora de predicar, destacamos finalmente sólo uno más:

La capacidad de expresar la fe en un lenguaje total que supera los racionalismos (canto, imágenes, gesto, color, danza); esa Fe situada en el tiempo (fiestas) y en lugares (santuarios y templos).

Esta fe que nuestro pueblo fiel expresa de manera situada e íntegra –íntegra no sólo en sus contenidos sino existencialmente– debe hallar eco en la homilía dominical. El desafío consiste en reinterpretar la misma fe que vive nuestro pueblo en su mismo lenguaje y modo de expresarse de manera tal que crezca y se purifique desde adentro.

Como dice más adelante Puebla, proféticamente:

Si la Iglesia no reinterpreta la religión del pueblo latinoamericano, se producirá un vacío que lo ocuparán las sectas, los mesianismos políticos secularizados, el consumismo que produce hastío y la indiferencia o el pansexualismo pagano. Nuevamente la Iglesia se enfrenta con el problema: lo que no asume en Cristo, no es redimido y se constituye en un ídolo nuevo con malicia vieja (Puebla 468).

El desafío, pues, que se nos sigue planteando es el de una nueva evangelización, la cual, como dice Puebla, "ha de apelar a la memoria cristiana de nuestros pueblos". El depósito de la fe inculcado por las madres en el corazón de sus hijos a lo largo de los siglos es fuente viva de nuestra identidad. Identidad que no cambia sino para mejorar hasta que se forme Cristo en nosotros. Esta identidad que es ese abrazo bautismal que nos dio de pequeños el Padre, nos hace anhelar, como hijos pródigos –y predilectos en María– el otro abrazo, el del Padre misericordioso que nos espera. Hacer que nuestro pueblo se sienta como en medio de estos dos abrazos es la dura pero hermosa tarea del que predica el Evangelio.

PLENARIA DE LA COMISIÓN PARA AMÉRICA LATINA, ROMA, ENERO DE 2005

"SANGRE DE MÁRTIRES, SEMILLA DE CRISTIANOS"

La primera lectura nos muestra lo que es el diálogo del apóstol Pablo con la Iglesia que él había hecho nacer y que amaba tan entrañablemente. En nuestra vida cristiana, una de las cosas más encantadoras es el diálogo del Pastor con su Iglesia, el diálogo del obispo con su Iglesia y en ese diálogo del obispo con su pueblo se concentra todo el crecimiento de la Iglesia, todo el caminar de la Iglesia; fuera de ése diálogo se dispersa, o cuando ese diálogo no es suficiente se desorienta. Es un diálogo de amor, un diálogo de conciencia fraternal y paternal a la vez, un diálogo de gracia, un diálogo de reconocimiento al único Señor que convocó a las ovejas y al pastor a la vida cristiana.

No es un diálogo fácil, Pablo les dice después de ser maltratado e insultado en Filipos –como ustedes ya saben le dieron una flor de paliza– "Dios nos dio la audacia necesaria para anunciar la Buena Noticia". Es un diálogo que necesita audacia y coraje, coraje por parte del obispo y coraje por parte del pueblo para escuchar el anuncio evangélico. Para entrar en el seguimiento de Jesucristo hace falta coraje, ese coraje de Dios y a la vez, siendo maltratados e insultados, hace falta aguante, aguante apostólico, ese sobrellevar sobre los hombros todas las dificultades de la vida cotidiana, todas las dificultades de la predicación del Evangelio, todas las dificultades de aquellos –que el mismo Pablo defin– enemigos de la cruz de Cristo que quieren que les adulen los oídos y que les digan lo que les guste, que le digan lo que ellos quieren que el Evangelio diga, no lo que dice el Evangelio. Por eso Pablo les dice "yo no estuve con ustedes con palabras de adulación".

El diálogo tan encantador entre la Iglesia y el Pastor tiene esas dos actitudes tan lindas: coraje para anunciar el Evangelio y aguante para sobrellevar las dificultades que la misma predicación del Evangelio provoca. Porque evidentemente la predicación del Evangelio mueve las aguas y provoca esas actitudes que se repiten siempre a lo largo de la historia en aquellos que no quieren escuchar la palabra de Cristo. Provoca el cuestionamiento del predicador, ya comenzó con Jesús, lo cuestionaban, le decían "vos echas a los demonios por poder de los demonios"; provoca el cuestionamiento del que anuncia la palabra, ya sea pastor, ya sea del pueblo, a través de los consabidos métodos de la desinformación, la difamación y la calumnia; como hicieron con Pablo: decían informaciones no exactas de él, lo difamaban y lo calumniaban y Pablo aguantó eso y las comunidades que lo seguían aguantaron con su pastor en ese diálogo tan amoroso.

Es un diálogo del Pastor con las ovejas, las ovejas que conocen la voz del pastor, el santo pueblo fiel de Dios no se equivoca. Alguno me dirá: Padre, está haciendo política. No, no, estoy citando la *Lumen Gentium*: el santo pueblo fiel de Dios es infalible e *in credendo*, y cuando el diálogo entre el pastor, el conjunto del pueblo de Dios, el gran pastor, Cristo, el Papa, los Obispos, cuando el diálogo va por el mismo camino no se puede equivocar porque lo asiste el Espíritu Santo. Pero para que el pueblo de Dios no se equivoque tiene que existir ese diálogo, esa lealtad y esa universalidad de todo el santo pueblo fiel de Dios que trasciende las fronteras de una parroquia, de una diócesis, de un país; o sea es ese sentir el Evangelio.

Ese diálogo es universal y las ovejas que conocen la voz del pastor, lo distinguen, saben quién es pastor y quién no, quién es mercenario, quién cuando viene el lobo los va a defender y quién se va a escapar, eso lo saben. Por eso Jesús les dice "mis ovejas escuchan mi voz y yo las conozco y ellas me siguen." "Ustedes no lo creen, las obras que hago en nombre de mi Padre dan testimonio de mí, pero ustedes no me creen porque no son de mis ovejas, ustedes no me creen porque no ven lo que hago, porque ya tienen posición tomada" y aquellos que de alguna manera se ponen en contra del pueblo de Dios que sigue el Evangelio, o contra su Pastor, tienen una posición previa tomada fuera del Evangelio y a la luz de esa posición interpretan el Evangelio. No tienen el corazón abierto al llamado de Jesús, como los fariseos.

Quise detenerme en esta cosa tan encantadora y tan linda como es el diálogo entre el Pastor y su pueblo y del pueblo y su Pastor porque lo he visto, lo he visto en muchos pastores y lo he visto aquí.

Llegué por primera vez a La Rioja un día histórico, el 13 de junio de 1973, el día de la pedreada de Anillaco. Veníamos cinco Consultores de Provincia con el Provincial para tener acá varios días de retiro y reflexión a fin de elegir el nuevo Provincial. El 14 de junio, después de esa pedreada al obispo, a los sacerdotes, a las religiosas, a los agentes de pastoral, Monseñor Angelelli nos dio el retiro espiritual, a nosotros, al provincial y a los cinco jesuitas y nos introdujo en el discernimiento del Espíritu para ver cuál era la voluntad de Dios. Fueron días inolvidables, días en que recibimos la sabiduría de un pastor que dialogaba con su pueblo y recibimos también las confidencias de las pedradas que recibía ese pueblo y ese pastor, simplemente por seguir el Evangelio.

Me encontré con una Iglesia entera perseguida, pueblo y pastor. Dos meses después, el 14 de agosto de 1973, siendo ya provincial vine con el padre Arrupe, General de la Compañía. El padre Arrupe había quedado impresionado por la paliza que le habían dado al padre Pucheta en San José, el año anterior, cerca de Famatina y preguntaba por La Rioja. Como venía a hacer la visita canónica a la Argentina, la visita de inspección que hacen los padres generales a la congregación, quedamos en que venía un día a La Rioja. Vinimos desde Córdoba en avioneta y ahí vi otra cosa: Veníamos el padre Arrupe y yo con el padre Di Nillo, y cuando la avioneta llegó a la cabecera de la pista para dirigirse a la central del aeropuerto el piloto recibe un llamado para que se quede ahí.

El obispo viene a buscarnos en un auto y dice: "Hicimos parar la avioneta acá, vayámonos de acá porque afuera, los que hace dos meses hicieron la pedrada de la Costa, están esperando para abuchear". Para abuchear al General de la Compañía de Jesús que venía a visitar a sus jesuitas y obviamente para estar con el obispo, con el pastor y con su pueblo. Esa tarde, en la Casa de la Cultura con el padre General de la Compañía tuvimos una reunión con todos los agentes de pastoral y nos contaron lo que hacían. Me acuerdo la última pregunta que le hicieron: "Dígannos padre, (era una señora, una riojana guerrera, una mujer que llevaba adelante las cosas de Dios con verdadero coraje) ¿esto que usted ha escuchado es el Concilio Vaticano o no lo es?". El padre Arrupe contestó: "Esto es lo que quiere la Iglesia desde el Vaticano II".

Vimos allí el diálogo de un laicado vivo, fuerte, con su Pastor. El obispo por delicadeza no quiso estar presente en esa reunión para que su pueblo dijera lo que quisiera.

Yo he vivido aquí ese diálogo entre obispo y pastor, un diálogo que fue adelante, un diálogo de amor. Había que ver cómo había calado hondo ese diálogo en el corazón del obispo, estaba enamorado hasta tal punto de su pueblo que su corazón de poeta frustrado –como le decíamos en broma– llegó a escribir verdaderos requiebros de amor, cómo vivía él el alma de su pueblo:

Honduras de quebradas y silencio,
arenales sedientos y bravíos,
cardonales vigías en horizontes,
llenos de cerros escondidos....
Así es el alma de mi pueblo.

Promesante con la fe de peregrino
caminante incansable de recuerdos,
alforja cargada de esperanzas,
con el ritmo del ton ton de las cajas...
Así es el alma de mi pueblo.

Un enamorado de su pueblo que lo acompañaba en el camino, y lo acompañaba hasta las periferias, las periferias geográficas y las existenciales. Recordemos el cariño con que acariciaba a los ancianos, con que buscaba a los pobres y a los enfermos, con el que clamaba por la justicia, él estaba convencido de que el hombre hecho de barro escondía adentro un proyecto de la Trinidad, un proyecto de Dios: "mezcla de tierra y de cielo, proyecto humano divino en cada hombre se hace rostro y su historia se hace pueblo", Dios rostro de hombre, historia de pueblo. Dios que camina a lo largo de su pueblo en la historia de salvación, "amor que se hace esperanza en cada dolor del pueblo porque el hombre se hace encuentro en cada historia de pueblo", "ese amor que se hizo carne en dolor de pueblo." "Aquí la historia es camino y el hombre siempre un proyecto" y porque el hombre era un proyecto acompañaba a cada hombre, a cada mujer, a cada chico, a cada anciano, a cada persona de su pueblo en este proyecto para que madurara, para que diera lo mejor, para que la gloria de Dios se manifestara en ese rostro que el mismo Dios había amasado y soplado con su espíritu.

Así caminaba con su pueblo hasta las periferias, ¡se dan cuenta de qué diálogo había acá entre la Iglesia y su Pastor que también era Iglesia!

Como era un hombre de periferia que salía a buscar, que salía al encuentro, porque era un hombre profundamente de encuentro, (lo decía recién: "porque el hombre se hace encuentro en cada historia de pueblo", hombre de encuentro, hombre de periferias), pudo vislumbrar en ese poema inconcluso de abril del 74, el drama de la patria, pero lo vislumbraba con esperanza: "la patria está engendrando un hijo con sangre y con dolor, lloran los atardeceres esperando que el hijo nazca sin odios y sin rencor, sin odios y con amor, mi tierra está preñada de vida". Así vivía él la patria, así la quería, preñada de vida. "En esta noche de dolor, esperando que despunte el alba, con un hombre nuevo, Señor."

Este es el diálogo entre el Pastor y su pueblo que yo conocí acá en La Rioja, un diálogo que cada vez fue más perseguido, una Iglesia que fue perseguida, una Iglesia que se fue haciendo sangre, que se llamó Wenceslao, Gabriel, Carlos. Testigos de la fe que predicaban y que dieron su sangre para la Iglesia, para el pueblo de Dios por la predicación del Evangelio y, finalmente, se hace sangre en su Pastor. Fue testigo de la fe derramando su sangre.

Pienso que ese día alguno se puso contento, creyó que era su triunfo pero fue la derrota de los adversarios. Uno de los primeros cristianos tenía una frase linda, "sangre de mártires, semilla de cristianos", sangre de estos hombres que dieron su vida por la predicación del Evangelio es triunfo verdadero y hoy clama por vida, por vida esta Iglesia riojana que hoy es depositaria.

El recuerdo de Wenceslao, Carlos, Gabriel y el obispo Enrique no es una simple memoria encapsulada; es un desafío que hoy nos interpela a que miremos el camino de ellos, hombres que solamente miraron el Evangelio, hombres que recibieron el Evangelio y con libertad. Así nos quiere hoy la patria, hombres y mujeres libres de prejuicios, libres de componendas, libres de ambiciones, libres de ideologías, hombres y mujeres de Evangelio; sólo el Evangelio y, a lo más podemos añadirle un comentario, el que le añadieron Wenceslao, Carlos, Gabriel y el obispo, el comentario de la propia vida.

Que el Señor, por intercesión de su Madre santísima, nos conceda hoy la gracia de la libertad de solo el Evangelio con el comentario de nuestra propia vida.

Que así sea.

30º ANIVERSARIO DEL FALLECIMIENTO
DE MONS. ENRIQUE ANGELELLI, AGOSTO DE 2006

"LLEVADOS DE SU MANO"

La feliz coincidencia de comenzar esta Asamblea en la solemnidad de Nuestra Señora de Luján, patrona de nuestra Patria, dirige nuestro corazón hacia la Palabra de Jesús antes de morir: "Aquí tienes a tu madre", recordándonos, a la vez, la calidez maternal de María para con nosotros. "Una humilde imagen de su limpia y pura Concepción se quedó milagrosamente en la Villa de Luján como signo de su maternal protección del pueblo peregrinante en Argentina" (prefacio de la misa) y esto para ser "llevados de su mano" (*ibid*) hacia el Señor. Nuestra Madre se hace cargo de nuestra pequeñez y nos toma de la mano. Nuestra Madre que, "elevada a la gloria de los cielos, acompaña a la Iglesia peregrina con amor materno, y con bondad cuida sus pasos hacia la patria, hasta que llegue el día glorioso del Señor" (prefacio de la misa de Santa María, Madre de la Iglesia). Nuestra Madre quien, a lo largo de este camino, no cesa de repetirnos como en Caná: "Hagan lo que Él les diga" (Jn 2, 5).

Comenzamos, pues, nuestra Asamblea contemplando a nuestra Madre de Luján; no solamente a Ella sino a Ella en medio de sus hijos. Nos hará bien, como pastores, meternos en medio de este pueblo al que pertenecemos, del que fuimos escogidos para el servicio y, como pueblo fiel de Dios, acercarnos a la Madre. Ese pueblo que afluye continuamente a Luján y a tantos otros Santuarios marianos del país, nos muestra sus necesidades, su búsqueda de Dios, sus carencias y gozos más hondos, y nos pide que lo ayudemos a encontrarse y dejarse encontrar con Jesús. Caminemos en medio de él y pidamos la gracia de ser "pastores con olor a oveja". Nos hará bien repetir, a modo de jaculatoria, lo que imploramos en la Oración Colecta: "Mira, Señor, la fidelidad de tu pueblo" y suplicarle al Padre que –como pueblo– nos haga más fieles, más hijos suyos, más seguidores de Jesús.

Este pueblo nos mira pidiéndonos que lo sirvamos en la misión a la que hemos sido enviados. Durante las reflexiones de esta semana buscaremos los modos y las palabras para poder realizar hoy lo que Isaías proclamaba en la 1ª lectura: "Fortalezcan los brazos débiles, robustezcan las rodillas vacilantes; digan a los que están desalentados: Sean fuertes, no teman;

ahí está su Dios... Él mismo viene a salvarnos" (Is 35, 3-4). No siempre resulta fácil anunciar estas palabras; hay que buscar, pensar, dialogar, rezar... y todo esto produce en nuestra vida de pastores aquella "peculiar fatiga del corazón" que, al decir de Juan Pablo II, sufría la Virgen en su esfuerzo cotidiano por contemplar los signos de Dios en la vida de su Hijo (Cfr. *Redemptoris Mater*, 17). Ella, como primera discípula de Jesús, nos abre este camino de la fatiga pastoral, esa fatiga más bien interior de padre y hermano que no quiere que se pierda ninguno de los que le han sido confiados. Volvamos con la mente otra vez a Luján y, en medio del pueblo fiel de Dios, mirándola, pidámosle la gracia de esta fatiga interior que nos unge en la cruz de cada día, muchas veces en claroscuros difíciles de comprender o en oscuridades que nos hacen tambalear la esperanza.

Sin embargo, esta esperanza no puede ser negociada por quienes "hemos sido constituidos herederos y destinados de antemano... a ser aquellos que han puesto su esperanza en Cristo, para alabanza de su gloria" (Ef 1, 11-12), como escuchamos en la 2ª lectura. Miramos nuevamente a nuestra Madre, a Ella quien –desde Caná y a lo largo de toda la historia de los pueblos– se acercó a sus hijos en las más variadas situaciones para sembrar esperanza en los corazones. A Ella le pedimos la gracia de ser pastores de esperanza, que no se dejan ahogar por los conflictos ni por las pruebas; de ser pastores como Pablo que, "con luchas por fuera y temores por dentro" (2 Cor 7, 5) no cejaba de anunciar a Jesucristo a costa de su propia vida: anuncio martirial de cada día pero que vale la pena. A Ella le pedimos la gracia de creer firmemente que "la esperanza no defrauda" (Rom 5, 5) y poder transmitir esta fe a nuestro pueblo. Esa esperanza que nos hace mirar hacia delante y repetir con Isaías lo que recientemente escuchamos: "Entonces se abrirán los ojos de los ciegos y se destaparán los oídos de los sordos; entonces el tullido saltará como un ciervo y la lengua de los mudos gritará de júbilo. Porque brotarán aguas en el desierto y torrentes en la estepa; el páramo se convertirá en un estanque y la tierra sedienta en manantiales" (Is 35, 5-7).

Madre presente en medio de su pueblo; Madre fatigada en el discipulado y seguimiento de Jesucristo; Madre de esperanza. Así la contemplamos, silenciosa y provocando sonrisas filiales en el alma de sus hijos. Así queremos contemplarla en estos días de Asamblea con la confiada petición de saber y poder caminar siempre, como Ella, en medio del pueblo fiel de Dios al que pertenecemos y a quien servimos; la petición de fatigarnos el corazón en la búsqueda de los signos de Dios en la historia y la gracia de ser hombres de esperanza. Con estos deseos la volvemos a mirar, nos ponemos junto a Ella y –con Ella– oramos al Padre: "Mira, Señor, la fidelidad de tu pueblo".

91º ASAMBLEA PLENARIA DEL EPISCOPADO, MAYO DE 2006

¡FELIZ DE TI, PORQUE ELLOS NO TIENEN CÓMO RETRIBUIRTE!

"Si la exhortación en nombre de Cristo tiene algún valor, si algo vale el consuelo que brota del amor o la comunión en el Espíritu, o la ternura y la compasión, les ruego que hagan perfecta mi alegría, permaneciendo bien unidos. Tengan un mismo amor, un mismo corazón, un mismo pensamiento. No hagan nada por espíritu de discordia y vanidad, y que la humildad los lleve a estimar a los otros como superiores a ustedes mismos. Que cada uno busque no solamente su propio interés, sino también el de los demás! (Flp 2, 1-4).

Después dijo al que lo había invitado: "Cuando des un almuerzo o una cena, no invites a tus amigos, ni a tus hermanos, ni a tus parientes, ni a los vecinos ricos, no sea que ellos te inviten a su vez, y así tengas tu recompensa. Al contrario, cuando des un banquete, invita a los pobres, a los lisiados, a los paralíticos, a los ciegos. ¡Feliz de ti, porque ellos no tienen cómo retribuirte, y así tendrás tu recompensa en la resurrección de los justos!" (Lc 14, 12-14).

Lecturas del lunes de la Semana 31 durante el año.

No deja de conmover el tono con que el Apóstol habla a la comunidad cristiana: el nombre de Cristo, el consuelo que brota del amor, la comunión en el Espíritu, ternura y compasión... un tono que conforma el marco de diálogo entre el pastor y su pueblo (Flp 2, 1). Un lenguaje que surge desde las entrañas mismas del pastor en quien la respuesta de su pueblo hará perfecta su alegría. ¡Cuántas veces el Señor ha permitido, por pura gracia suya, que todos nosotros tuviéramos esta experiencia! Experiencia fraguada en el silencio de la oración, en el abandono confiado, en el llamado de Jesucristo (esa certeza de saber de quién nos hemos fiado, cfr. 2 Tim 1, 12), en la escucha paciente de los hermanos que fueron confiados a nuestro cuidado, en la tribulación y la cruz, en la esperanza firme de la definitiva contemplación del rostro maravilloso de Jesús.

Así es, el diálogo entre el pastor y su pueblo está encuadrado de esta manera y camina hacia el logro de lo que el mismo Pablo expresa: la unidad de la Iglesia, "permaneciendo bien unidos" (Flp 2, 2), a que todos permanezcan bien unidos. Él en sus cartas es audaz en las expresiones: "Amen con sinceridad... Ámense cordialmente con amor fraterno, estimando a los otros como más dignos" (Rom 12, 10)... Vivan en armonía unos con otros, no quieran sobresalir, pónganse a la altura de los más humildes..." (Rom 12, 16) y, en varias ocasiones, habla de engendrar, dar a luz, seguir dando a luz (cfr. 1 Cor 4, 15; Gal 4, 19), es decir, continuar dando vida y unidad al pueblo de Dios, estrechando la unidad con ese pueblo del que fue sacado, del que forma parte y al que fue enviado. Y tal unidad se entreteje cotidianamente con las directrices que él mismo les señala: tener un mismo amor, un mismo corazón... no hacer nada por espíritu de discordia o de vanidad... que la humildad nos lleve a estimar a los otros como superiores... que cada uno busque no solamente su propio interés sino el de los demás (cfr. Flp 2, 3-4). Se manifiesta aquí el temple del pastor que, fatigosamente, desea y cincela la unidad custodiada por esos parámetros que configuran un determinado espacio espiritual.

Por otra parte, en el pasaje evangélico que acabamos de escuchar hay una consigna del Señor que, de alguna manera, apunta a este espacio pastoral, el único apto para amasar la unidad del pueblo fiel de Dios y entre nosotros: "Cuando des un banquete invita a los pobres, a los lisiados, a los paralíticos, a los ciegos..." (Lc 14, 12-14). Se trata de un ámbito espiritual procurado por el desinterés y hasta por el despojo personal. Jesús nos llama la atención sobre el sutil engaño que existe en hacer algo por provecho propio y tener allí nuestra recompensa; nos indica, a la vez, el lugar seguro donde el egoísmo que anida en nuestro corazón no nos juegue una mala pasada: la "projimidad" y la acogida de aquellos que no tienen cómo retribuirnos. Una vez más aparece implícitamente aquel *leit-motiv* tan reiterativo de la misión del Ungido (cfr. Lc 4, 18-19).

El pastor procura y amasa la unidad de su pueblo desde el despojo de sí mismo en el cotidiano desovillarse del servicio, buscando los intereses de Cristo Jesús y no los propios. La unidad en la Iglesia es una gracia, pura gracia, pero una gracia que hay que saberla recibir, deseándola entrañablemente, haciéndole espacio, haciendo cada vez más cóncavo nuestro corazón despojándolo de todo interés mundano. Por ello, San Pablo, en la 1ª lectura, nos explicita los contornos de esos espacios de receptividad a la gracia a los que me referí recién: el mismo amor, el mismo sentir, no a la discordia o a la vanidad, sí a considerar superiores a los demás. Y, para despejar toda duda, el Evangelio nos trae la imagen de aquellos que no pueden retribuir como para resaltar la enjundiosa gratuidad de la fiesta.

Y, porque de gratuidad se trata, la verdadera unidad en la Iglesia, la verdadera unidad entre nosotros sólo se logra gratis, por puro don del Señor, siempre que estemos dispuestos a recibirla andando por el camino que Él hizo. La primera lectura constituye precisamente una introducción para finalmente presentárnoslo: siendo de condición divina... tomó condición de servidor... se anonadó... se humilló... (cfr. Flp 2, 6-11). Y Pablo rubrica "tengan los mismos sentimientos de Cristo Jesús" (Flp 2, 5). Ése es el camino a seguir, ése el lugar teológico para recibir la gracia de la unidad. Ésa es la cavidad existencial que nos hace capaces de tal gracia. Ése es el deseo que va abriendo el espacio necesario en nuestro corazón. El anonadamiento se hace servicio y, desde allí, se amasa la unidad de la Iglesia, allí puede obrar el Espíritu. Sólo desde allí podemos ser receptores y hacedores de unidad... es decir, dejar que el Espíritu Santo haga la unidad y conforme la armonía de la Iglesia. Los Santos Padre decían de Él: "*Ipse harmonia est*".

Al comenzar estos días de Asamblea pidamos al Señor que nos contagie esta actitud de servicio anonadado que no busca el propio interés. La misma que también asumió nuestra Madre como primera discípula. Actitud que nos dará la "ternura" paternal y la "compasión" fraterna para exhortar a nuestro pueblo y exhortarnos a nosotros mismos a hacer perfecta nuestra alegría "permaneciendo bien unidos" (Flp 2, 2). Que así sea.

92ª Asamblea Plenaria de la Conferencia Episcopal, Noviembre de 2006

"El discípulo no es más que su maestro"

"Esteban, lleno de gracia y de poder, hacía grandes prodigios y signos en el pueblo. Algunos miembros de la sinagoga llamada "de los Libertos", como también otros, originarios de Cirene, de Alejandría, de Cilicia y de la provincia de Asia, se presentaron para discutir con él. Pero como no encontraban argumentos, frente a la sabiduría y al espíritu que se manifestaba en su palabra, sobornaron a unos hombres para que dijeran que lo habían oído blasfemar contra Moisés y contra Dios. Así consiguieron excitar al pueblo, a los ancianos y a los escribas, y llegando de improviso, lo arrestaron y lo llevaron ante el Sanedrín. Entonces presentaron falsos testigos que declararon: "Este hombre no hace otra cosa que hablar contra el Lugar santo y contra la Ley. Nosotros le hemos oído decir que Jesús de Nazaret destruirá este Lugar y cambiará las costumbres que nos ha trasmitido Moisés". En ese momento, los que estaban sentados en el Sanedrín tenían los ojos clavados en él y vieron que el rostro de Esteban parecía el de un ángel. (Hch 6, 8-15.)

Texto correspondiente al 23 de abril, lunes de la 3ª Semana de Pascua.

San Lucas describe el asesinato de Esteban sobre las huellas del de Jesús. Se evidencia su intencionalidad de señalar, en este primer mártir, el camino del creyente. "El discípulo no es más que su maestro" (Mt 10, 24) había dicho Jesús; el camino del discípulo es el de su Señor; sería impensable un discipulado que no se ajustase al más fiel seguimiento. En esta realidad se enraiza la dimensión martirial de la existencia cristiana, ese "dar testimonio" como lo dio el Señor, y estar dispuesto a afrontar las consecuencias que exija la fidelidad al llamado.

Los apóstoles abandonaron al Maestro (Mt. 26:56), Pedro lo negó por miedo (Mt 26, 69-75) ... todavía no habían sido confirmados por la Resurrección y la fuerza del Espíritu Santo. En Esteban, en cambio, se muestra ya el discípulo maduro, configurado por esa confirmación; en él la Palabra de Dios nos muestra el perfil acabado del discípulo que da testimonio, del discípulo que "lleno de gracia y poder hacía grandes prodigios y signos en medio del pueblo" (Hch 6, 8). Esteban no era un "milagrero" ambulante. La fuerza le venía de la gracia, del poder del Espíritu Santo... y esto molestaba.

La escena se enmarca en una disputa. Los miembros de la sinagoga de los Libertos "se presentaron para discutir con él" (Hch 6, 9), evocación de tantas discusiones de Jesús con fariseos, saduceos, esenios y zelotes, alternativas humanas a la radicalidad del Reino. Sin embargo, la contundencia de la historia del pueblo elegido y la fuerza de las Bienaventuranzas se imponía a toda argumentación y casuística. Se trataba del choque entre la Verdad y el sofisma ilustrado, ese equilibrismo nominalista para aceptar una formulación de la verdad negando su real incidencia en la vida. Estos sofistas "no encontraban argumentos frente a la sabiduría y al espíritu que se manifestaba en su palabra" (Hch 6, 10). Entonces recurren a diversas formas de violencia: al soborno (Hch 6, 11) como otrora los fariseos con los soldados testigos de la Resurrección (Mt 28, 11-15), como el Sanedrín para con el mismo Jesús... y del soborno a "excitar al pueblo, a los ancianos y a los escribas" (Hch 6, 12) al igual que hicieron con Jesús (Mt 27, 20); y también, como a Jesús, llegan de improviso, lo arrestan y llevan ante el Sanedrín (ibid) y presentan testigos falsos (cfr. Mt 26, 59-61). Los mismos métodos, el mismo camino recorrido hasta la muerte. Un último detalle: en el momento de su sacrificio el discípulo repetirá las palabras de perdón del Maestro (Hch 7, 59-60) y dará signos de su entrada triunfal en la vida: "En ese momento los que estaban sentados en el Sanedrín tenían los ojos clavados en él y vieron que el rostro de Esteban parecía el de un ángel" (Hch 6, 15 y 7, 55-56).

Así se consuma la vida del que la Iglesia nos propone como el primer discípulo mártir y, en su persona, nos señala el camino a seguir: dar testimonio hasta el fin. A lo largo de los siglos el discipulado cristiano brilló con innumerables hombres y mujeres que no escondieron la fe que guardaban en sus corazones; a ellos el Espíritu Santo les dictaba lo que tenían que decir en los tribunales (cfr. Mc 13, 11) e iban valerosos y transfigurados al martirio: el fuerte Policarpo que permaneció firme en el poste sin querer ser clavado y cuyo cuerpo se transfiguró, en medio de la hoguera, como si fuera pan cocido en el velamen de un barco. Felicitas, valiente con sus hijos. Águeda que "contenta y alegre se dirigía a la cárcel, como invitada a bodas, y encomendaba al Señor su combate". Los 26 japoneses en la colina de Nagasaki, orando, cantando salmos, animándose mutuamente. La serenidad de Maximiliano Kolbe al tomar el sitio de otro; el abandono en el Señor de Edith Stein quien repetía constantemente: "no sé qué tiene dispuesto hacer Dios conmigo, pero no tengo porqué preocuparme de ello". Y así tantos otros, aun en tiempos cercanos. Todos ellos siguen el camino testimonial de Esteban y reeditan en su martirio también la transformación de su rostro que parecía el de un ángel. Ellos habían asumido en su corazón la Bienaventuranza del Señor: "¡Felices ustedes, cuando los hombres los odien, los excluyan, los insulten y los proscriban, considerándolos infames a causa del Hijo del hombre!" (Lc 6, 22). Hombres y mujeres que no se avergonzaron de Jesucristo e, imitándolo en la cruz, llevaron adelante la vida de la Iglesia.

Porque la Iglesia fue, es y será perseguida. El Señor ya nos lo advirtió (cfr. Mt 24, 4-14; Mc 13, 9-13; Lc 21, 12-19) para que estuviésemos preparados. Será perseguida no precisamente en sus hijos mediocres que pactan con el mundo como lo hicieron aquellos renegados de los que nos habla el libro de los Macabeos (cfr. 1Mac 1, 11-15): ésos nunca son perseguidos; sino en los otros hijos que, en medio de la nube de tantos testigos, optan por tener los ojos fijos en Jesús (cfr. Heb 12, 1-2) y seguir sus pasos cualquiera sea el precio. La Iglesia será perseguida en la medida en que mantenga su fidelidad al Evangelio. El testimonio de esta fidelidad molesta al mundo, lo enfurece y le rechinan los dientes (cfr. Hch 7, 54), mata y destruye, como sucedió con Esteban. La persecución es un acontecimiento eclesial de fidelidad; a veces es frontal y directa; otras veces hay que saberla reconocer en medio de las envolturas "culturosas" con que se presenta en cada época, escondida en la mundana "racionalidad" de un cierto autodefinido "sentido común" de normalidad y civilidad. Las formas son muchas y variadas pero aquello que siempre provoca la persecución es la locura del Evangelio, el escándalo de la Cruz de Cristo, el fermento de la Bienaventuranzas. Luego, como en el caso de Jesús, de Esteban y de esa gran "nube de testigos", los métodos fueron y son los mismos: la desinformación, la difamación, la calumnia... para convencer, poner en marcha y –como toda obra del Demonio– hacer que la persecución crezca, se contagie y se justifique (parezca razonable y no precisamente persecución).

En cambio la tentación para la Iglesia fue y será siempre la misma: eludir la cruz (cfr. Mt 16, 22), negociar la verdad, atenuar la fuerza redentora de la Cruz de Cristo para evitar la persecución. ¡Pobre la Iglesia tibia que rehuye y evita la cruz! No será fecunda, se "sociabilizará educadamente" en su esterilidad con ribetes de cultura aceptable. Éste es, en definitiva, el precio que se paga, y lo paga el pueblo de Dios, por avergonzarse del Evangelio, por ceder al miedo de dar testimonio.

Al comenzar esta Asamblea podemos pedirle al discípulo del Señor, este primer hermano nuestro que dio testimonio de Jesucristo y del Evangelio, nos conceda la gracia de no avergonzarnos de la Cruz de Cristo, de no ceder a la tentación de que, por miedo, conveniencia o comodidad, negociemos la estrategia del Reino que entraña pobreza, humillaciones y humildad; y pedirle también la gracia de recordar todos los días las palabras de san Pablo: "No te avergüences del testimonio de nuestro Señor, ni tampoco de mí, que soy su prisionero. Al contrario, comparte conmigo los sufrimientos que es necesario padecer por el Evangelio, animado con la fortaleza de Dios". (2 Tim 1, 8).

Asamblea del Episcopado, Abril de 2007

"¿Nos acercan o nos alejan?"

Les agradezco la gentil invitación para compartir este momento con ustedes, personas que trabajan en la comunicación y que, desde un primer momento, están respondiendo a una vocación que se ha ido arraigando en el corazón de cada uno. Ser comunicador no es meramente una función. Va más allá. Se enraiza en ese ámbito de la interioridad donde se gesta el proyecto de vida y se despliega a lo largo del camino de la existencia. Todo hombre y mujer es comunicador pero ustedes lo son, además, por especial dedicación. Por ello escogí hablar hoy sobre la comunicación tanto en su dimensión humana como también más precisamente en lo que toca a la profesión de ustedes.

La comunicación humana

El fenómeno de la comunicación humana, que en nuestro tiempo ha adquirido una relevancia excepcional, se apoya sobre sorprendentes adelantos tecnológicos pero no es reducible sólo a algo técnico; se trata de un acontecimiento profundamente humano. Los comunicadores cuentan hoy con poderosos medios que les permiten llegar tanto muy lejos en el espacio como también muy profundo en el corazón de los hombres y las mujeres de nuestros pueblos.

Como ustedes saben bien, no podemos cosificar el gesto comunicador y asemejar al que comunica con el que tira papelitos o reparte volantes en la calle. Comunicar es mucho más que distribuir noticias. Comunicar es la acción de poner algo en común; la comunicación humana entraña establecer vínculos entre las personas. La comunicación social comienza en personas concretas y se dirige a otras personas también concretas y, al establecer relaciones entre ellas, va formando el tejido social sobre el que se construye la vida de la comunidad.

No es suficiente decir que la comunicación es humana cuando se establece entre seres humanos. Fácilmente podemos observar que hay un tipo de comunicación que hace al hombre más plenamente hombre y otras formas que van limitando su capacidad de actuar, sentir y pensar con libertad, con alegría, con creatividad. La comunicación es más humana cuanto más ayuda a los hombres a ser más plenamente humanos.

Y, porque a la Iglesia nada humano le es ajeno, ella observa la comunicación como un fenómeno de extraordinaria importancia; desde el principio de la aparición de los grandes medios ha querido hacer oír su voz sobre estos temas y también ha querido escuchar atentamente la voz de quienes por su experiencia, conocimientos y oficio conocen el mundo de la comunicación. Con humildad la Iglesia quiere ofrecer sus conocimientos y su experiencia a los comunicadores y, con sinceridad, quiere escucharlos. Creemos que tenemos mucha riqueza para aportarnos mutuamente.

Todos los que estamos aquí sabemos que en este ámbito de la comunicación social se van gestando transformaciones culturales donde las sociedades construyen gran parte de su futuro. De ahí que toda la atención que pongamos en la calidad de la comunicación es poca. No se trata sólo de eficacia, de *rating* o cantidad de ejemplares vendidos. Es mucho más lo que está en juego. En este mundo que llamamos "de la comunicación" se siembra para un futuro venturoso de comunión o un futuro trágico de desencuentros y rupturas.

La verdad

La calidad de la comunicación a la que tanta atención tenemos que prestar está directamente relacionada con un tema insoslayable para todo comunicador: el tema de la verdad. Se trata de una cuestión que merece consideraciones desde diversos puntos de vista: la filosofía, la teología, la filosofía de las ciencias, las ciencias humanas y muchas otras que se ocupan de ella. Según los enfoques nos aventuraremos por reflexiones más o menos complejas, pero esa complejidad del tema no nos dispensa de la actitud que se espera siempre de un comunicador: la búsqueda de la verdad. El amor por la verdad.

Los periodistas se presentan siempre ante la sociedad como "buscadores de la verdad". Quien ama y busca la verdad no permite que se la convierta en mercancía y no deja que se la tergiverse o se la oculte. Además, quien realmente se interesa por la verdad está siempre atento a las reacciones de quienes reciben la información, procura el diálogo, el punto de vista diferente. El que busca la verdad es humilde; sabe que es difícil hallarla y sabe también que es más difícil encontrarla cuando uno la busca en soledad. La verdad se encuentra con otros. La verdad se anuncia con otros. Así como falsificar la verdad nos aísla, nos separa, nos enfrenta; buscarla nos une, nos acerca, nos aproxima; y encontrarla nos llena de alegría y nos hermana.

La comunicación, planteada como un espacio comunitario de búsqueda de la verdad, genera bienestar en la comunidad y evita las agresiones. Se mueve entre los conflictos y las situaciones más difíciles sin agregar dramatismo e incomprensiones, con una actitud de respeto por las personas y las instituciones.

El bien

Por ser una actividad humana la comunicación tiene otra dimensión: la persona que realmente quiere entrar en comunicación con otra puede hacerlo impulsada por distintas motivaciones. Aquí entramos en el universo de las actitudes. Las hay integradoras, constructivas... y también las hay de signo contrario. Cuando lo que se busca es la verdad entonces también necesariamente se buscará el bien. La verdad y el bien se potencian entre sí. Cuando realmente se busca la verdad se lo hace para el bien. No se busca la verdad para dividir, enfrentar, agredir, descalificar, desintegrar. Sin duda la publicación de algunas verdades puede generar reacciones y conflictos no menores, pero el buen comunicador no actúa para generar ese conflicto o esa reacción, sino para ser fiel a su vocación y a su conciencia. Impulsado por la verdad y el bien encontrará con idoneidad profesional las palabras y los gestos que permitan decir lo que hay que decir de la manera más cuidadosa y eficaz. El comunicador de la verdad parcial, que opta por la parte a costilla del todo, no construye. No es necesario apartarse de la verdad para destacar lo bueno que hay en las personas. Hasta en las situaciones más conflictivas y dolorosas hay un bien para rescatar. La verdad es bondadosa y nos impulsa hacia el bien. El periodista que busca la verdad busca también lo que es bueno. Es tal la unión que existe entre verdad y bien que podemos afirmar que una verdad no bondadosa es, en el fondo, una bondad no verdadera.

La belleza

También es bueno recordar en nuestros días que la verdad y el bien van siempre acompañados de la belleza. Pocas cosas hay más conmovedoramente humanas que la necesidad de belleza que tienen todos los corazones. La comunicación es más humana cuanto más bella. Es cierto que según las culturas se diversifica lo que se considera bello en las distintas comunidades humanas. Pero siguiendo las formas de cada cultura es universal la necesidad y el placer de la belleza. Algo grave e inhumano ocurre si en una comunidad se pierde el gusto por lo que es bello. Una señal de alarma aparece en el horizonte cuando la vulgaridad, la vanidad, lo chabacano, no son vistos como tales sino que pretenden reemplazar a la belleza. Se da entonces ese proceso de banalización de lo humano que termina siendo esencialmente degradante.

El comunicador es sensible a la belleza, la intuye y no confunde lo que es bello con lo que está de moda, o sólo es algo "bonito" o simplemente "prolijo". Porque es humana, a veces la belleza es trágica, sorprendente, conmovedora; en algunas oportunidades nos empuja a pensar en lo que no queremos o nos muestra el error en el que estamos. Los artistas saben bien que la belleza no sólo es consoladora sino que puede también ser inquietante. Los grandes genios han sabido presentar con belleza las realidades más trágicas y dolorosas de la condición humana.

El gran desafío del comunicador que día a día sale a buscar la verdad para luego contarla a otros, es recordar para sí y concretar en su trabajo la realidad de que la verdad, el bien y la belleza son inseparables.

Los medios, ¿nos acercan o nos alejan?

Resulta casi un lugar común decir que los medios de comunicación han achicado el mundo, nos han acercado unos a otros. De ahí que sea tan fascinante y poderosa la acción y la influencia de los medios en la sociedad y en la cultura.

Ustedes lo saben muy bien. Esta proximidad puede ayudar a crecer o a desorientar. Los medios pueden recrear las cosas, informándonos sobre la realidad para ayudarnos en el discernimiento de nuestras opciones y decisiones, o pueden crear por el contrario simulaciones virtuales, ilusiones, fantasías y ficciones que también nos mueven a opciones de vida.

Me gusta categorizar este poder que tienen los Medios con el concepto de "projimidad". Su fuerza radica en la capacidad de acercarse y de influir en la vida de las personas con un mismo lenguaje globalizado y simultáneo. La categoría de "projimidad" entraña una tensión bipolar: acercarse-alejarse y –en su interioridad– también está tensionada por el modo: acercarse bien y acercarse mal. Hay que considerarla en todas sus posibilidades combinadas.

La palabra "prójimo" evoca en el cristiano el recuerdo de la parábola del buen samaritano que todos conocemos. Hoy los medios nos hacen "prójimos" de verdaderas multitudes que están al costado del camino como el hombre de la parábola, apaleados y robados, ante los cuales pasan los periodistas. Los muestran, les dan mensajes, los hacen hablar. Entra en juego aquí la "projimidad", el modo de aproximarse. El modo de hacerlo determinará el respeto por la dignidad humana y la capacidad constructiva o destructiva de los medios.

Si aplicamos aquí lo que decíamos sobre el bien, la verdad y la belleza podemos fácilmente descubrir que así como a nivel ético aproximarse bien es aproximarse para ayudar y no para lastimar, a nivel de la verdad aproximarse bien implica transmitir información veraz, y a nivel estético aproximarse bien es comunicar la integridad de una realidad, de manera armónica y con claridad. Aproximarse mal, en cambio, es aproximarse con una estética desintegradora, o con el sofisma, o desde una inteligencia sin talento o con un eticismo sin bondad, lo cual escamotea aspectos del problema, o los manipula creando esa desarmonía que oscurece la realidad, la afea y la denigra.

Cuando las imágenes y las informaciones tienen como único objetivo inducir al consumo o manipular a la gente para aprovecharse de ella, estamos destruyendo la "projimidad", alejándonos unos de otros. Esta sensación se tiene muchas veces ante el bombardeo de imágenes seductoras y de noticias desesperanzadoras que nos dejan conmocionados e impotentes para hacer algo positivo. Nos ponen en el lugar de espectadores, no de prójimos. El dolor y la injusticia presentados con una estética desintegradora instala en la sociedad la desesperanza de poder descubrir la verdad y de poder hacer el bien en común.

Cuando la noticia sólo nos hace exclamar: "¡qué barbaridad!", e inmediatamente dar vuelta la página o cambiar de canal, entonces hemos destruido la "projimidad", hemos ensanchado aún más el espacio que nos separa.

Todos los que estamos aquí lo sabemos: hay incluso una manera digna de mostrar el dolor que rescata los valores y las reservas espirituales de un pueblo, que ayuda a superar el mal a fuerza de bien y anima a trabajar hermanados en la voluntad de superación, en la solidaridad, en esa "projimidad" que nos engrandece abiertos a la verdad y al bien. Se puede mostrar la pobreza y el sufrimiento con belleza y verdad, pues la belleza del amor es alegre sin frivolidad. Pensemos en la belleza de la madre Teresa de Calcuta cuya luminosidad no proviene de ningún maquillaje ni de ningún efecto especial sino de ese resplandor que tiene la caridad cuando se desgasta cuidando a los más necesitados, ungiéndolos con ese aceite perfumado de su ternura. Cuando pensamos en ella nuestro corazón se llena de una belleza que no proviene de los rasgos físicos o de la estatura de esta mujer, sino del resplandor hermoso de la caridad con los pobres y desheredados que la acompaña.

O vayamos a Auschwitz, san Maximiliano María Kolbe, prisionero 16.670, propuesto por Juan Pablo II, por el uso que hizo de los medios de comunicación, como patrono de los periodistas, supo aproximarse a sus compañeros del campo de concentración. Y allí donde estaban los carceleros y verdugos despojando y golpeando, él se hizo prójimo ofreciendo su vida en lugar de un condenado a muerte. Su vida nos señala la dimensión martirial que, necesariamente, tiene toda "projimidad".

No es necesario limitarnos a estas personas excepcionales. Hay una hermosura distinta en el trabajador que vuelve a su casa sucio y desarreglado pero con la alegría de haber ganado el pan de sus hijos. Hay una belleza extraordinaria en la comunión de la familia junto a la mesa y el pan compartido con generosidad aunque la mesa sea muy pobre. Hay hermosura en la esposa desarreglada y casi anciana que permanece cuidando a su esposo enfermo más allá de sus fuerzas y de su propia salud. Aunque haya pasado la primavera del noviazgo de la juventud, que tanto exaltan los medios, hay una hermosura extraordinaria en la fidelidad de las parejas que se aman en el otoño de la vida, esos viejitos que caminan tomados de la mano. Hay hermosura, más allá de la apariencia o de la estética de moda, en cada hombre y en cada mujer que viven con amor su vocación personal, en el servicio desinteresado por la comunidad, por la patria; en el trabajo generoso por la felicidad de la familia... comprometidos en el arduo trabajo anónimo y desinteresado de restaurar la amistad social... Hay belleza en la creación, en la infinita ternura y misericordia de Dios, en la ofrenda de la vida en el servicio por amor. Descubrir, mostrar y resaltar esta belleza es poner los cimientos de una cultura de la solidaridad y de la amistad social. Es acercarnos. Es hacernos prójimos.

Refundar hoy los vínculos sociales y la amistad social implica, para el comunicador, rescatar el rescoldo de la reserva cultural y espiritual de nuestro pueblo, rescatar y comunicar la memoria y la belleza de nuestros héroes, de nuestros próceres y de nuestros santos. Esta reserva es el espacio de la cultura, de las artes, espacio fecundo donde la comunidad contempla y narra su historia de familia, donde se reafirma el sentido de pertenencia a partir de los valores encarnados y acuñados en la memoria colectiva. Estos espacios comunitarios de ocio fecundo, cuasi sagrado, son ocupados hoy muchas veces con entretenimientos que no siempre engendran verdadera alegría y gozo. La comunicación meramente puntual, carente de historia, no tiene sentido del tiempo y, consiguientemente, no es creadora de esperanza.

Ustedes son comunicadores. A ustedes se les plantea este desafío de la "projimidad": hacerse prójimo para que –a través de esa comunicación de cercanía– se implante la verdad, la bondad, la belleza, que trascienden la coyuntura y la espectacularidad y que, mansamente, siembran humanidad en los corazones.

A los comunicadores en ADEPA, Abril de 2006

ALÉGRENSE Y REGOCÍJENSE ENTONCES, PORQUE USTEDES TENDRÁN UNA GRAN RECOMPENSA EN EL CIELO

"Al ver a la multitud, Jesús subió a la montaña, se sentó, y sus discípulos se acercaron a Él.

Entonces tomó la palabra y comenzó a enseñarles, diciendo:

Felices los que tienen alma de pobres,

porque a ellos les pertenece el Reino de los Cielos.

Felices los mansos, porque recibirán la tierra en herencia.

Felices los que lloran, porque serán consolados.

Felices los que tienen hambre y sed de justicia,

porque serán saciados.

Felices los misericordiosos, porque obtendrán misericordia.

Felices los que tienen el corazón puro, porque verán a Dios.

Felices los que trabajan por la paz,

porque serán llamados hijos de Dios.

Felices los que son perseguidos por practicar la justicia,

porque a ellos les pertenece el Reino de los Cielos.

Felices ustedes, cuando sean insultados y perseguidos,

y cuando se los calumnie en toda forma a causa de mí.

Alégrense y regocíjense entonces, porque ustedes tendrán una gran recompensa en el cielo; de la misma manera persiguieron a los profetas que los precedieron."

(Mt 5, 1-12)

En este día de acción de gracias por la Patria escuchamos el pasaje de las Bienaventuranzas que nos hablan de dicha y de bendición, de horizonte gozoso de ser. Jesús, el "Testigo Veraz" de la alegría de ser porque dio su vida por la bienaventuranza de todos, nos ilumina y nos nutre hoy con su programa. Las Bienaventuranzas, el Señor las dijo para todos y, si es verdad que marcan con claridad nuestras zonas de sombra y de pecado, también es verdad que comienzan con una bendición y terminan con una promesa que nos consuela. Dios congregó a su pueblo en torno a la verdad, al bien y a la belleza que proclaman las Bienaventuranzas. Ojalá que al escucharlas no busquemos aplicarlas críticamente a los demás, sino que las recibamos enteras todos, cada uno con corazón simple y abierto, y permitamos que la Palabra nos congregue una vez más, siempre en la esperanza de construir la Nación que nos debemos. En el día de la Patria nos hará bien hacer un breve recorrido por estas Bienaventuranzas; cada uno de nosotros reflexionando pausadamente en ellas y preguntándonos qué significan hoy para mí, no para el que tengo al lado o para el vecino de enfrente. Recorrer las Bienaventuranzas lentamente, en una especie de "cadencia sapiencial", procurando que su significado me llegue al corazón.

Hoy nos sentimos llamados –todos, sin excepción– a confrontarnos con este testimonio que brota del sentimiento íntimo de Jesús. Estamos llamados a una vocación: construir la dicha, unos por los otros, es lo que nos llevaremos de este mundo. En las Bienaventuranzas el Señor nos indica el camino por donde los seres humanos podemos encontrar la felicidad más auténticamente humana y divina. Nos proporciona el espejo donde mirarnos, el que nos deja saber si vamos por el sendero de serenidad, de paz y de sentido en que podemos disfrutar de nuestra existencia en común. La Bienaventuranza es simple y, por eso mismo, es un trayecto por demás exigente y un espejo que no miente. Rehúye al eticismo descomprometido y a la moralina barata.

En la conmemoración de las jornadas de Mayo, volvemos a aquellos padres de la Patria quienes, en su gesta, soñaron la bienaventuranza para nuestros pueblos que aspiran a crear ciudadanía. También en aquellos tiempos jugaban las ilusiones... y la pureza de la inspiración de los ideales se entrecruzaba con las ambiciones fáciles, algunas veces oscuras. Después de todo, ello es parte de la historia de todos los pueblos, y no venimos a juzgar ni pretender separar el trigo de la cizaña, sino a celebrar el legado del que nacimos, porque a pesar de las miserias y con ellas, tenemos un hogar. Venimos a celebrar, pero no debemos dejar de preguntarnos si sigue siendo vocación nuestra el concretar aquellos deseos de bienaventuranza, si el ser ciudadanos se nos ha devaluado hasta llegar a ser un mero trámite o sigue siendo el llamado hondo a procurar la alegría y la satisfacción de construir juntos un hogar, nuestra Patria.

El Señor comienza hablando de la alegría que sólo experimentamos cuando tenemos alma de pobres. En nuestro pueblo más humilde encontramos mucho de esta bienaventuranza: la de los que conocen la riqueza de la solidaridad, la riqueza del compartir lo poco, pero compartirlo; la riqueza del sacrificio diario de un trabajo, a veces inestable y mal pago, pero hecho por amor a los suyos; la riqueza incluso de las propias miserias pero que, vividas con confianza en la Providencia y en la Misericordia de nuestro Padre Dios, alimentan en nuestro pueblo esa grandeza humilde de saber pedir y ofrecer perdón, renunciando al odio y la violencia. Sí, la riqueza de todo pobre y pequeño, cuya fragilidad y vulnerabilidad expuesta le hace conocer la ayuda, la confianza y la amistad sincera que relativiza las distancias. Para ellos, dice Jesús, es "el Reino de los Cielos"; sólo así, imitando esa misericordia de Dios, se obtiene un alma grande capaz de abarcar y comprender, es decir de "obtener", como dice el Evangelio, misericordia.

Necesitamos de la amistad social que cultivan los pobres y los pequeños, la que sólo satisface cuando se da por completo a los otros.

Dios nos libre de la "malaventuranza" de una permanente insatisfacción, del encubrimiento del vacío y la miseria interior con sustitutos de poder, de imagen, de dinero. La pobreza evangélica, en cambio, es creativa, comprende, sostiene y es esperanzada; desecha la "actuación" que sólo procura impresionar; no necesita propaganda para mostrar lo que hace, ni recurre al juego de fuerzas para imponerse. Su poder y autoridad nace de la convocatoria a una confianza, no de la manipulación, el amedrentamiento o la prepotencia.

Felices son también los corazones que se "afligen". Los que lloran por el desgarro entre el deseo de esa plenitud y de esa paz que no se alcanzan y postergan, y un mundo que apuesta a la muerte. Felices los que por esto lloran, y llorando apuestan al amor aunque se encuentren con el dolor de lo imposible o de la impotencia. Esas lágrimas transforman la espera en trabajo, en favor de los que necesitan y en siembra para que cosechen las generaciones por venir. Esas lágrimas transforman la espera en solidaridad verdadera y compromiso con el futuro.

Por ello, felices, entonces, los que no juegan con el destino de otros, los que se animan a afrontar el desafío de construir sin exigir ser protagonistas de los resultados, porque no le tienen miedo al tiempo. Felices los que no se rinden a la indolencia de vivir el instante sin importar para qué o a costa de quienes, sino que siempre cultivan a largo plazo lo noble, lo excelente, lo sabio, porque creen más allá de lo inmediato que viven y logran.

La "malaventura" es precisamente lo contrario: no aceptar el dolor del tiempo, negarse a la transitoriedad, mostrarse incapaz de aceptarse como uno más del pueblo, uno más de esa larga cadena de esfuerzos continuos que implica construir una nación. Tal vez ésta ha sido una causa de tantas frustraciones y fracasos que nos han llevado a vivir en vilo, en permanente sobresalto. En el hábito de polarizar y excluir, en la recurrencia de crisis o emergencias, los derechos pierden terreno, el sistema se debilita y se lo vacía indirectamente de legitimidad. Los mayores precios son pagados entonces por los más pobres, y crecen las posibilidades de oportunistas y ventajeros.

Justamente este apostar al tiempo, y no al momento, es lo que Jesús ensalza como paciencia o mansedumbre. "Felices los pacientes porque recibirán la tierra en herencia".

Es bueno recordar que no es manso el cobarde e indolente sino aquél que no necesita imponer su idea, seducir o ilusionar con mentiras, porque confía en la atracción -a la larga irresistible- de la nobleza. Por eso, nuestros hermanos hebreos llamaban a la verdad "firmeza" y "fidelidad": lo que se sostiene y convence porque es contundente, lo que se mantiene a lo largo del tiempo porque es coherente. La intemperancia y la violencia, en cambio, son inmediatistas, coyunturales, porque nacen de la inseguridad de sí mismo. Feliz, por eso, el manso, el que se mantiene fiel a la verdad y reconoce las contradicciones y las ambigüedades, los dolores y fracasos, no para vivir de ellos, sino para sacar provecho de fortaleza y constancia.

Desdichado el que no se mantiene mansamente en la verdad, el que no sabe en qué cree, el ambiguo, el que cuida a toda costa su espacio e imagen, su pequeño mundito de ambiciones. A éste –tarde o temprano– sus miedos le estallarán en agresión, en omnipotencia e improvisación irresponsable. Desdichado el vengativo y el rencoroso, el que busca enemigos y culpables sólo afuera, para no convivir con su amargura y resentimiento, porque con el tiempo se pervertirá, haciendo de estos sentimientos una pseudo-identidad, cuando no un negocio.

¿Cuántas veces hemos caído los argentinos en la "malaventuranza" de no haber sabido conservar tal mansedumbre? En la "malaventuranza" del internismo, de la constante exclusión del que creemos contrario, de la difamación y la calumnia como espacio de confrontación y choque. Desdichadas actitudes que nos encierran en el círculo vicioso de un enfrentamiento sin fin. ¿Cuántos de estos caprichos y arrebatos de salida fácil, de "negocio ya", de creer que nuestra astucia lo resuelve todo, nos han costado atraso y miseria? ¿No reflejan acaso nuestra inseguridad prepotente e inmadura?

Felices, en cambio, si nos dejamos convocar por la fuerza transformadora de la amistad social, ésa que nuestro pueblo ha cultivado con tantos grupos y culturas que poblaron y pueblan nuestro país. Un pueblo que apuesta al tiempo y que conoce la mansedumbre del trabajo, el talento creativo e investigador, la fiesta y la solidaridad espontánea, un pueblo que supo ganar o "heredar la tierra" en la que vive.

Este es el verdadero trabajo por la paz, como dice otra de las Bienaventuranzas, el que incluye y recrea, el que invita a convivir y compartir aun a los que parecen adversarios o son extranjeros. El que piensa del otro: éste no puede ser sino "hijo de Dios"; hijo de lo alto en su fe e hijo de esta tierra en su cultura. La paz comienza a afianzarse cuando miramos al otro como hijo de Dios, como hijo de la Patria. Por eso decimos hoy: felices aquellos de nuestros mayores que trabajaron por la paz para nuestros pueblos y se dejaron pacificar por la ley, esa ley que acordamos como sistema de vida y a la que una y otra vez debemos volver a poner en lo más alto de nuestros corazones.

¡Pobre el que burla la ley gracias a la cual subsistimos como sociedad! Ciego y desdichado es, en el fondo de su conciencia, el que lesiona lo que le da dignidad. Aunque parezca "vivo" y se jacte de gozos efímeros, ¡qué carencia! La anomia es una "malaventuranza": esa tentación de "dejar hacer", de "dejar pasar", ese descuidar la ley, que llega hasta la pérdida de vidas;

esa manera de malvivir sin respetar reglas que nos cuidan, donde sólo sobrevive el pícaro y el "coimero", y que nos sumerge en un cono de sombra y desconfianza mutua. ¡Qué dicha en cambio siente uno cuando se hace justicia, cuando sentimos que la ley no fue manipulada, que la justicia no fue sólo para los adeptos, para los que negociaron más o tuvieron peso para exigir! ¡Qué dicha cuando podemos sentir que nuestra Patria no es para unos pocos! Los pueblos que a menudo admiramos por su cultura, son los que cultivan sus principios y leyes por siglos, aquellos para los cuales su ethos es sagrado, a pesar de tener flexibilidad frente a los tiempos cambiantes o las presiones de otros pueblos y centros de poder.

Qué desventurados, en cambio, somos cuando mal usamos la libertad que nos da la ley para burlarnos de nuestras creencias y convicciones más profundas, cuando despreciamos o ignoramos a nuestros próceres, o al legado de nuestro pasado, cuando incluso renegamos de Dios, desentendiéndonos de que en nuestra Carta Magna lo reconocemos "fuente de toda razón y justicia".

El maduro acatamiento de la ley, en cambio, es el del sabio, el del humilde, el del sensato, el del prudente que sabe que la realidad se transforma a partir y contando con ella, convocando, planificando, convenciendo, no inventando mundos contrapuestos, ni proponiendo saltos al vacío desde equívocos vanguardismos.

Éste es el camino de los justos; el que emprenden los que tienen hambre y sed de justicia y que, al vivirla, "ya son saciados" como nos dice el Evangelio. Feliz el que cultiva el anhelo de esa justicia que tanto procuramos a lo largo de nuestra historia; anhelo que posiblemente nunca se saciará por completo, pero que nos hace sentir plenos al entregarnos en pos de la mayor equidad. Porque la justicia misma estimula y premia al que arriesga y se desgasta por ella, y da oportunidad al que trae esfuerzos genuinos y sólidos.

Feliz el que practica la justicia que distribuye según la dignidad de las personas, según las necesidades que esta dignidad implica, privilegiando a los más desprotegidos y no a los más amigos. Feliz el que tiene hambre y sed de esa justicia que ordena y pacifica, porque "pone límites a" los errores y las faltas, no las justifica; porque contesta el abuso y la corrupción, no la oculta ni encubre; porque ayuda a resolver y no se "lava las manos", ni hace leña del árbol caído. Felices nosotros si la apelación a la justicia nos hace arder las entrañas cuando vemos la miseria de millones de personas en el mundo.

Desdichados, en cambio, si no nos quema el corazón ver cómo en las calles, en las mismas puertas de las escuelas de nuestros hijos, se comercian drogas para destruir generaciones, convirtiéndolas en presa fácil del narcotráfico o de los manipuladores de poder. Desdichados porque se paga muy caro el drenaje de la cultura hacia lo superficial y el escándalo "marketinero", (expresiones de desprecio de la vivencia espiritual que buscan avivar el vacío); se pagan muy caro las mentiras y la seducción demagógica para transformarnos en simples clientes o consumidores. Abramos los ojos, no es esclavo el que está encadenado, sino el que no piensa ni tiene convicciones. No se es ciudadano por el solo hecho de votar, sino por la vocación y el empeño de construir una Nación solidaria.

Felices por eso los limpios de corazón que no temen poner en juego sus ideales, porque aman la pureza de sus convicciones vividas y transmitidas con intensidad sin esperar los aplausos, el relativo juicio de las encuestas o la ocasión favorable de mejores posiciones. No cambian su discurso para acceder a los poderosos ni lo vuelven a desvestir para ganarse el aplauso efímero de las masas. Bienaventurados los limpios de corazón que informan, piensan y hacen pensar sobre estas cosas fundamentales y no nos quieren distraer con hechos secundarios o banales. Los que no entregan su palabra o su silencio a los que dominan, ni quedan atrapados en sus dictados.

Bienaventurados los jóvenes limpios de corazón que se juegan por sus deseos nobles y altos, y no se dejan arrastrar por la desilusión de las mentiras y la absurda inmadurez de muchos adultos. Los que se animan al compromiso más puro de un amor que los arraigue en el tiempo, que los haga íntegros por dentro, que los una en un proyecto. Los que no se dejan atomizar por las ocurrencias, las ofertas fáciles o el "pasar el momento". Felices si se rebelan por cambiar el mundo y dejan de dormir en la inercia del "no vale la pena". La bienaventuranza es una apuesta trabajosa, llena de renuncias, de escucha y aprendizaje, de cosecha en el tiempo, pero da una paz incomparable. Felices si seguimos el ejemplo de los que se animan a vivir con coherencia aunque no sean mediáticos.

Posiblemente la pureza de un corazón que ama sus convicciones, provoque rechazo y persecución. De hecho, Jesús sufrió el rechazo de nuestra necedad cada vez que removió nuestra maldad más profunda hipócritamente disfrazada. Y sin embargo allí también nos llama a ser felices. Felices los "perseguidos por causa de la justicia" que para Él y para sus compatriotas era la de Dios y su Reino. Y nos llama a la alegría incluso cuando nuestras convicciones coherentes despierten no sólo rechazo, sino calumnias, insultos y persecución.

Por supuesto que no se trata ni de la actitud del temerario que necesita de la rebeldía o del coqueteo con la muerte para sentirse alguien, ni del que exhibe denuncias, protestas o escisiones para sacar réditos personales. Tampoco bendice Jesús la rigidez cobarde del soberbio que utiliza la verdad para no arriesgarse a la misericordia.

La causa no es de opacas idealizaciones, sino de amor: es persecución por Él, por su Persona, por la Vida que transmite y, por tanto, por la lucha en favor de todo ser humano y sus derechos. Es lucha por todo bien y verdad que tienda a la plenitud; por el deseo de ser hermanos en esta tierra, es decir, de aceptarnos diferentes en la igualdad.

Felices si somos perseguidos por querer una Patria donde la reconciliación nos deje vivir, trabajar y preparar un futuro digno para los que nos sucedan. Felices si nos oponemos al odio y al permanente enfrentamiento, porque no queremos el caos y el desorden que nos deja rehenes de los imperios. Felices si defendemos la verdad en la que creemos, aunque nos calumnien los mercenarios de la propaganda y la desinformación.

El mismo Jesús sufrió toda clase de injurias e inventos maliciosos, vio cómo facciones rivales se unían contra Él; oyó falsos testimonios de los desinformadores; tuvo defensores imprudentes que ensayaron rigideces y se quedaron con la realidad de su cobardía. Conoció la traición de los que señalaban con la izquierda y cobraban denarios con la derecha.

Felices, queridos hermanos, si construimos un país donde el bien público, la iniciativa individual y la organización comunitaria no pugnen ni se aíslen, sino que entiendan que la sociabilidad y la reciprocidad son la única manera de sobrevivir y, Dios mediante, de crecer ante la amenaza de la disolución.

Nadie puede llegar a ser grande si no asume su pequeñez. La invitación de las Bienaventuranzas es un llamado que nos apremia desde la realidad de lo que somos, nos entusiasma, lima los desencuentros. Nos encamina en un sendero de grandeza posible, el del espíritu, y cuando el espíritu está pronto todo lo demás se da por añadidura.

Animémonos, pues, con el espíritu valiente y pleno de coraje, aun en medio de nuestras pobrezas y limitaciones; y pidámosle a Dios que nos acompañe y fortalezca en la búsqueda de las Bienaventuranzas de todos los argentinos.

Te Deum, 2006

"LA GRACIA
DE SENTIRNOS ESCUCHADOS"

La lectura del Éxodo nos dice algo muy simple y a la vez muy hermoso y consolador: Que Dios nos escucha. Que Dios, nuestro Padre, escucha el clamor de su pueblo. Este clamor silencioso de la fila interminable que pasa delante de san Cayetano. Nuestro Padre del Cielo escucha el rumor de nuestros pasos, la oración que vamos musitando en nuestro corazón, a medida que nos acercamos.

Nuestro Padre escucha los sentimientos que nos conmueven, al recordar a nuestros seres queridos, al ver la fe de los otros y sus necesidades, al acordarnos de cosas lindas y cosas tristes que nos han pasado este año... Dios nos escucha.

Él no es como los ídolos, que tienen oídos pero no escuchan. No es como los poderosos, que escuchan lo que les conviene. Él escucha todo. También las quejas y los enojos de sus hijos. Y no sólo escucha sino que ama escuchar. Ama estar atento, oír bien, oír todo lo que nos pasa.

Por eso nos dice Jesús "el Padre sabe bien lo que necesitamos" y no hace falta hablarle mucho. Basta con el Padrenuestro. Porque Él escucha hasta nuestros pensamientos más íntimos. El Evangelio dice que ni un pajarito cae en tierra sin el Padre. Y bien podría ser que diga: "sin que el Padre escuche que cae".

Hoy venimos a pedir dos gracias: la gracia de "sentirnos escuchados" y la gracia de "estar dispuestos a la escucha". Con Jesús y san Cayetano queremos aprender a escuchar y a ayudar a nuestros hermanos. Éste es el lema que nos llevaremos en el corazón.

Escuchemos ahora, atentamente, cómo nos habla nuestro Dios en la Sagrada Escritura.

Dice: "Yo soy el Dios de tus padres... y tengo bien vista la opresión de mi pueblo que está en Egipto. He escuchado sus gritos de dolor, provocados por sus capataces. Sí, Yo conozco muy bien sus sufrimientos" (Ex 3, 6-7). Nuestro Padre escucha todos nuestros gritos de dolor, pero escucha de manera especial los gritos de dolor provocados por la injusticia : provocados, dice, por los capataces de los Faraones de este mundo. Hay dolores y dolores. Los del salario retenido, los de la falta de trabajo, son de los dolores que claman al cielo. Ya lo dice el Apóstol Santiago: "Miren; el salario que no han pagado a los obreros que segaron vuestros campos está gritando; y los gritos de los segadores han llegado a los oídos del Señor de los ejércitos" (Sant 5, 4). Los dolores que van con injusticia claman al cielo, porque son dolores que se pueden evitar, simplemente siendo justos, privilegiando al más necesitado, creando trabajo, no robando, no mintiendo, no cobrando de más, no ventajeando...

En el Evangelio del Juicio final también se nos habla de una escucha. Jesús separa las ovejas de las cabras y dice a las ovejitas: "Vengan benditos de mi Padre, reciban el reino en herencia, porque tuve hambre y ustedes me dieron de comer...". Los justos le preguntan "Pero, ¿cuándo, Señor, te vimos hambriento...?" Y el Señor les responde: "Cada vez que ayudaron al más pequeño de mis hermanos, me estaban ayudando a mí".

La parábola del Juicio final es la manera que tiene Jesús de decirnos que Dios ha estado atento a toda la historia de la humanidad. Que Él ha escuchado cada vez que algún pobrecito pedía algo. Cada vez que alguien, aunque fuera con voz bajita, como la gente más humilde que pide que casi ni se la oye, cada vez que alguno de sus hijitos ha pedido ayuda, Él ha estado escuchando. Y lo que va a juzgar en nosotros los hombres es si hemos estado atentos junto con Él, si le hemos pedido permiso para escuchar con su oído, para saber bien qué les pasa a nuestros hermanos, para poder ayudarlos. O si al revés, nos hemos hecho los sordos, nos hemos puesto los *walkman*, para no escuchar a nadie. Él escucha y, cuando encuentra gente que tiene el oído atento como el suyo y que responde bien, a esa gente la bendice y le regala el Reino de los cielos.

Esto de la escucha es una gracia muy grande, y hoy se la pedimos a san Cayetano para nuestro pueblo, para todos nosotros: que nos sepamos escuchar. Porque para ayudar a alguien, primero hay que escucharlo. Escuchar qué le pasa, qué necesita. Dejarlo hablar y que él mismo nos explique lo que desea. No basta con ver. A veces las apariencias engañan. Saber escuchar es una gracia muy grande. Fíjense que nuestro Padre del Cielo nos recomienda vivamente una sola cosa, y es que "escuchemos a Jesús, su Hijo". Ésa es la esperanza del Padre: "escucharán a mi Hijo". Y Jesús nos dice que cuando escuchamos a nuestros hermanos más pequeños, lo escuchamos a Él.

¿Cómo puede ser que haya gente que diga que Dios no habla, que no se entiende bien lo que quiere decir? Claro, es gente que no escucha a los pobres, a los pequeños, a los que necesitan... Gente que sólo escucha las voces "machaconas" de la propaganda y de las estadísticas y no tiene oídos para escuchar lo que dice la gente sencilla.

Escuchar no es oír, simplemente. Escuchar es atender, querer entender, valorar, respetar, salvar la proposición ajena... Hay que poner los medios para escuchar bien, para que todos puedan hablar, para que se tenga en cuenta lo que cada uno quiere decir.

La novena de san Cayetano es un ejemplo de escucha. Durante todo el año se trabaja preguntando a la gente qué es lo que más quiere pedir ese año, qué es lo que se necesita. Y se reza y se discierne entre todas las peticiones. Así se va formando el lema de la novena.

Porque el santo es como si fuera un oído especial de nuestro Padre para una petición especial de su pueblo: la del pan y la del trabajo. Los santos son como los oídos de Dios, uno para cada necesidad de su pueblo. Y también nosotros podemos ser santos en este sentido, ser oído de Dios en nuestra familia, en nuestro barrio, en el lugar donde nos movemos y trabajamos. Ser una persona que escucha lo que necesita la gente, pero no sólo para afligirnos o para ir a contarle a otro, sino para juntar todos esos reclamos y contárselos al Señor. Cuántos ya lo hacen trayendo los papelitos y las peticiones de sus familiares a los pies del santo. Además de la propia petición cada uno viene con la de otro que le encomendó porque no podía venir. Bueno, ésa es la escucha que san Cayetano nos enseña y que nosotros aprendemos: estar dispuestos a escuchar como escucha el santo, como escucha nuestro Padre Dios. Escuchar para así poder ayudar: intercediendo y dando una mano.

Que la Virgen nuestra Madre, que es la predilecta de Dios y de su Pueblo en esto de escuchar y pasar mensajes de buenas noticias, reciba nuestros ruegos y nos dé la gracia de sabernos escuchar.

Homilía, Fiesta de san Cayetano, 7 de agosto de 2006

"Dignidad y plenitud de vida"

Ez 37, 1-14; Jn 21, 4-14

A san Cayetano, como familia le pedimos paz, reconocimiento de nuestra dignidad y trabajo... En el centro del lema de este año se encuentra la palabra "dignidad". La pronunciamos con veneración y respeto porque es una palabra hermosa y de valor absoluto. Los huesos secos que Dios hace revivir con su Espíritu son una hermosa imagen de la dignidad; y cuando nosotros mismos reconocemos nuestra dignidad es como que renacemos. Basta reconocerle a alguien su dignidad para que reviva, si está caído. Eso es lo que hacía y hace Jesús con cada persona, especialmente con los pecadores y también con los excluidos de la sociedad: los miraba de tal manera que se sentían reconocidos en su dignidad y se convertían, se sanaban, quedaban incluidos y se transformaban en sus discípulos. Como ellos:

"Los cristianos necesitamos recomenzar desde Cristo, desde la contemplación de quien nos ha revelado en su misterio la plenitud del cumplimiento de la vocación humana y de su sentido. Necesitamos hacernos discípulos dóciles, para aprender de Él, en su seguimiento, la dignidad y plenitud de la vida" (Aparecida 41).

Si un hombre o un pueblo cuida y cultiva su dignidad, todo lo que le acontece, todo lo que hace y produce, incluso todo lo que padece y sufre, tiene sentido. En cambio, cuando una persona o un pueblo vende su dignidad, o la negocia, o permite que sea menoscabada, todo lo demás pierde consistencia, deja de tener valor. La dignidad se dice de las cosas absolutas porque dignidad significa que alguien o algo es valioso por sí mismo, más allá de sus funciones o de su utilidad para otras cosas. De allí que hablemos de la dignidad de la persona, de cada persona, más allá de que su vida física sea apenas un frágil comienzo o esté a punto de apagarse como una velita. Por eso hablamos de la dignidad de la persona en todas las etapas y dimensiones de su vida. La persona, cuánto más frágiles y vulnerables sean sus condiciones de vida, es más digna de ser reconocida como valiosa. Y ha de ser ayudada, querida, defendida y promovida en su dignidad. Y esto no se negocia.

La dignidad de tener un valor absoluto como personas nos la dio Dios junto con la vida misma. Por eso, no le pedimos que nos dé dignidad –ya hemos sido hechos dignos por la Sangre de Cristo- sino que "Bendecimos a Dios porque nos creó a su imagen y semejanza" y nos hizo hijos en su Hijo. Y le pedimos, eso sí, la gracia de que este Don se convierta en Tarea: la tarea de todos de "proteger, cultivar y promover la dignidad que nuestro Padre nos regaló" (cfr. Aparecida 104).

La dignidad de la persona es lo mismo que su vida plena: por eso la sentimos tan unida a la familia, a la paz y al trabajo.

La familia es condición necesaria para que una persona tome conciencia y valore su dignidad: en nuestra familia se nos trajo a la vida, se nos aceptó como valiosos por nosotros mismos, en la familia se nos quiere como somos, se valora nuestra felicidad y vocación personal más allá de todo interés. Sin la familia, que reconoce la dignidad de la persona por sí misma, la sociedad no logra "percibir" este valor en las situaciones límites. Sólo una mamá y un papá pueden decir con alegría, con orgullo y responsabilidad: vamos a ser padres, hemos concebido a nuestro hijo. La ciencia mira esto como desde afuera y hace disquisiciones acerca de la persona que no parten del centro: de su dignidad. La mirada cristiana, en cambio, mira el corazón de las cosas.

La paz también hace a la dignidad, porque supone que la unidad es superior al conflicto. Mantenerse en paz y mantener la paz en medio de las situaciones tensas y problemáticas de la vida significa apostar a las personas por sobre las situaciones y las cosas. Sólo quien reconoce la infinita dignidad del otro es capaz de dar la vida en vez de quitarla. Ése es el evangelio de Jesús, la buena noticia de la dignidad humana. Tan valiosos somos a los ojos de Dios que fue capaz de enviarnos a su Hijo para que diera su vida a cambio de la nuestra. Por eso bendecimos a Dios:

"Lo bendecimos por hacernos hijas e hijos suyos en Cristo, por habernos redimido con el precio de su sangre y por la relación permanente que establece con nosotros, que es fuente de nuestra dignidad absoluta, innegociable e inviolable. Si el pecado ha deteriorado la imagen de Dios en el hombre y ha herido su condición, la buena nueva, que es Cristo lo ha redimido y restablecido en la gracia (cf. Rm 5, 12-21)" (Aparecida 104).

El trabajo, como afirma Juan Pablo II, "garantiza la dignidad y la libertad del hombre", y por eso es "la clave esencial de toda la cuestión social" (*Laborem Excercens* 3). El trabajo es lo que nos permite realizarnos como personas y ganarnos la vida, mantenernos dignamente y mantener a nuestra familia. Cuando una sociedad basa el reparto de los bienes no en el trabajo sino en la dádiva o en los privilegios pierde el sentido de su dignidad y rápidamente se vuelve injusta la distribución de los bienes, y las personas en vez de ser dignas, son transformadas en esclavos o en clientes.

El evangelio que acabamos de escuchar es una escena de trabajo. De trabajo conjunto entre Jesús y los apóstoles. Esta aparición del Señor resucitado acontece en un ambiente de trabajo. Así, sin decirlo, el Señor dignifica el mundo del trabajo, haciéndose presente y colaborando con sus amigos, compartiendo la pesca y el pan con ellos.

La escena es reconfortante. Nos habla de un grupo de amigos que, habiendo experimentado la más alta dignidad a que puede aspirar el ser humano –ser discípulos de Cristo, el Camino verdadero que nos lleva a la vida–, vuelven a meterse en el mundo cotidiano del trabajo, en el lago de Tiberíades donde el Señor los llamó y en medio del cual navegó con ellos en sus barcas.

El evangelio nos habla también de la fatiga del trabajo, del sudor y los disgustos cuando los esfuerzos parecen estériles, nos habla del compañerismo que se gesta en esos momentos de dureza compartida.

La intuición de hacerle caso a esa voz amiga que les dice dónde echar las redes y esa mirada que sabe reconocer al Señor como el Valioso y Digno de amor y seguimiento incondicional, en medio de la pesca milagrosa, nos hablan también de qué es lo que estos pescadores habían aprendido a valorar junto al Maestro. La persona de Jesús por encima de todas las cosas es lo que los une y motiva. Y tanto en el trabajo como en la comida fraterna que goza de sus frutos, los ojos de los discípulos están fijos en Jesús el "Cristo, Señor de la vida, en quien se realiza la más alta dignidad de nuestra vocación humana" (Aparecida 43).

En la imagen de san Cayetano, en la mirada que se cruzan el Niño y el Santo, vemos expresados los valores acerca de los cuales hoy hemos reflexionado: el cariño de familia, la espiga en las manos del Niño, fruto del trabajo, la paz del amor que ambos se demuestran. Como pueblo fiel de Dios nos sentimos representados en esta imagen bendita. También nosotros, como nuestro Santo Patrono, queremos tener a Jesús en nuestros brazos, queremos reconocerlo y que nos reconozca, queremos que Él tenga en sus manos la espiga, el fruto de nuestros trabajos. Y en esto de tener a Jesús en brazos, le pedimos a nuestra Madre que nos enseñe y ayude a tenerlo bien y a no soltarnos de su mano. A Ella, que "ha contribuido a hacernos más conscientes de nuestra común condición de hijos de Dios y de nuestra común dignidad ante sus ojos, no obstante nuestras diferencias" (Aparecida 37), le pedimos que con san Cayetano, como familia, nos conceda de su Hijo paz, reconocimiento de nuestra dignidad y trabajo.

Homilía, Fiesta de san Cayetano, 7 de agosto de 2007

Cuando oramos estamos
luchando por nuestro pueblo

La meditación de las lecturas de este domingo (Gn 18, 20-32; Col 2, 12-14; Lc 11, 1-13) me movieron a escribirles esta carta. No sé bien por qué, pero sentí un fuerte impulso a

357

hacerlo. Al comienzo fue una pregunta: ¿rezo?, que se extendió luego: los sacerdotes, los consagrados y las consagradas de la Arquidiócesis ¿rezamos? ¿Rezamos lo suficiente, lo necesario? Tuve que darme la respuesta sobre mí mismo. Al ofrecerles ahora la pregunta mi deseo es que cada uno de ustedes también pueda responderse desde el fondo del corazón.

La cantidad y calidad de los problemas con que nos enfrentamos cada día nos llevan a la acción: aportar soluciones, idear caminos, construir... Esto nos colma gran parte del día. Somos trabajadores, operarios del Reino y llegamos a la noche cansados por la actividad desplegada. Creo que, con objetividad, podemos afirmar que no somos vagos. En la Arquidiócesis se trabaja mucho. La sucesión de reclamos, la urgencia de los servicios que debemos prestar, nos desgastan y así vamos desovillando nuestra vida en el servicio al Señor en la Iglesia. Por otra parte, también sentimos el peso, cuando no la angustia, de una civilización pagana que pregona sus principios y sus sedicentes "valores" con tal desfachatez y seguridad de sí misma que nos hace tambalear en nuestras convicciones, en la constancia apostólica y hasta en nuestra real y concreta fe en el Señor viviente y actuante en medio de la historia de los hombres, en medio de la Iglesia. Al final del día, algunas veces, solemos llegar maltrechos y, sin darnos cuenta, se nos filtra en el corazón un cierto pesimismo difuso que nos abroquela en "cuarteles de retirada" y nos unge con una psicología de derrotados que nos reduce a un repliegue defensivo. Allí se nos arruga el alma y asoma la pusilanimidad.

Y así, entre el intenso y desgastante trabajo apostólico, por un lado, y la cultura agresivamente pagana por otro, nuestro corazón se encoge en esa impotencia práctica que nos conduce a una actitud minimalista de sobrevivir en el intento de conservar la fe. Sin embargo, no somos tontos y nos damos cuenta de que algo falta en este planteo, que el horizonte se acercó demasiado hasta convertirse en cerco, que algo hace que nuestra agresividad apostólica en la proclamación del Reino quede acotada. ¿No será que pretendemos hacer nosotros solos todas las cosas y nos sentimos desenfocadamente responsables de las soluciones a aportar? Sabemos que solos no podemos. Aquí cabe la pregunta: ¿le damos espacio al Señor?, ¿le dejo tiempo en mi jornada para que Él actúe?, ¿o estoy tan ocupado en hacer yo las cosas que no me acuerdo de dejarlo entrar?

Me imagino que el pobre Abraham se asustó mucho cuando Dios le dijo que iba a destruir Sodoma. Pensó en sus parientes de allí por cierto, pero fue más allá: ¿no cabría la posibilidad de salvar a esa pobre gente? Y comienza el regateo. Pese al santo temor religioso que le producía estar en presencia de Dios, a Abraham se le impuso la responsabilidad. Se sintió responsable. No se queda tranquilo con un pedido, siente que debe interceder para salvar la situación, percibe que ha de luchar con Dios, entrar en una pulseada palmo a palmo. Ya no le interesan sólo sus parientes sino todo ese pueblo... y se juega en la intercesión. Se involucra en ese mano a mano con Dios. Podría haberse quedado tranquilo con su conciencia después del primer intento, gozando de la promesa del hijo que se le acababa de hacer (Gn 18, 9) pero sigue y sigue. Quizás inconscientemente ya sienta a ese pueblo pecador como hijo suyo, no sé, pero decide jugarse por él. Su intercesión es corajuda aun a riesgo de irritar al Señor. Es el coraje de la verdadera intercesión.

Varias veces hablé de la parresía, del coraje y fervor en nuestra acción apostólica. La misma actitud ha de darse en la oración: orar con parresía. No quedarnos tranquilos con haber pedido una vez; la intercesión cristiana carga con toda nuestra insistencia hasta el límite. Así oraba David cuando pedía por el hijo moribundo (2 Sam 12, 15-18), así oró Moisés por el pueblo rebelde (Éx 32, 11-14; Nm 4, 10-19; Dt 9, 18-20) dejando de lado su comodidad y provecho personal y la posibilidad de convertirse en líder de una gran nación (Éx 32, 10): no cambió de "partido", no negoció a su pueblo sino que la peleó hasta el final. Nuestra conciencia de ser elegidos por el Señor para la consagración o el ministerio nos debe alejar de toda indiferencia, de cualquier comodidad o interés personal en la lucha en favor de ese pueblo del que nos sacaron y al que somos enviados a servir. Como Abraham hemos de regatearle a Dios su salvación con verdadero coraje... y esto cansa como se cansaban los brazos de Moisés cuando oraba en medio de la batalla (cfr. Ex 17, 11-13). La intercesión no es para flojos. No rezamos para "cumplir" y quedar bien con nuestra conciencia o para gozar de una armonía interior meramente estética. Cuando oramos estamos luchando por nuestro pueblo. ¿Así oro yo? ¿O me canso, me aburro y procuro no meterme en ese lío y que mis cosas anden tranquilas? ¿Soy como Abraham en el coraje de la intercesión o termino en aquella mezquindad de Jonás lamentándome de una gotera en el techo y no de esos hombres y mujeres "que no saben distinguir el bien del mal" (Jon 4, 11), víctimas de una cultura pagana?

En el Evangelio Jesús es claro: "Pidan y se les dará", busquen y encontrarán, llamen y se les abrirá" y, para que entendamos bien, nos pone el ejemplo de ese hombre pegado al timbre del vecino a medianoche para que le dé tres panes, sin importarle pasar por maleducado: sólo le interesaba conseguir la comida para su huésped. Y si de inoportunidad se trata miremos a aquella cananea (Mt 15, 21-28) que se arriesga a que la saquen corriendo los discípulos (v. 23) y a que le digan "perra" (v. 27) con tal de lograr lo que quiere: la curación de su hija. Esa mujer sí que sabía pelear corajudamente en la oración.

A esta constancia e insistencia en la oración el Señor promete la certeza del éxito: "Porque el que pide, recibe; el que busca, encuentra; y al que llama, se le abrirá"; y nos explica el porqué del éxito: Dios es Padre. "¿Hay entre Ustedes algún padre que da a su hijo una serpiente cuando le pide un pescado? ¿Y si le pide un huevo, le dará un escorpión? Si ustedes, que son malos, saben dar cosas buenas a sus hijos ¿cuánto más el Padre del Cielo dará al Espíritu Santo a aquéllos que se lo pidan!" La promesa del Señor a la confianza y constancia en nuestra oración va mucho más allá de lo que imaginamos: además de lo que pedimos nos dará al Espíritu Santo. Cuando Jesús nos exhorta a orar con insistencia nos lanza al seno mismo de la Trinidad y, a través de su santa humanidad, nos conduce al Padre y promete el Espíritu Santo.

Vuelvo a la imagen de Abraham y a la ciudad que quería salvar. Todos somos conscientes de la dimensión pagana de la cultura que vivimos, una cosmovisión que debilita nuestras certezas y nuestra fe. Diariamente somos testigos del intento de los poderes de este mundo para desterrar al Dios Vivo y suplirlo con los ídolos de moda. Vemos cómo la abundancia de vida que nos ofrece el Padre en la creación y Jesucristo en la redención (cfr. 2ª lectura) es suplida por la justamente llamada "cultura de la muerte". Constatamos también como se deforma y manipula la imagen de la Iglesia por la desinformación, la difamación y la calumnia, y cómo a los pecados y falencias de sus hijos se los ventila con preferencia en los medios de comunicación como prueba de que Ella nada bueno tiene que ofrecer. Para los medios de comunicación la santidad no es noticia, sí –en cambio- el escándalo y el pecado. ¿Quién puede pelear de igual a igual con esto? ¿Alguno de nosotros puede ilusionarse que con medios meramente humanos, con la armadura de Saúl, podrá hacer algo? (Cfr. 1 Sam 17, 38-39).

Cuidado: nuestra lucha no es contra poderes humanos sino contra el poder de las tinieblas (cfr. Ef 6, 12). Como pasó con Jesús (cfr. Mt 4, 1-11) Satanás buscará seducirnos, desorientarnos, ofrecer "alternativas viables". No podemos darnos el lujo de ser confiados o suficientes. Es verdad, debemos dialogar con todas las personas, pero con la tentación no se dialoga. Allí sólo nos queda refugiarnos en la fuerza de la Palabra de Dios como el Señor en el desierto y recurrir a la mendicidad de la oración: la oración del niño, del pobre y del sencillo; de quien sabiéndose hijo pide auxilio al Padre; la oración del humilde, del pobre sin recursos. Los humildes no tienen nada que perder; más aún, a ellos se les revela el camino (Mt 11, 25-26). Nos hará bien decirnos que no es tiempo de censo, de triunfo y de cosecha, que en nuestra cultura el enemigo sembró cizaña junto al trigo del Señor y que ambos crecen juntos. Es hora no de acostumbrarnos a esto sino de agacharse y recoger las cinco piedras para la honda de David (cfr. 1 Sam 17, 40). Es hora de oración.

A alguno se le podrá ocurrir que este obispo se volvió apocalíptico o le agarró un ataque de maniqueísmo. Lo del Apocalipsis lo aceptaría porque es el libro de la vida cotidiana de la Iglesia y en cada actitud nuestra se va plasmando la escatología. Lo de maniqueo no lo veo porque estoy convencido de que no es tarea nuestra andar separando el trigo de la cizaña (eso lo harán los ángeles el día de la cosecha) sí discernirlos para que no nos confundamos y poder así defender el trigo. Pienso en María, ¿cómo viviría las contradicciones cotidianas y cómo oraría sobre ellas? ¿Qué pasaba por su corazón cuando regresaba de Ain Karim y ya eran evidentes los signos de su maternidad? ¿Qué le iba a decir a José? O, ¿cómo hablaría con Dios en el viaje de Nazareth a Belén o en la huída a Egipto, o cuando Simeón y Ana espontáneamente armaron esa liturgia de alabanza, o aquel día en que su hijo se quedó en el Templo, o al pie de la Cruz? Ante estas contradicciones, y tantas otras, ella oraba y su corazón se fatigaba en la presencia del Padre pidiendo poder leer y entender los signos de los tiempos y poder cuidar el trigo. Hablando de esta actitud, Juan Pablo II dice que a María le sobrevenía cierta "peculiar fatiga del corazón" (*Redemptoris Mater* 17). Esta fatiga de la oración nada tiene que ver con el cansancio y aburrimiento al que me referí más arriba.

Así también podemos decir que la oración, si bien nos da paz y confianza, también nos fatiga el corazón. Se trata de la fatiga de quien no se engaña a sí mismo, de quien maduramente se hace cargo de su responsabilidad pastoral, de quien se sabe minoría en "esta generación perversa y adúltera", de quien acepta luchar día a día con Dios para que salve a su pueblo. Cabe aquí la pregunta: ¿tengo yo el corazón fatigado en el coraje de la intercesión y –a la vez– siento en medio de tanta lucha la serena paz de alma de quien se mueve en la familiaridad con Dios? Fatiga y paz van juntas en el corazón que ora. ¿Pude experimentar lo que significa tomar en serio y hacerme cargo de tantas situaciones del quehacer pastoral y –mientras hago todo lo humanamente posible para ayudar– intercedo por ellas en la oración? ¿He podido saborear la sencilla experiencia de arrojar las preocupaciones en el Señor (cfr. Sal 54, 23) en la oración? Qué bueno sería si lográramos entender y seguir el consejo de san Pablo: "No se angustien por nada, y en cualquier circunstancia recurran a la oración y a la súplica, acompañadas de acción de gracias, para presentar sus peticiones a Dios. Entonces la paz de Dios, que supera todo lo que podemos pensar, tomará bajo su cuidado los corazones y los pensamientos de ustedes en Cristo Jesús" (Flp 4, 6-7).

Estas son más o menos las cosas que sentí al meditar las tres lecturas de este domingo y también siento que debo compartirlas con ustedes, con quienes trabajo en el cuidado del pueblo fiel de Dios. Pido al Señor que nos haga más orantes como lo era Él cuando vivía entre nosotros; que nos haga insistentemente pedigüeños ante el Padre. Pido al Espíritu Santo que nos introduzca en el Misterio del Dios Vivo y que ore en nuestros corazones. Tenemos ya el triunfo, como nos lo proclama la segunda lectura. Bien parados allí, afirmados en esta victoria, les pido que sigamos adelante (cfr. Heb 10, 39) en nuestro trabajo apostólico adentrándonos más y más en esa familiaridad con Dios que vivimos en la oración. Les pido que hagamos crecer la parresía tanto en la acción como en la oración. Hombres y mujeres adultos en Cristo y niños en nuestro abandono. Hombres y mujeres trabajadores hasta el límite y, a la vez, con el corazón fatigado en la oración. Así nos quiere Jesús que nos llamó. Que Él nos conceda la gracia de comprender que nuestro trabajo apostólico, nuestras dificultades, nuestras luchas no son cosas meramente humanas que comienzan y terminan en nosotros. No se trata de una pelea nuestra sino que es "guerra de Dios" (2 Cr 20, 15); y esto nos mueva a dar diariamente más tiempo a la oración.

Y, por favor, no dejen de rezar por mí, pues lo necesito.

Que Jesús los bendiga y la Virgen Santa los cuide.

CARTA A LOS SACERDOTES, CONSAGRADOS
Y CONSAGRADAS DE LA ARQUIDIÓCESIS, 2007

ÍNDICE

Este libro se terminó de imprimir, en el mes de marzo de 2013, en
Mitre & Salvay, Heredia 2952, Sarandí, Provincia de Buenos Aires,
República Argentina.